바로 매출이 오르는
판매마케팅 법칙

바로 매출이 오르는
판매마케팅 법칙

1판 1쇄 펴낸 날 2021년 5월 28일
1판 3쇄 펴낸 날 2023년 7월 10일

지은이 전준혁
펴낸이 나성원
펴낸곳 나비의활주로

책임편집 유지은
디자인 design BIGWAVE

주소 서울시 성북구 아리랑로19길 86
전화 070-7643-7272
팩스 02-6499-0595
전자우편 butterflyrun@naver.com
출판등록 제2010-000138호
상표등록 제40-1362154호

ISBN 979-11-90865-32-6 03320

온라인 마케팅 고수가 제시하는 무엇이건 팔아내는 비결

바로
매출이 오르는
판매마케팅
법칙

전준혁 지음

나비의 활주로

마케팅 실행 착오를 최소화하고
최대의 성과를 내게 하는 진짜 실전 안내서

우선 '셀링마케팅'이라는 단어가 좀 낯선 분들도 계실거라 생각합니다. 셀링마케팅이란 '제품을 소비자의 입장에서 분석해서 콘텐츠를 만들고 타겟소비자들에게 노출시켜 매출을 올리는 팔리는 마케팅'을 말합니다. 그리고 이런 일을 하는 사람이 저입니다. 바로 대한민국 셀링마케터 1호로서 처음 출간하는 책이다 보니 많은 고민을 거듭했습니다. '제품을 온라인으로 잘 판매할 수 있는 마케팅 성공 방정식을 쓰자'라는 생각이 있었지만, 워낙 다뤄야 할 내용이 많았기 때문입니다.

'제품 판매에 대한 원론적인 이야기를 해야 하나? 최근 유행하는 스마트스토어 책을 써볼까? 성공하는 광고 기법을 말할까? 상품기획도 빠뜨리면 섭섭한데…' 이렇듯 여러 마리의 토끼를 잡으려는 욕심에 어느덧 백과사전 같아졌고, 결국 원고를 폐기하고 다시 쓰기를 몇 번이나 반복했습니다.

이미 시중에는 수없이 많은 마케팅 서적이 있고, 특히 요즘은 유튜브만 검색해도 웬만한 정보를 다 찾을 수 있는 시대입니다. 정보의 홍수 속에서 조사하면 다 나오는 이야기로 여러분의 시간을 낭비하고 싶지는 않았습니다.

서점에 있는 수많은 책 가운데 이 책을 선택한 여러분은 남들보다 판매, 온라인 마케팅에 관심이 많으실 것입니다. 제조사, 유통사를 경영하시거나, 내 제품을 갖고 창업을 생각하고 있거나, 혹은 직장에서 마케팅 담당자로 일하는 분들도 있을 것입니다. 공통점을 찾자면 특정 상품을 팔아야만 하는 판매자, 즉 셀러Seller라는 점입니다.

그리고 짐작하건대 제품을 잘 팔 수 있는 노하우를 찾기 위해 여태까지 많은 책을 읽고 다양한 강의를 들었을 것입니다. 문제는 페이지를 넘기는 순간, 강사의 프레젠테이션을 듣는 당시에는 유익하다는 느낌을 받지만 정작 다음날 사무실 책상에 앉으면 '무엇부터 어떻게 해야 할지' 감이 잡히지 않는 경우가 많다는 것입니다.

어째서 마케팅을 공부에 많은 시간을 들여도 그것이 매출과 직결되지 않는 걸까요? 이 문제에 대해 저도 고민을 해봤는데요. 결론은 셀러가 직접 쓴 판매 마케팅 책이 얼마 없기 때문입니다. 마케팅 저서를 집필하는 저자는 주로 3가지 유형입니다. 대학에서 학생들을 가르치는 교수님, 제일기획 같은 광고사 출신 경력자, 마지막으로 마케팅 강사들입니다.

일단 교수님들이 쓰신 것은 마케팅의 대부 필립 코틀러의 이론을 머리로 이해하기 쉽다는 장점이 있습니다. SWOT 분석, STP 전략, 포지셔닝 등 마케팅의 기본원리를 배울 수 있죠. 다만 현실적으로 MBA 전공자가 아니고서야 실무의 영역에서 제품 판매에 접목하기 난해한 부분이 있습니다.

종합광고대행사 출신 저자분들의 책은 어떨까요? 특정 프로젝트를 추진해 끝을 본 경험이 있기에 교수님들의 책보다는 현장감이 살아있다는 장점이 있습니다. 아쉬운 점은 큰 틀에서의 전략 기획과 페이드미디어Paid Media 사용법에 집중되어 있고, 대기업 사례가 대부분이라 결이 다른 중소기업의 온라인 마케팅에 적용하려면 변화구를 모색할 필요가 있습니다.

마지막으로 마케팅 강사들의 책은 네이버, 페이스북, 인스타그램, 유튜브 등 마케팅 채널 하나에 대해서 깊은 이해도를 보입니다. 어떻게 해야 상위노출을 할 수 있고, 어떻게 해야 광고나 콘텐츠 도달률을 높일 수 있는지 알고리즘을 꿰뚫고 있습니다. 아쉬운 점은 온드 미디어Owned Media 육성에 치중되어 있다는 점, 또 채널의 전문가지만 판매의 전문가는 아니라서 제품 판매에 적합한 채널 사용법을 알 수는 없다는 단점이 있지요.

물론 기존의 저서 어느 것 하나 부정할 생각은 없습니다. 판매를 잘하려면 결국 마케팅의 원론적인 측면, 전략 기획적 측면, 마케팅 채널까지 모두 알아야 하니까요. 제가 책에서 말씀드릴 셀링마케팅의 공식도 이러한 세 종류의 책에서 배우고 실무에 적용한 끝에 얻은 깨달음을 집대성한 것입니다.

다시 신입 마케터 시절의 의문으로 돌아가서, 17년의 세월 동안 마케팅·세일즈 업에 종사하면서 수많은 책을 읽으며 300여 차례가 넘는 신제품을 출시하면서 알게 된 것은 '온라인 제품 판매에 있어서 필승의 법칙' 정도는 말할 수 있겠다는 것입니다.

지금 우리를 둘러싼 사회 환경은 계속해서 변하고 있습니다. 스마트폰이 생기더니, AI가 체스와 바둑을 제패했고, 드론이 폭탄을 떨어뜨리며, 곧 있으면 운전자가 사라져서 나중에는 자율주행을 한다고 합니다.

코로나 19 사태로 재택근무와 비대면 문화가 가속되고 있습니다. 그만큼 잠재고객들의 집합소도 달라지고 있습니다. 예전에는 주로 TV·신문·잡지·라디오에 몰려있었었다면, 지금은 네이버·페이스북·인스타그램· 유튜브에 모여있습니다. 미래에는 어떻게 바뀔까요? 또 다른 웹사이트 나 애플리케이션이 나올 수도 있고, 아예 인터넷을 버리고 VR 세계로 떠 날지도 모릅니다.

하지만 트렌드가 계속 변하는 와중에 변하지 않는 것도 분명히 있습 니다. 세상이 바뀌어도 사람의 본성은 그대로니까요. 따라서 판매자는 이처럼 불변하는 구매의 메커니즘을 이해하고 이를 기획할 수 있는 역 량이 무엇보다도 중요합니다. 이 불변하는 원리를 계속 변하는 마케팅 채널에 응용하면 감히 단언컨대 누구나 필승할 수 있습니다.

책은 총 4개의 파트로 구성되어 있습니다. 첫 번째 파트에서는 온라 인에서 제품을 팔기 위한 원론적인 이야기를 다룹니다. 더불어 나날이 경쟁이 치열해지는 지금, 작은 기업이 생존을 도모하는 데 필요한 경영 방침에 관해서도 설명합니다.

두 번째 파트에서는 본격적으로 제품을 잘 팔기 위한 상품 기획, 콘텐 츠 기획을 다룹니다. 1:1이 아닌 1:다수가 가능한 온라인 시장은 기회의 장이기도 하지만 그만큼 입점한 제품도 많고, 오프라인과는 다른 특성 이 있습니다. 그것을 이해하고 내 제품이 부각될 수 있게 기획해야 합 니다.

세 번째 파트에서는 기획이 이후 제품을 마케팅해서 널리 알리는 방법을 알아보고, 마지막 네 번째 파트에서는 그동안 배운 이론을 체득하기 위해 실제 제품 하나를 놓고 기획에서부터 트리플 미디어를 활용한 마케팅까지 일련의 과정을 있는 그대로 보여드립니다.

앞으로 설명하는 것은 제가 지금도 제품을 판매할 때 현장에서 그대로 사용하는 기술입니다. 처음에는 가볍게 책을 먼저 읽어주세요. 그다음에는 꼼꼼하게 정독하면서 이해에 초점을 맞추고, 세 번째부터는 실제 업무를 진행하는데 적용할 부분을 찾아가면서 읽고 꼭 실천해보세요. 주니어 마케터 시절, 저는 항상 보고 따라 하면 되는 판매 마케팅 안내서를 원했습니다. 마치 해외여행을 가기 전에 여행서를 미리 읽고 가는 것처럼 말이죠. 바로 이 책이 그런 역할을 하길 바랍니다. 독자 여러분에게 '온라인 제품 판매 마케팅이라는 오지에서의 나침반'이 되어준다면 정말 좋겠습니다.

셀링마케터 전준혁

CONTENTS

PROLOGUE

마케팅 실행 착오를 최소화하고 최대의 성과를 내게 하는 진짜 실전 안내서 — 004

PART 1

잘 팔릴 수밖에 없는 판매 마케팅의 원리 — 015

당신이 제대로 제품을 못 파는 진짜 이유

누구라도 제품을 잘 파는 방법은 분명히 있다 — 016

지금까지 당신의 제품이 잘 안 팔린 건 무엇 때문일까 — 026

팔리는 마케팅의 핵심 원리는 이런 것

이기는 원리 1: 내가 참가한 게임의 승리 조건을 명확히 할 것 — 040

이기는 원리 2: 첫 번째 도미노를 쓰러뜨려 결과를 끌어당길 것 — 045

이기는 원리 3: 선순환의 시작점이 될 한 그루의 황금 나무를 심을 것 — 050

이기는 원리 4: 이기는 원리를 바탕으로 대박이 난 팔리는 마케팅 사례 — 058

카테고리 리더의 기본 원리 이해하기

어쩔 수 없이 통용되는 1등만 기억되는 세상 — 066

용의 꼬리가 될 것인가 뱀의 머리가 될 것인가 — 070

카테고리 개척으로 새로운 결과를 낸 실전 사례 — 078

마케팅을 필요 없게 만드는 브랜딩의 원리

대기업과 달라야 성공하는 작은 회사의 브랜딩 — 088

베스트셀러가 스테디셀러로 남게 만드는 제품군의 X축 확장과 Y축 확장 — 091

스토리로 오래 기억되는 브랜드를 만드는 방법 — 097

PART 2

성공할 수밖에 없는 기획 프레임 짜기 — 105

어떤 상황에서건 성공하는 베스트셀러의 법칙
대박 아이템은 이런 게 다르다 — 106
행운도 준비된 자에게 먼저 찾아온다 — 111
제품에 대한 애정이 실패보다 강한 이유 — 115

당신의 제품을 선택할 수밖에 만드는 차별화의 법칙
품질 좋은 당신의 제품이 선택받지 못한 이유 — 119
무엇이 당신 제품을 다시 돌아보게 만드는 요소일까 — 121
차별화의 본질, 크게 다르거나 조금 다르거나 — 125
온라인 환경에 적합한 실시간 차별화란 이렇다 — 132

이 제품만을 살 수밖에 없는 아우라, 콘셉트의 법칙
고객들은 제품이 아니라 콘셉트를 구매한다 — 136
콘셉트를 완성하는 3개의 키워드 — 140
죽은 제품도 살려내는 기법, 콘셉트 리포지셔닝 — 146

지금을 넘어 영원히 사랑받는 제품으로 거듭나는 콘텐츠의 법칙
마케팅 콘텐츠 제작에 사용할 수 있는 만능 공식 5W1H — 151
읽다 보면 저절로 사게 만드는 상세페이지의 공식 — 169
좋은 게 좋다는 심리를 1백 퍼센트 활용하는 상품평 확보하기 — 180

PART 3

온라인 시장이라는 바다에서 확 눈에 띄는 노출 법

온라인 시장에서 이기는 전략 마케팅 채널의 법칙

팔리게 만드는 2가지 무기, 검색 마케팅과 노출 마케팅 — **188**

이것만은 알고 시작해야 할 핵심 마케팅 채널 — **192**

온라인 시장에서 절대로 변하지 않는 것과 늘 변하는 것 — **200**

어떻게 내 제품을 사게 된 걸까? 소비자 구매경로의 법칙

이것만은 늘 머릿속에 저장하자, 소비자 구매경로 AISCAS — **208**

보이지 않는 고객들도 저절로 제품을 사게 하는 비밀의 통로 만드는 법 — **213**

이것만 알고 가면 키워드 고민 끝, 키워드의 법칙

왜 다들 키워드에 목을 매는가 — **218**

이것이 3대 핵심 키워드다 — **221**

내 제품에 딱 맞는 키워드를 찾는 3가지 방법 — **229**

유행에 따를 것인가, 내 것을 가꿀 것인가 고민된다면, 트리플 미디어의 법칙

결국 지향해야 할 트리플 미디어란 무엇일까 — **239**

소리 없이 믿고 사게 만들어내는 법 — **245**

마케팅 도미노의 첫 조각으로 활용하면 최적인 체험단 마케팅 — **259**

3차례의 트래픽 폭탄 만들어 내는 법 — **267**

PART 4 실전 적용 사례

성공할 수밖에 없는 기획부터 실전까지 대해부
개방형 실리콘 빨대 오투롤-카멜로우로 살펴보는 마케팅 스텝

스텝 1. 지피지기 백전백승, 아이템 분석 — **273**

스텝 2. 세상이 이 제품을 원하고 있을까, 트렌드 분석 — **275**

스텝 3. 이미 시장은 있는가? 사줄 사람은 있는가, 전체 시장 조사 & 소비자 분석 — **279**

스텝 4. 경쟁자의 제품의 장·단점은 무엇인가, 경쟁사 분석 — **282**

스텝 5. 고객은 어떤 단어를 통해 내 제품까지 도달하는가, 키워드 분석 — **283**

스텝 6. 그동안 분석한 걸 종합하면서 정리한다, 마케팅 기획서 종합 — **285**

스텝 7. 일단 먼저 써보게 하고 반응을 살핀다, 패널 조사 & 상품등록 — **291**

스텝 8. 온라인 미디어 노출은 이렇게 한다, 온드·언드 미디어 확보 — **292**

스텝 9. 키워드 광고 및 타깃층을 공략하는 페이드 미디어 광고의 진행 — **296**

스텝 10. 한 번의 성공을 영원한 성공으로 바꾸는 기법, 피드백 — **297**

EPILOGUE
앞으로도 중소기업의 성공을 돕는 마케팅계의 제갈량을 꿈꾸며 — **300**

PART 1

잘 팔릴 수밖에 없는
판매 마케팅의 원리

☑ **MARKETING 1** 당신이 제대로 제품을 못 파는 진짜 이유

☑ **MARKETING 2** 팔리는 마케팅의 핵심 원리는 이런 것

☑ **MARKETING 3** 카테고리 리더의 기본 원리 이해하기

☑ **MARKETING 4** 마케팅을 필요 없게 만드는 브랜딩의 원리

당신이 제대로 제품을 못 파는 진짜 이유

누구라도 제품을 잘 파는 방법은 분명히 있다

"계속 변하는 세상에서 딱 한 번만 제대로 배워두면 제품의 구분 없이 더 많이 판매하고, 더 많은 돈과 성과를 얻을 수 있는 마케팅의 성공방정식은 없을까?"

제가 판매 마케팅(이하 셀링마케팅으로 칭하겠습니다)에 관한 기나긴 탐구를 시작하게 된 것은 신입 마케터 시절 품었던 위와 같은 의문으로부터 시작되었습니다. 저는 사회생활을 중소기업 기획실에서 시작했습니다. 신제품 기획부터 영업부서의 판매 실적을 높이기 위한 이벤트 기획, 서비스 기획 등을 담당했었지요. 업무 특성상 영업사원들과 어울릴 일이 많았고 자기가 한 만큼 인센티브를 받는 판매왕들을 지켜보며 자극을 받아 세일즈, 마케팅 관련 일을 계속해나갔습니다. 한때는 홈쇼핑 벤더로 일하면서 다양한 제품을 다뤄보기도 했고, 컴퓨터 부품 영업으로 세일즈 현장을 몸소 체험하기도 했으며, 직접 사업도 해보는 등 항상 무언가를 파는 일을 해왔습니다.

그 과정에서 저는 눈에 보이지 않는 무형의 서비스보다는 눈에 보이고 손으로 만질 수 있는 유형의 제품을 파는 것이 적성에 맞는다는 걸 알았습니다. 2000년도 이후로 가정마다 컴퓨터와 인터넷이 보급되면서 온라인 시장이 성장했습니다. 이런 상황에서 시간과 장소의 구애를 받지 않고 비대면으로 제품을 여러 사람에게 팔 수 있는 온라인 마케팅에 큰 매력을 느껴 본격적인 셀링마케팅 연구를 시작했습니다.

마침 제조사의 마케터로 일하던 무렵이라 온라인에 통하는 제품 판매의 성공방정식을 실험할 무대는 갖춰져 있었습니다. 회사를 먹여 살리는 영업왕, 제품 프레젠테이션의 고수인 쇼호스트, 팔리는 광고 영상 제작의 달인인 PD, 대박 아이템을 귀신같이 발굴하는 MD들과 협업하면서 축적된 경험과 마케팅 책을 독파하면서 얻은 지식을 융합해 실험을 거듭했습니다.

이 비법 하나로 회사 전체의 마케팅을 총괄하는 CMOChief Marketing Officer가 되어 억대 연봉을 받아본 적도 있고, 독립해서 제 회사를 차리고 나서부터도 경쟁력 있는 제품을 1년에 5~6개 정도 집중적으로 마케팅해서 한 제품당 20~30억 원의 매출을 일으켜 연 매출 총합 100억 원을 만들었습니다. 내 힘으로 백만장자의 재산에 맞먹는 매출을 일으켰다는 생각에 뛸 듯이 기뻤지만, 한편으로 걱정도 되었습니다. 셀링마케팅

부가세 신고기간	과면세 구분	
	과세매출금액	면세매출금액
합계	602,994,800	0
2020.01	25,193,400	0
2020.02	22,776,000	0
2020.03	93,440,700	0
2020.04	265,964,800	0
2020.05	147,085,590	0
2020.06	48,534,310	0

2020년 1분기 매출 총합

스마트스토어 수익인증 사진

의 체계를 막 완성했을 무렵, 주로 완구나 생활용품 위주로 팔았기에 제품군을 가리지 않고 통하는지 실험을 해보고 싶기도 했습니다.

당시 저는 경기도 화성에 집을 지어서 차를 타고 출·퇴근을 했습니다. 마침 집 바로 뒤에 마을 이장님이 살고 계셨습니다. 이장님 댁은 큰 포도밭을 갖고 계셨는데, 제철이 되자 어마어마한 양의 포도가 맺혔습니다. 근처에 산다고 포도를 여러 박스 들고 오셔서 '이렇게 많이 받아도 되냐'고 물었더니 올해 농사는 잘되었는데 예년만큼 팔리지 않는다고 마음껏 먹으라고 하셨습니다.

포도 몇 알을 맛보니 품질이 매우 뛰어났습니다. 안 그래도 화성이 송산 포도로 유명했기에 마케팅만 더해지면 충분히 승산이 보였습니다. 바로 그 자리에서 '산지에서 직접 접하는 송산포도 체험농장' 콘셉트를

운봉이네 송산 포도 농장 전경

구상했고, 제 두 딸이 즉석에서 포도를 따 먹는 사진을 키 비주얼로 내세워 온라인 마케팅을 진행했습니다. 그 결과 포도 500박스를 전부 팔아드렸고, 이때 확보한 충성고객을 대상으로 그해 겨울에는 포도즙까지 추가로 팔아드렸습니다.

한 번은 교회를 다니면서 알게 된 지인이 지방에 개인 카페를 차릴 예정이라고 도움을 요청했습니다. 자영업은 제 전문분야가 아니지만, 카페를 차려야만 하는 깊은 사연이 있으셔서 마케팅을 지원하기로 했습니다.

당시 상권분석을 위해 현장답사를 나갔다가 깜짝 놀랐습니다. 주변이 온통 논밭이었으니까요. 그렇다면 결국 '마케팅으로 손님이 찾아오게 만드는 수밖에 없다'라는 생각이 들었습니다. 그래서 사람들을 끌어들일 대의명분부터 기획했습니다. 매장의 콘셉트를 짜기 위해 사장님과 충분한 대화를 나눈 끝에 '이색 도자기 체험을 할 수 있는 가족 카페'라는 차별화된 콘셉트를 내걸기로 했습니다. 그래서 주변에 있는 관광지를 활용하여 콘텐츠를 만들어 키워드 상위노출을 시켰습니다.

유동 인구를 기대할 수 있는 환경이 아니었기 때문에 과연 잘 풀릴까 반신반의했습니다만, 이 카페가 아니면 할 수 없는 체험을 선사하자 놀랍게도 단골이 하나둘 생기기 시작하더니 6년째 성업 중입니다. 최근에 사장님의 연락을 받았는데, 코로나 19 때문에 사람들이 번잡한 스타벅스보다는 한적한 지방 카페를 찾으면서 매출이 급상승해 재난지원금 혜택도 못 받았다고 합니다.

이처럼 마케팅의 본질을 알면 제품, 서비스, 자영업을 가리지 않고 성공시킬 수 있다는 걸 확인한 기회였습니다. 그러던 차에 한 사장님이 도움을 요청하셨습니다. 베트남 현지에 법인을 설립해 우리나라 화장품을 수출하는데 잘 팔리지 않았기 때문입니다. 괜찮으면 교통편과 통역도 지원할 테니 직접 베트남까지 와서 직원들에게 마케팅 교육을 해줬으면 좋겠다고 제안을 하셨는데 많이 망설여졌습니다.

가뜩이나 제 일도 바쁜데 이걸 수락하면 달마다 몇 번이나 비행기를 타고 우리나라와 베트남을 왕래하는 고된 일정을 소화해야 했습니다. 하지만 그 이상으로 호기심이 있었습니다. 여태까지 잘 팔 수 있었던 이유는 우리나라여서 그런 것 아닐까 싶었기 때문이었지요. 그래서 기왕 시작한 김에 셀링마케팅이 어디까지 통하는지 알고 싶었기에 그 요청을

카페 〈더미소〉의 외부 모습

카페 〈더미소〉를 찾아 즐거운 한 때를 보내는 필자의 두 딸들

수락했지요.

해외 마케팅은 국내와 많은 것이 달랐습니다. 그래도 '필승의 법칙'이라면 해외에도 통해야 법칙이라 부를 자격이 있겠지요? 저는 그것을 증명하고 싶었습니다. 결론적으로 베트남 마케팅을 하면서 깨달은 점은 '우리나라나 외국이나 마케팅 채널의 차이점이 있을 뿐이지 판매라는 본질은 다르지 않다'는 것입니다. 그동안 해왔던 것과 같게 상품기획을 통해 주력상품에 경쟁사가 따라 할 수 없는 콘셉트를 입히고, 이 콘셉트를 매력적으로 보여주는 콘텐츠를 제작해서 바이럴 마케팅을 하자, 여태까지 광고비를 쏟아부어도 만족할 만큼 팔리지 않던 제품이 날개를 단 듯 팔려나가기 시작했습니다.

제 인생을 건 증명이 성공했다는 사실에 얼마나 기뻤는지 모릅니다. 딱 하나 마지막 검증만을 남겨두고 있었죠. 이 모든 것들이 저만 가능한

베트남 직원 교육 당시 모습

것인지, 남들도 배우면 실천할 수 있는지를 판별해야 했습니다. 그래서 판매자 육성 전문 교육기관인 (사)한국마케팅진흥원에서 교육 및 컨설팅을 진행했습니다.

일례로 작은 꽃가게를 운영하는 사장님에게 셀링마케팅 비법을 전수한 적이 있습니다. 꽃집 경력만 20년이 넘으셔서 꽃과 관련된 모든 일을 다 할 수 있는 프로인데 온라인 마케팅이나 판매에 대해서는 잘 모르셔서 온라인 판매에 진출하지 못 하고 계셨습니다.

저는 컨설팅하면서 꽃 비즈니스 시장에 대한 자세한 이야기를 들은 다음, 그분이 제작할 수 있는 많은 아이템 가운데 성수기가 가장 가까우

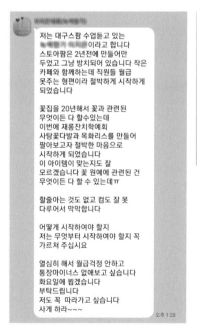

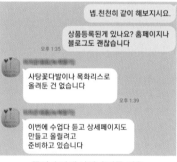

꽃집 수강생 사장님 카톡 내용

면서 찾는 사람들도 많은 사탕 꽃다발을 기획했습니다. 하나씩 하나씩 열심히 배우고 따라오셔서 11월 말에 상품등록을 마쳤고, 조금씩 판매가 일어나더니 결국 대박이 터졌습니다.

당시는 코로나 사태 전이라 1~2월 유치원 졸업식 시즌이 도래하자 걷잡을 수 없는 기세로 주문이 들어오기 시작했습니다. 전국의 부모님들은 소중한 자녀의 졸업식에 당연히 특별한 꽃다발을 선물해주고 싶어합니다. 그런 점에서 '공장에서 양산하지 않고 20년 경력의 플로리스트가 100% 수작업으로 만든 정성 가득한 꽃다발'이라는 콘셉트는 매력적이었죠. 불과 2개월 안에 3,000만 원의 매출을 내셨습니다.

그 외에도 여러 사장님이 셀링마케팅으로 매출을 올리는 모습을 보면서 저는 확신하게 되었습니다. 제품 판매와 마케팅은 선천적인 자질을 타고 태어난 천재들만이 가능한 영역이 아니라 일반인들도 올바른 방법을 배워서 순서대로 실천하면 누구나 성과를 낼 수 있다는 것을요. 감히 단언하건대, 누구나 물건을 잘 팔 방법은 분명히 있습니다.

어떤 사장님은 이렇게 말씀하십니다. 옛날에는 물건을 찍어내기만 하면 날개 돋친 듯 팔려나갔는데 지금은 연이은 불경기 때문에 아무리 마케팅을 잘하더라도 도리가 없다고 말이죠. 틀린 말은 아닙니다. 실제 통계청 자료를 보면 창업 5년 이내 폐업률이 72.5%라고 합니다. 그만큼 소상공인이 먹고살기가 팍팍해졌습니다. 큰돈이 되는 시장은 경쟁력 있는 대기업들이 석권해서 양극화가 날이 갈수록 심해지고 있습니다.

살림살이가 갈수록 빠듯해지니 소비자들도 그만큼 지갑을 여는데 신중해졌습니다. 더군다나 이제는 인터넷에 모든 정보가 공개되어 있습니다. 물건 하나를 사더라도 최저가로 구매하는 스마트한 소비자가 대부분입니다. 이들은 최고의 구매 결정을 위해 다양한 제품을 꼼꼼히 비교하고 검토한 끝에 가장 가성비가 좋은 것을 선택합니다. 비교의 무한 경쟁에 시달리다 보니 옛날 같지 않고 힘들 수밖에 없겠죠.

2021년 현재, 대한민국 인구는 약 5,100만 명으로 추정되고, 이 가운데 경제활동 인구는 약 2,700만 명이라고 합니다. 우리는 살아가면서 계속해서 제품이 필요합니다. 집에 식료품, 생활용품이 떨어졌을 수도 있고요. 날씨가 더워지거나 추워져서 생활가전이 필요해질 수도 있습니다. 어린이날이나 크리스마스에는 자녀들에게 선물할 장난감이 필요해지는 일도 생깁니다. 집에서 좋아하는 TV 프로그램을 보다가, 컴퓨터로 웹서핑을 하다가, 혹은 출·퇴근 길 대중교통에서 스마트폰으로 SNS나 유튜브를 보다가 광고를 접해 충동구매 신이 강림할 수도 있습니다. 그럴 때 사람들은 어떤 행동을 할까요? 맞습니다. PC 혹은 모바일로 검색, 검색, 또 검색합니다. 마음에 드는 제품을 SNS에서는 어떻게 이야기하는지 살피고, 리뷰 유튜버의 언박싱 영상을 시청하며, 블로그 후기를 읽습니다. 구매를 결심하면 평소 쿠폰과 마일리지를 쌓아둔 오픈마켓에 로그인해서 최대한 저렴하게 결제합니다.

스마트폰의 보급과 온라인 시장의 급성장은 판매자들에게 있어서 그야말로 21세기의 골드러시와 같습니다. 꼭 상권 좋은 지역에 소매점을 차려서 유동인구에 의지하지 않아도, 광고비가 비싼 대중매체에 의존하지 않더라도 온라인에 자사 제품의 매력을 어필하는 콘텐츠와 광고를 잘 배포하면 발 없는 말이 천 리 길을 달려 자는 동안에도 고객들의 주문이 몰려듭니다. 물론 누구나 성공할 수 있다는 이야기는 아닙니다. 온라인 시장에 매력을 느낀 판매자들이 대기업과 중소기업을 가리지 않고 금광으로 몰려들고 있으니까요. 이럴 때일수록 경쟁에서 이기기 위한 '필승의 원칙, 필승의 전략, 필승의 구조'를 알아야 합니다. 지금부터 이를 자세히 소개하겠습니다.

지금까지 당신의 제품이 잘 안 팔린 건 무엇 때문일까

우선 이것부터 기억하세요. 셀링마케팅은 엄연히 '인과관계'가 지배하는 영역이라는 것을요. 좀 더 쉽게 표현하자면 '콩 심은 데 콩 나고 팥 심은 데 팥 난다'라고 할 수 있습니다. 모든 경제활동에는 설령 같은 직업이라 하더라도 성공한 사람이 있고, 실패한 사람이 있습니다.

예를 들어, 시골에서 농사를 지어도 누구는 대박이 나지만 누구는 쪽박을 찹니다. 왜 그럴까요? 성공한 농부는 시장의 흐름과 트렌드를 파악해 전략적으로 심을 작물을 선정하고 수확할 때까지 정성을 다합니다. 온도, 습도, 영양, 수분, 병충해 등 성장에 필요한 모든 변수를 관리해야 질 좋은 작물을 수확할 수 있죠.

반면에 농업에 성공하기 위한 퍼즐 조각을 하나도 맞추지 않으면 성과가 없고, 일부는 맞췄는데 일부는 못 맞췄다면 성과가 제한적일 수밖에 없습니다. 여러분이 온라인 제품 판매를 하든, 다른 일을 하든 가장 먼저 알아야 할 것은 성공하기 위한 결정적인 퍼즐 조각이 무엇인지, 전체 몇 조각을 맞춰야 걸작을 완성할 수 있는지 파악하고 조각 하나하나를 모으는 것입니다.

전체와 부분을 파악할 수 있다면 설령 실패해도 '내가 어떤 부분이 부족해서 이번에는 매출이 잘 따라오지 않았구나. 다음에는 이 부분을 좀 더 보완해서 다시 도전해보자'와 같은 교훈과 행동지침을 얻을 수 있습니다. 하지만 성공을 좌우하는 변수를 아무것도 모른다면 발전조차 없습니다.

그렇다면 셀링마케팅의 성과를 좌지우지하는 요소에는 어떤 게 있을까요? 사실 온라인 판매를 하면서 일어나는 대부분의 매출 부진은 제품, 콘텐츠, 마케팅 3가지 범주 안에서 일어납니다. 이 3개의 대주제 안에는 또 디테일한 문제가 있고요. 좀 더 구체적으로 알아볼까요?

| 제품의 문제 |

① 제품에 하자가 있다

고객이 제품을 살 때는 대충 '이 정도 돈을 지불하면 적어도 이 정도 기능은 따라온다'는 나름의 계산이 깔려있습니다. 여러분도 소비할 때 항상 가성비와 가심비를 따지지 않습니까? 필요 최저한의 제품력도 뒷받침되지 않는 물건은 처음부터 안 파는 것이 좋습니다. 품질이 나쁜 제품을 마케팅해서 많이 팔면 약이 아니라 독이 됩니다. 얼마 지나지 않아 제품평에는 악평이 들끓고, 무수한 반품요청이 들어올 것입니다. 벌어들인 돈은 다 환불해야 하고, 고객센터에 계속 전화가 걸려와 CS 처리에 정신이 없어집니다.

② 제품에 경쟁우위가 없다

대부분 생산자는 자사 제품에 자부심이 있습니다. 좋은 제품이 아니라면 애시 당초 출시를 안 했을 것입니다. 그런데 그 자신감이 시장의 전체적인 환경을 조사하고, 경쟁사 제품과 비교하는 등 '팩트 체크' 끝에 생긴 근거 있는 자신감이라면 괜찮지만, 아무런 근거 없이 독자적인 판단에 따른 자신감이라면 문제가 됩니다.

내가 연구 개발을 잘한 것 같아도 시중에 이미 내 제품의 모든 기능을 다 가지고 있으면서 디자인, 가격 등 앞서나가는 부분까지 있다면 상대적으로 경쟁력이 부족한 내 제품은 소비자의 선택을 받을 수 없습니다. 저는 주변으로부터 정말 다양한 제품을 제안받는데요. 개중에는 첫인상은 참 좋아서 팔고 싶은 마음이 가득했으나, 시장과 경쟁사 제품을 조사하는 과정에서 도무지 소비자들의 선택을 받는 그림이 그려지지 않아 하는 수 없이 포기한 제품들도 제법 있습니다.

|콘텐츠의 문제|
③ 콘텐츠가 제품의 가치를 전달하지 못한다

제품이 가성비, 가심비를 만족하고 경쟁우위까지 있어도 안심할 수는 없습니다. 우리는 이 좋은 제품을 '온라인'으로 팔아야 하기 때문이죠.

아시다시피 온라인은 오프라인과 다르게 고객이 직접 제품을 눈으로 확인하고, 만져보며, 샘플을 경험할 수 없습니다. 그렇다면 뭘 믿고 구매할까요? 콘텐츠와 상품평(리뷰, 구매 후기)입니다.

제품 상세페이지에 이 제품이 누구를 위한 제품인지, 어떤 문제를 해결할 수 있는지, 어떻게 활용하면 되는지, 얼마나 믿을 수 있는지 상세한 정보가 없으면 소비자들은 함부로 결제할 수가 없습니다. 팔리는 콘텐츠를 만드는 방법은 앞으로 자세히 다룰 예정입니다만, 여기서는 가장 기본이 되는 한 가지를 말씀드리겠습니다.

제품의 가치를 충분히 전달하는 콘텐츠를 만들기 위한 시작은 바로 '판매자의 아집'을 버리는 것입니다. 판매자 중심의 사고를 버리고 철저히 '소비자 중심의 사고로 제품을 기획하고 콘텐츠를 만들어야 한다'는 말이죠. 사실 콘텐츠는 디자이너와 영상 편집자만 고용하면 어떤 회사든 만들 수 있습니다. 그런데도 대부분 회사가 광고 대행사와 협업하는 이유를 아십니까?

한 광고 전문가는 이렇게 말합니다. "우리는 광고주가 하고 싶은 이야기를 소비자가 듣고 싶어 하는 이야기로 바꿔주는 일을 한다." '중이 제 머리 못 깎는다'라는 말이 있죠. 사람은 어쩔 수 없이 자기 자신이 개입된 문제에 대해서는 냉정한 제3자의 시각으로 바라보지 못합니다. 오히려 밖에 있는 사람들이 상황을 더 정확하게 보는 경우가 많죠.

홈쇼핑 벤더로 일했을 무렵부터 저는 제조사, 유통사 사장님들과 어울릴 기회가 많았습니다. 제가 봐온 판매자들의 특징은 자신이 취급하는 제품 분야에 있어서 대단한 전문가라는 것입니다. 소비자인 우리는 평소 아무 생각 없이 완제품을 씁니다만, 그 완제품이 만들어지기까지는 각종 지식과 기술이 들어가더군요.

직접 개발하는 카테고리에 대해서라면 자사 제품은 물론이요, 경쟁사 제품의 사양과 장·단점까지 속속들이 알고 있죠. 제조하는데 사용된 기술의 우수성, 전문성, 특장점, 개발 비화 등을 끝도 없이 말할 수 있습니다. 그 결과 홈페이지, 오픈마켓에 이와 관련된 콘텐츠들을 가득 채우는 실수를 범하고 맙니다.

그런데 말입니다. 사람은 자기의 일에 관심이 많지, 남의 일에는 큰 관심이 없습니다. 제품과 회사 자체에 대해 알고 싶은 사람은 거의 없습니다. 그 제품이 나에게 어떤 이익Benefit을 줄 수 있느냐가 궁금할 뿐이죠. 실제 있었던 사례 한 가지를 소개하겠습니다.

제가 작년에 마케팅을 담당했던 바디드라이어입니다. 욕실 벽면에 달아놓고 바람이 나오는 호스로 전신을 말릴 수 있는 제품인데요. 제조사에 이 제품에 대한 콘텐츠를 요청했더니 다음 페이지와 같은 답변을

바디드라이어 바틀 바디플럽
198,000원 가격비교

디지털/가전 · 생활가전 · 전신건조기

형태 : 벽걸이형   건조방식 : 자연풍·온풍   안전기능 : 과열방지·생활방수·자동정지
풍량조절 : 4단계   조작부 : 터치식   부가기능 : 타이머   색상 : 블랙·화이트   소비전력 : 800W

리뷰 51 · 구매건수 117 · 등록일 2020.05. · ♡ 찜하기 487 · ⚠ 신고하기

바툼 바디드라이어 바디플럽

> **바톰 바디드라이어 바디플럽**
>
> 1. 64.2dB의 저소음 모터
> 2. 분당 회전율 7200rpm 고속 모터
> 3. 4단 온도조절
> 4. 스톱 앤 고 시스템
> 5. 공기역학적으로 설계된 에어홀
> 6. 유체 역학을 적용한 그리드 토출구
> 7. 프리홀더
> 8. 과열 방지 시스템
> 9. IPX 4 생활 방수
> 10. 실리콘 재질 펫 브러쉬

받을 수 있었습니다.

　제품 상세페이지에 이러한 10가지 특징만 쭉 나열되어있다면 과연 소비자분들이 구매하고 싶을까요? 참고로 회사에서는 특히 2번인 '7200rpm 고속모터를 강조하자'고 했습니다. 저는 미팅을 하면서도 어리둥절할 뿐이었습니다. 7200rpm은 무엇을 뜻하는 걸까요? 64.2dB는 얼마나 조용한 걸까요?

　제품의 속사정을 다 알고 있는 개발자와 달리 저와 같은 일반 소비자는 이를 잘 이해하지 못합니다. 그렇기에 광고주가 하고 싶은 이야기를 소비자가 듣고 싶은 이야기로 바꿔주는 과정이 필요합니다.

바툼 바디드라이어 바디플럽

1. 64.2db의 저소음 모터

⇨ 아이와 반려동물이 헤어드라이기를 싫어하는 가장 큰 이유가 소음과 온도다. 바디플럽은 조용한 사무실50~60dB 정도의 소음으로 드라이어를 이용할 수 있다. 기존 헤어드라이기70~80dB보다 10~20 데시벨 낮아 거부반응이 적은 걸 확인할 수 있다.

2. 분당 회전율 7200rpm 고속모터

⇨ 대부분 사람들은 샤워를 하고 머리는 드라이기로 말리지만, 몸은 타올로 닦고 방치한다. 그러나 한 번이라도 바디드라이어를 써본다면 수건으로는 더는 만족할 수 없을 것이다. 타올로 닦고도 남은 습기를 따뜻한 바람으로 전부 말려줘서 전신이 뽀송뽀송하고 포근해진다. 상쾌한 기분으로 아침을 시작할 수 있다. 터보모드를 이용하면 시간에 쫓길 일도 없으니 딱 3분만 투자하면 된다. 다쳐서 몸에 상처가 있다거나, 아토피나 피부염이 있는 사람, 수건을 쓰기 힘든 임산부에게도 바디드라이어는 좋은 선택이다. 피부에 민감한 수건 마찰을 피해서 욕실에서 바로 머리부터 발끝까지 말릴 수 있기 때문이다. 바디드라이어를 적극적으로 이용하면 경제적인 혜택도 있다. 수건 소모량이 줄어들어 세탁비가 감소한다. 또 감기, 전염성 피부병, 습진 같은 자잘한 질병은 알고 보면 수건에 묻은 세균으로부터 감염되는 경우가 많다. 수건을 많이 쓰지 않고 바로 몸을 말리면 위생도 챙길 수 있다.

3. 4단 온도 조절

⇨ 바디드라이어는 욕실에 한 대를 설치하고 가족 모두가 이용하면 좋다. 각자 맞는 온도를 이용할 수 있다. 따뜻한 봄, 여름은 1~2단을 쓰고 쌀쌀한 가을, 겨울은 3~4단으로 맞춰 올 시즌 사용할 수 있다. 약속 시각이 급해서 빨리 말리고 외출해야 할 때는 4단 온도에 터보모드를 이용하면 된다. 어린이나 반려동물이 헤어드라이기를 싫어하는 이유가 소음과 뜨거운 온도 때문인데, 온도

를 1단으로 맞춰놓으면 애들과 반려동물들도 거부감을 느끼지 않고 얌전히 있는다.

4. 스탑 앤 고 시스템

⇨ 온오프ON/OFF를 할 필요 없이 본체에서 홀더를 뽑으면 켜지고, 다시 넣으면 꺼진다. 인터페이스가 어렵지 않고 직관적이라서 아이나 할머니, 할아버지도 손쉽게 사용할 수 있다. 경쟁사의 바디드라이어는 체중계처럼 생긴 발판 형식이라 뜨거운 바람이 밑에서 위로 올라오는 구조다. 욕실 안에 설치할 수도 없고, 은근히 자리도 많이 차지하며, 원하는 부위를 집중적으로 말리기가 힘들다. 머리를 말리려면 물구나무를 서야 하고 등을 말리려면 요가 아치 자세를 해야 한다. 그러나 바디플럽은 원하는 부위 어디든 편하게 말릴 수 있다.

5. 공기역학적으로 설계된 에어홀

⇨ 본체에서 나오는 바람이 에어터널을 통과해 송출구로 나오는 바람을 더 세밀하고 부드럽게 모아준다. 손이 닿지 않는 등, 습기가 많은 겨드랑이, Y존, 발가락 사이 등 생활 습진이 발생하기 쉬운 곳을 집중적으로 관리할 수 있다.

6. 유체 역학을 적용한 그리드 토출구

⇨ 인체에 최적화된 온도와 사용자의 피부 컨디션을 생각해 설계된 그리드 토출구는 산뜻한 드라이감을 제공해준다. 마치 자연건조가 된 듯한 적절한 수분감과 포근한 바람이 건조 후 뽀송뽀송한 느낌을 준다.

7. 프리홀더

⇨ 홀더를 벽에 붙여서 고정한 상태로 사용할 수 있다. 전신건조를 하면서 양치질, 면도를 하거나 화장품을 바르는 등 양손을 자유롭게 사용할 수 있다. 여러 일을 동시에 함으로 출·퇴근이 바쁜 아침 몸단장을 빨리 끝낼 수 있다. 보통 머리를 말리고 헤어스타일링을 할 때 방까지 들어가서 드라이를 하는데, 그럴 필요 없이 씻고 욕실에서 바로 거울을 보면서 말리고 헤어제품을 발라서 세팅까지 끝낼 수 있다.

8. 과열 방지 시스템

⇨ 12분이 지나면 자동으로 꺼지기 때문에 전력 낭비와 사고위험이 없다. 홀더를 넣는 걸 깜빡하더라도 안심할 수 있다.

9. IPX 4 생활 방수

⇨ 물과 습기가 많은 욕실에서 헤어드라이기 같은 전자 제품을 쓰면 감전의 위험이 있다. 바디플럽은 생활 방수 기능이 있어서 안전 걱정 없이 마음 놓고 사용할 수 있다.

10. 실리콘 재질 펫 브러쉬

⇨ 홀더에 펫 브러쉬를 장착해서 반려동물의 털을 말려주면서 빗질까지 해줄 수 있다. 부드러운 실리콘 재질로 만들어졌기 때문에 반려동물의 피부를 보호해준다.

전자와 후자를 비교해보니 어떠십니까? 철저히 소비자가 얻게 될 이익을 이야기했을 뿐인데 사고 싶다는 마음이 들지 않으세요? 이처럼 판매자의 언어를 소비자의 언어로 번역하는 것은 어려운 일이 아닙니다. 마법의 한 문장을 기억하면 누구나 할 수 있습니다.

"저희 제품은 ○○합니다. 그러므로 당신에게 □□를 줄 수 있습니다."

그럼 바로 적용해볼까요?

"저희 제품은 7200rpm 고속모터를 장착했습니다. 그러므로 당신은 3분도 채 걸리지 않아, 뽀송뽀송하게 전신 건조를 할 수 있습니다. 수건 빨래가 덜 나와 경제적이고, 세균 감염 원천을 차단하기 때문에 더 위생적입니다."

"저희 제품은 IPX 4등급 생활 방수 인증을 받았습니다. 그러므로 당신과 당신의 가족은 감전 위험 없이 욕실에서도 마음껏 드라이를 할 수 있습니다."

"저희 제품은 프리홀더 기능이 탑재되어있습니다. 그렇기 때문에 당신은 씻고 방 안까지 갈 필요 없이 바로 그 자리에서 거울을 보면서 헤어 스타일링을 할 수 있습니다."

이렇게 판매자의 시점에서 발견한 특장점을 공식에 맞춰 소비자 편익 Benefit으로 바꾸고, 우리가 고객들에게 보여줄 콘텐츠에는 장점을 적극적으로 넣어야 합니다. 편익을 임팩트 있는 카피라이팅, 이미지, 영상으로 다듬어서 표현해야 합니다. 광고 소재로 만들어서 적은 광고비로 최대한 많은 잠재고객을 내 쇼핑몰로 끌어모아야 하고, 상세페이지로 만들어서 구매전환율을 높여야 합니다.

④ 제품, 콘텐츠 둘 다 괜찮은데 사람들이 믿어주지 않는다

판매자 중심의 시각을 탈피해 소비자 중심의 콘텐츠를 만들어야 하는 이유는 충분히 아셨으리라 믿습니다. 그런데 콘텐츠를 잘 만드는 것과 그 콘텐츠가 주장하는 내용을 믿게 만드는 건 또 별개의 문제입니다. 끌리는 콘텐츠를 접한 소비자는 사고 싶다는 생각도 하겠지만, 동시에 이 내용이 거짓은 없는지, 과장 광고는 아닌지 의심합니다.

특히 온라인 마케팅은 상품을 체험할 수 없기에 후기, 리뷰, 상품평을 통해 실제 사용자가 상세페이지에서 말하는 이익과 혜택을 실제로 누렸음을 증명해야 합니다. 일반적으로 고객은 어디선가 광고를 보고 내 제품에 대한 키워드를 검색해 상세페이지와 후기를 읽고 최종적으로 구매를 결정합니다. 그렇다면 판매자는 어떻게 해야 할까요?

맞습니다. 홈페이지, 자사몰, 오픈마켓 등에 내 제품을 등록하고, 상세페이지와 내 제품 검색 결과에 제 3자의 후기를 배치해야 하며, 내 제품에 대한 콘텐츠를 최대한 많이 검색하게끔 광고해야 합니다. 이처럼 매출을 일으키는 3박자가 바로 온드 미디어(보유 매체), 언드 미디어(획득 매체), 페이드 미디어(유료 매체)입니다. 셋을 합쳐서 트리플 미디어라고 부릅니다.

만약에 좋은 제품을 갖고 좋은 콘텐츠를 제작하더라도 온드 미디어 하나만 집중하면 매출이 나지 않습니다. 트리플 미디어에 대해서는 뒷장에서 자세히 설명할 예정이므로, 일단 지금은 한 가지가 아니라 3가지의 미디어를 전부 갖췄을 때 매출이라는 마스터피스를 완성할 수 있음을 기억해야 합니다.

⑤ 상품등록, 광고를 최적화하지 않아서 생긴다

오픈마켓에 제품을 등록하거나 각종 마케팅 채널에 광고를 집행할 때는 그냥 무턱대고 하는 것이 아닙니다. 나름의 요령이 있습니다. 상품등록을 할 땐 키워드 최적화를 해야 하고, 광고를 집행할 땐 최적화된 광고 설정을 해야 하는데요. 시중에 많은 온라인 마케팅 관련 책이나 강좌가 대부분 이 최적화 기법을 가르쳐줍니다.

키워드와 광고 최적화를 하지 않으면 당연히 매출이 떨어질 수밖에 없습니다. 내 제품 상세페이지를 보는 고객은 적을 테니까요. 그런데 많은 판매자가 이 최적화 기법만 알고 적용하면 돈을 벌 수 있다고 착각합니다. 하지만 단순히 검색엔진 상위노출을 잘하고, SNS에서 광고 도달률이 십만 뷰를 찍는다고 무조건 매출이 날 만큼 판매는 만만하지 않습니다.

만약에 노출이 곧 매출이라면 실력 좋은 마케팅 대행사만 찾아내면 누구나 돈을 벌었을 것입니다. 따라서 판매가 잘 되기 위해서는 제품, 콘텐츠, 마케팅 전체의 합이 맞아야 하기에 최적화를 무시할 수는 없지만, 그렇다고 하여 너무 맹신해서도 안 됩니다.

⑥ 타깃 고객이 없는 채널에 광고한다

광고 효율을 높이기 위해서는 광고 소재를 잘 만들고, 광고 설정을 최적화해야 합니다. 그런데 소재와 최적화 두 마리 토끼를 잡아도 매출이 안 나는 경우가 있습니다. 이 경우 번지수를 잘못 찾아오지 않았나 의심해보아야 합니다.

예를 들어, 페이스북과 인스타그램은 똑같은 SNS지만 유저층이 명확히 다릅니다. 인스타그램은 20~40대 여성들이 많이 이용하고, 페이스북은 10대 혹은 중·장년층 남성들이 많이 이용합니다. 만약에 내 제품이 남성용품인데 인스타그램에 광고하고, 여성용품을 페이스북에 광고하면 어떨까요? 팔리기야 팔리겠지만 효율이 매우 떨어지게 됩니다.

평소 내 제품의 주 소비층이 누구인지, 그 타깃 고객은 어떤 마케팅 채널에 모여있는지 조사하고 계획을 세워두어야 합니다. 이를 생각해 두지 않으면 '주변에 누가 한창 뜨는 마케팅 채널에 광고해서 떼돈을 벌었다더라'라는 유행과 소문에 휩쓸려 광고를 하게 됩니다. 어쩌다가 판매가 잘 되면 다행이지만, 돈만 날리고 아무런 성과도 없으면 그야말로 낭패입니다.

어쩌다 성공해서는 안 됩니다. 실패해도 내가 왜 실패했는지 정확한 이유를 알아야 사전에 방지할 수 있으며, 계획을 갖고 마케팅을 진행해야 성과를 분석해서 더 나은 방향으로 갈 수 있고, 성공을 재현할 수 있습니다.

제품, 콘텐츠, 마케팅 3가지 큰 주제 안에서 6가지 문제점을 들어보니 왜 매출이 나지 않는지 조금 갈피가 잡히시나요? 핵심을 말하자면 '판매자의 아집을 버리고 소비자 중심의 시각으로 제품을 봐야 한다'라는 점입니다. 소비자에게 필요한 제품을 개발해야 하고, 소비자가 좋아할 이

점을 바탕으로 콘텐츠를 만들며, 내 제품을 사줄 소비자들이 모인 마케팅 채널에서 소비자가 흥미를 느낄 광고 소재로 최적화된 광고가 필요합니다.

좋은 제품을 갖고 좋은 콘텐츠를 제작하더라도 온드 미디어 하나만 집중하면 매출이 나지 않습니다. 트리플 미디어에 대해서는 뒷 장에서 자세히 설명할 예정이므로, 일단 지금은 한 가지가 아니라 3가지의 미디어를 전부 갖췄을 때 매출이라는 마스터피스를 완성할 수 있음을 기억해야 합니다.

이기는 원리 1 내가 참가한 게임의 승리 조건을 명확히 할 것

그렇다면 판매자가 참가하는 셀링마케팅 게임의 최종목표는 무엇일까요? 맞습니다. 누가 뭐래도 매출을 올리는 것입니다. 매출을 얻기 위해 좋은 제품을 개발하거나 소싱하고, 이를 마케팅해서 팔려고 하니까요. 우리에게 돈을 주고 제품을 살 고객은 무한하지 않기에 시장은 항상 한정적입니다. 우리는 그 한정된 시장에서 고객이 경쟁사 제품 대신 내 제품을 사게 만들어야 하죠.

경영학의 아버지 피터 드러커는 '측정할 수 없으면 관리할 수 없고, 관리할 수 없으면 개선할 수도 없다'는 명언을 남겼습니다. 조금 전에 매출이 나지 않는 이유를 제품 콘텐츠 마케팅의 6가지 이유로 측정한 것처럼, 매출을 개선하기 위해서도 먼저 어떤 변수가 매출을 만드는지 측정할 필요가 있습니다.

우리가 동네에 마트를 하나 세웠다고 가정해봅시다. 마트에서 매출을 얻기 위해서는 일단 방문하는 손님이 많아야 합니다. 이때 고이윤 제품을 여러 개 팔아야 도움이 되겠죠. 즉 손님, 제품의 이윤, 구매 수가 매출의 핵심 변수입니다. 이 변수를 키우기 위해서는 무엇을 해야 할까요? 유동인구가 많은 입지에 마트를 세우고, 손님들이 원하는 제품을 진열하며, 할인 혹은 여러 가지 이벤트를 열어서 마트에 최대한 많은 사람을 불러들여 물건을 여러 개 사도록 하면 됩니다.

셀링마케팅은 이 마트의 구조를 오프라인에서 온라인으로 옮겼다고 생각하면 됩니다. 다만 마트 대신 자사몰 혹은 오픈마켓을 만들고, 마켓에 상품등록을 해야 하며, 마케팅을 통해 고객들을 부르면 일부는 이탈하고, 일부는 제품 상세페이지를 읽고 장바구니에 담아 결제한다는 차이점이 있습니다.

즉, ① 얼마나 많은 사람이 내 쇼핑몰에 들어와서 ② 제품 상세페이지를 읽고 물건을 구매하는가 ③ 구매한 제품의 가격대는 얼마인가 3가지 변수에 의해 매출이 좌지우지됩니다. 이를 알기 쉬운 공식으로 정리하면 다음과 같습니다.

$$\text{온라인 매출} = \text{유입} \times \text{전환} \times \text{객단가}$$

예를 들어서 제가 3만 원짜리 제품 하나를 파는 쇼핑몰을 만들었습니다. 이번 달 내 쇼핑몰에 1,000명이 방문했고 방문객들 중 1%가 제품을 샀다면 매출은 얼마일까요? 1,000명의 1%는 10명이죠. 이 10명이 3만 원 제품을 1개씩 샀으니 총매출은 30만 원입니다.

> 온라인 매출(30만 원) = 유입(1,000명) × 전환(1%) × 객단가(3만 원)

여기서 유입, 전환, 객단가를 각각 2배씩만 올려보겠습니다. 6만 원짜리 제품 하나를 파는 쇼핑몰을 만들어서 2,000명이 들어와 2%가 제품을 사 갔습니다. 2,000명의 2%는 40명인데 6만 원 제품을 1개씩 샀으니 총매출은 240만 원입니다. 어떤가요? 유입, 전환, 객단가 각각을 2배씩 올렸을 뿐이지만 실제 매출은 30만 원에서 240만 원으로 8배가 올랐습니다. 지금 매출이 시원찮다고 해서 실망할 필요 없습니다. 왜냐하면 온라인 비즈니스는 덧셈이 아니라 곱셈이기 때문입니다.

유입, 전환, 객단가를 2배씩 올리면 2x2x2=8배가 되지만, 이를 3배로 올리면 3x3x3=27배가 되고, 4배로 올리면 64배, 5배로 올리면 125배가 됩

채널속성	채널그룹	고객수	유입수	광고비	결제수	유입당 결제율	결제금액	객단가 결제금액	ROAS	결제수	유입당 결제율	결제금액	유입당 결제금액	ROAS
전체	전체	5,357	7,430	0	486	6.54%	19,182,000	2,582	0%	502.5	6.76%	19,785,962	2,663	0%
모바일	쇼핑	4,790	6,675	0	449	6.73%	17,612,600	2,639	0%	466.9	7.02%	18,375,223	2,753	0%
PC	쇼핑	347	419	0	24	5.73%	1,042,200	2,487	0%	22.9	5.46%	997,059	2,380	0%
모바일	검색	152	228	0	7	3.07%	288,400	1,265	0%	6.6	2.89%	251,647	1,104	0%
모바일	일반유입	27	51	0	4	7.84%	159,200	3,122	0%	2.7	5.36%	108,829	2,134	0%
모바일	매니아	15	24	0	1	4.17%	19,800	1,658	0%	0.4	1.57%	15,028	626	0%
PC	웹사이트	11	17	0	0	0.00%	0	0	0%	0	0.00%	0	0	0%
PC	검색	9	10	0	0	0.00%	0	0	0%	0	0.00%	0	0	0%
모바일	웹사이트	3	3	0	1	33.33%	39,800	13,267	0%	0.5	18.27%	21,813	7,271	0%
모바일	소셜	2	2	0	0	0.00%	0	0	0%	0.4	20.56%	16,362	8,181	0%
PC	소셜	1	1	0	0	0.00%	0	0	0%	0	0.00%	0	0	0%

1월 유입 전환 객단가

채널속성	채널그룹	유입		비용		결제(마지막클릭출 기준)				결제(+14일 기여도추정)				
		고객수	유입수	광고비	결제수	유입당 결제율	결제금액	유입당 결제금액	ROAS	결제수	유입당 결제율	결제금액	유입당 결제금액	ROAS
전체	전체	39,406	57,264	91,190	4,771	8.33%	240,548,400	4,201		4,983.0	8.70%	250,768,495	4,379	
모바일	쇼핑	33,687	49,050	0	4,217	8.60%	212,159,100	4,325	0%	4,474.5	9.12%	224,260,075	4,572	0%
모바일	검색	1,721	2,831	0	61	2.15%	3,061,100	1,081	0%	70.1	2.48%	3,607,185	1,274	0%
PC	쇼핑	2,146	2,778	0	280	10.08%	14,980,200	5,392	0%	269.0	9.68%	14,677,318	5,283	0%
모바일	검색광고	493	660	80,160	37	5.61%	1,594,900	2,417	1,990%	44.6	6.76%	1,920,500	2,910	2,396%
모바일	소셜	467	617	0	31	5.02%	1,516,800	2,458	0%	39.6	6.41%	2,006,706	3,256	0%
모바일	메신저	335	510	0	43	8.43%	2,107,000	4,131	0%	27.6	5.41%	1,376,949	2,700	0%
모바일	일반유입	288	471	0	83	17.62%	4,174,200	8,862	0%	40.2	8.55%	2,015,114	4,278	0%
PC	검색	104	136	0	6	4.41%	298,800	2,197	0%	6.0	4.41%	294,051	2,168	0%
PC	웹사이트	33	56	0	0	0.00%	0	0	0%	0	0.00%	0	0	0%
PC	소셜	52	55	0	3	5.45%	139,400	2,535	0%	2.7	4.98%	139,638	2,539	0%
PC	검색광고	44	50	11,030	2	4.00%	99,600	1,992	903%	1.9	3.77%	93,458	1,869	847%
모바일	웹사이트	26	35	0	6	17.14%	318,000	9,086	0%	5.4	15.54%	290,284	8,294	0%
PC	메신저	8	13	0	2	15.38%	119,300	9,177	0%	1.4	10.88%	84,418	6,494	0%
PC	기타	2	2	0	0	0.00%	0	0	0%	0	0.00%	0	0	0%

4월 유입 전환 객단가

니다. 매출이 낮다는 것은 아직 이 3가지 변수의 상승 여지가 충분하다는 뜻이므로 미래의 매출이 어떻게 될지는 아무도 모르는 일입니다.

실제 제가 관리하는 한 스마트스토어의 통계 자료입니다. 2020년 1월 자료인데 7,430명이 들어와 502명이 결제해서 1,978만 원의 매출이 발생했습니다.

2020년 4월 자료입니다. 매출이 1,978만 원에서 2억5천76만 원으로 부쩍 늘어난 모습을 볼 수 있습니다. 3개월 만에 매출이 12배 가까이 증가했는데요. 1월에는 상품만 등록해놓고 이렇다 할 마케팅 활동을 하지 않았지만, 4월에는 적극적으로 마케팅을 해서 유입을 5만7천 명으로 늘려 4,983번의 결제를 끌어냈습니다. 1월보다 유입수를 7~8배 가까이 늘렸고, 전환율 역시 9~10배 가까이 뛰었기에 총매출에서 극적인 차이가 나는 것이죠.

막연하게 매출을 늘리자고만 하면 뭘 해야 할지 모르지만, 매출을 구성하는 변수를 파악하면 각각의 변수를 키우기 위한 구체적인 방법을 찾게 됩니다. 유입률을 높이기 위해서는 마케팅으로 내 상품을 노출해야하고, 전환율을 높이기 위해서는 상품과 콘텐츠 기획을 잘해야 하며, 객단가를 높이기 위해서는 상품의 가격을 높여야 합니다.

유입률, 전환율, 객단가를 전부 높여서 총 매출을 한 방에 대폭 늘리는 것이 베스트입니다만, 인력과 자금이 충분한 대기업이라면 모를까 작은 기업은 셋을 한 번에 높이는 건 역시 무리가 따릅니다. 그럴 때는 내가 할 수 있는 일부터 차근차근 하나씩 해결해나가야 합니다.

단순히 수치만 따졌을 때 가장 효율적인 순서는 객단가, 전환율, 유입률 순으로 높이는 것입니다. 그러나 현실적으로 접근성이 좋은 순서는 전환율, 유입률, 객단가 순입니다. 왜 그럴까요? 객단가를 높이려면 제품의 가격을 올려야 하는데 제품마다 적절한 가격선이 있기에 판매자 마음대로 가격을 책정할 수 없습니다. 품질보다 높은 가격을 매겨봤자 하나도 팔리지 않으니까요. 객단가는 높았을 때 가장 매출에 공헌하지만, 그만큼 높이기가 어렵다는 이야기입니다.

따라서 제품의 가격을 높이기보다는 한 번 쇼핑몰에 들어온 고객이 제품을 여러 개 사게끔 할인 및 이벤트를 하거나, 베스트셀러 제품을 개발해 회사의 브랜드 가치를 높이는 방법을 써야 합니다. 특히 히트 상품 하나를 만들어서 명성을 얻으면 제품의 가격도 올릴 수 있고 연관된 제품을 개발해서 추가 수익을 올릴 수 있게 됩니다. 더 나아가 충성고객을 확보해 입소문이 나기 시작하면 그때부터는 셀링마케팅의 선순환 구조가 만들어집니다. 이에 관한 방법도 다시 설명드리겠습니다.

브랜딩도 공짜로 할 수 있는 일이 아니기에 일단은 가지고 있는 제품부터 잘 팔아야 합니다. 그래서 최우선순위가 전환율이 되는 것입니다. 전환율을 높이기 위해서는 좋은 제품을 개발하거나 소싱해서 그 제품의 가치를 콘텐츠로 잘 표현하는 것이 중요합니다. 소비자를 설득하는 상세페이지를 만들고, '상품이 정말 만족스럽다'는 사용자 후기를 확보해야 합니다.

마지막으로 유입은 반드시 전환율을 높이는 작업이 끝난 다음에 진행해야 합니다. 왜냐하면 내 쇼핑몰로 소비자를 끌어오기 위해서는 많게든 적게든 광고비를 써야 하기 때문입니다. 돈을 써서 내 쇼핑몰로 가망고객을 데려왔는데 전환율이 낮아서 구매도 하지 않고 다 나가버리면 타격이 큽니다. 전환율부터 높인 상태로 유입을 늘려야 누수 없이 최대 효율을 낼 수 있습니다.

이기는 원리 2 첫 번째 도미노를 쓰러뜨려 결과를 끌어당길 것

도미노 효과라고 들어보셨나요? 아마도 어린 시절 일렬로 쭉 세워놓은 도미노를 쓰러뜨리는 추억이 있을지 모르겠습니다. 과학자 론 화이트헤드의 말에 따르면 도미노는 자신보다 1.5배 더 큰 도미노 조각을 쓰러뜨릴 수 있다고 합니다. 실제 2001년, 샌프란시스코 과학관에서 한 물리학자가 론 화이트헤드의 이론을 증명했는데요. 합판으로 1.5배씩 커지는 도미노 조각을 8개 만들어 쓰러뜨린 것입니다. 첫 도미노의 높이는 고작 5cm에 불과했지만, 1.5배씩 키워나간 결과 맨 마지막에 쓰

도미노 효과

러진 8번째 도미노의 높이는 90cm나 되었다고 합니다.

만약에 이 실험을 이어서 계속하면 어떻게 될까요? 1.5배의 등비수열을 계산해보면 18번째 도미노 크기는 피사의 사탑과 같아지고, 23번째 도미노는 에펠탑만큼 높아지며, 31번째 도미노는 히말라야 에베레스트 산을 900m 더 초월한다고 합니다. 57번째 도미노에 이르러서는 지구에서 달에 이르는 거리만큼 커진다고 하고요.

히말라야 에베레스트처럼 큰 최종 목표는 한 방에 쓰러뜨릴 수 없습니다. 하지만 그 앞에 중간 목표라는 도미노를 배치하고, 쓰러뜨리면 중간 목표를 달성함으로 최종 목표도 쓰러뜨릴 수 있습니다. 세상의 모든 위대한 변화는 갑자기 일어나는 것이 아니라, 차례로 세워놓은 도미노의 첫 조각을 쓰러뜨리는 것에서부터 시작됩니다.

매출이라는 최종 목표를 쓰러뜨리기 위해서는 그 앞에 유입, 전환, 객단가와 관련된 도미노들을 하나씩 세워놓고 쓰러뜨리는 과정이 필요합니다. 전환율을 높이기 위한 상품기획과 콘텐츠 기획, 유입률을 높이기 위한 마케팅에 대해서는 뒷장에서 차근차근 알아보도록 하고, 이번 장에서는 가장 먼저 쓰러뜨려야 할 도미노 조각에 대해 말씀드리겠습니다.

그 첫 번째 조각은 풀 마케팅입니다. 지금부터는 여태까지의 푸시 마케팅 방식을 넘어서 풀 마케팅을 하셔야 합니다. 낯선 용어죠? 알고 보면 쉬운 개념입니다. 풀Pull은 소비자를 내 제품으로 '끌어들인다'라는 의미이고, 푸시Push는 내 제품을 소비자들을 향해 '밀어낸다'라는 의미가 있습니다.

푸시 마케팅은 제조사에서 제품을 생산한 다음에 이것을 도매상에게 밀어내고, 도매상은 소매상에게 밀어내며, 소매상이 최종 소비자에게 밀어내는 방식입니다. 그에 비해 풀 마케팅은 제품을 만든 다음 광고를 통해 최종 소비자에게 제품을 알려 그들이 제품을 찾게끔 끌어들이는 방식입니다.

전통적으로 작은 회사는 풀 마케팅보다는 푸시 마케팅에 의존해왔습니다. 풀 마케팅을 하려면 판매점을 만드는데 돈이 들고, 거기다 광고를 해야 하는데 TV·신문·잡지·라디오 등 전통적인 광고매체는 비용이 많이 들어갑니다. 반면에 푸시 마케팅은 만든 제품을 유통 벤더에게 돈을 받고 넘겨주기만 하면 되므로 풀 마케팅에 비해 비용부담이 훨씬 덜합니다.

그러나 푸시 마케팅은 판매자가 능동적으로 유입, 전환, 객단가를 제어할 수 없다는 단점이 있습니다. 매출이 전적으로 제품을 사들이는 중간상에게 달려있기 때문입니다. 도매상과 세일즈맨이 물건을 잘 팔아주지 못한다면 만족할 수준의 이익을 얻을 수 없습니다. 판매를 본사에서 통제하지 못하고 오로지 유통라인이 잘 팔아주기만을 학수고대하는 처지가 되어버리는 것입니다.

바로 이 지점에서부터 갖가지 문제가 발생합니다. 제조사가 유능하고 신뢰할 수 있는 유통사를 만나면 다행이지만 유통사는 한 기업의 제품만을 팔지 않습니다. 여러 제품을 취급하는 처지이기에 우리 회사의 제품만 특별하게 취급해 주기를 기대할 수는 없죠. 현재 시점에서 더 이윤이 좋고 잘 팔려서 돈 벌 수 있는 아이템을 쫓아다니기 마련입니다.

그 외에도 본사의 브랜드 이미지는 신경 쓰지 않고 자극적인 콘텐츠를 유통하거나 여러 판매자에게 제품을 뿌리는 과정에서 가격이 파괴되는 경우도 있습니다. 좋은 파트너를 만나더라도 이들이 광고 마케팅을 전담한다는 조건으로 이윤의 50~60%를 주는 계약을 체결하면 순이윤이 높지 않아 돈을 벌더라도 정작 챙길 수 있는 금액은 얼마 되지 않습니다.

아무리 좋은 제품을 만들었더라도 내 제품을 띄우는 능력이 없으면 어떻게든 대형 유통채널을 뚫는데 주력하게 됩니다. 유명한 마트에 입점만 시키면 대박이 터질 거라고 MD들의 뒤꽁무니를 쫓아다니지만 그들은 여러 제품을 검토하느라 바빠 진지하게 응대하지 않습니다.

결론적으로 많은 사장님이 물건 제조하랴, 판매망 확보하랴, 유통사에 제품 나눠주랴 일은 엄청나게 많이 하는 것 같은데 정작 결산을 내면 손에 쥐는 돈은 몇 푼 되지 않는다고 합니다. 그럴 수밖에 없습니다. 본사가 스스로 유입, 전환, 객단가를 통제할 수 없고 매출이 전적으로 파트너에게 달려있으니까요.

그렇기에 푸시 마케팅에서 풀 마케팅으로 전환하는 것이 모든 변화가 시작되는 최초의 도미노 조각이 되는 것입니다. 풀 마케팅을 하면 일단 판매사에게 줘야 할 이윤까지 전부 본사가 100% 챙길 수 있습니다. 기존 방식대로라면 총판에 줘야 할 60%의 이윤까지 활용할 수 있게 됩니다. 이윤이 커져서 자금에 여유가 생기면 판을 더 키울 수 있습니다.

유통사는 굳이 판을 키우려고 하지는 않습니다. 좋은 제품이 있으면 독점으로 팔고 싶어하죠. 그러나 제조사 입장에서 가장 최선인 것은 히트 제품을 만든 다음에 판을 키워서 최대한 다양한 경로로 저렴한 이윤으로 공급하는 것입니다.

풀 마케팅이라는 첫 도미노 조각만 잘 쓰러뜨린다면 원활한 자금순환과 늘어난 이윤을 바탕으로 직장 환경 개선과 제품 연구 개발에 투자함으로 회사가 더 커지고 더 잘 파는 선순환의 고리를 만들어 자생력을 갖출 수 있게 됩니다.

이런 풀 마케팅이 과거에는 대기업만 가능했습니다. 매스미디어 광고와 판매망 구축에 초기 자본이 많이 들어가기 때문이죠. 그러나 지금은 바야흐로 그 어느 때보다 중소기업이 풀 마케팅을 실천하기 좋은 환경, 인프라가 갖춰져 있습니다.

사람들은 점점 오프라인보다는 온라인에서 제품을 비교하고, 먼저 산 사람들의 증언을 들어보고, 가격을 비교해서 구매합니다. 굳이 오프라인 매장을 차릴 필요가 없습니다. 온라인에 홈페이지를 만들고 오픈마켓에 상품등록만 해놓으면 임대료 걱정 없이 매장을 만들 수 있습니다.

비싼 TV 광고를 할 필요 없이 네이버, 유튜브, SNS에 콘텐츠를 올리는 것은 무료이며 단돈 10만 원만 써도 유료광고를 할 수 있습니다. 내 제품이 필요한 타깃 고객들에게 다이렉트로 광고와 콘텐츠를 전달할 수 있게 되었습니다.

작은 기업이 풀 마케팅을 할 수 있게 되면서 온라인 마케팅으로 성공한 쇼핑몰이나 e커머스 회사들이 많이 탄생하고 있고요. 소비자들이 원하는 걸 충족시켜주는 제품만 만들면 누구나 풀 마케팅 방식으로 자사 직판을 통해 마케팅과 브랜딩을 할 수 있는 세상입니다.

이 책을 쓰고 있는 현재, 저는 원래 진짜 하고 싶었던 일은 풀 마케팅을 할 줄 몰라서 계속 푸시 마케팅만 해온 중소기업 사장님들이 풀 마케팅을 통해 자사 제품을 소비자에게 직접 판매하는 D2C Direct To Consumer 구조를 만들어주는 일이 아닐까 하고 생각하게 됩니다.

이기는 원리 3 선순환의 시작점이 될 한 그루의 황금 나무를 심을 것

똑바로 정렬해놓은 도미노는 첫 조각을 쓰러뜨리면 자신보다 더 큰 도미노 조각을 쓰러뜨리면서 큰 최종 목표까지 쓰러뜨릴 수 있습니다. 매출로 향하는 도미노의 첫 조각이 바로 풀 마케팅이라고 말씀드렸는데요. 첫 번째 성공이 힘들 뿐이지 한 번 베스트셀러 제품을 배출하면 그 다음부터는 선순환이 만들어져서 순풍에 돛을 단 배처럼 사업을 확장해 나갈 수 있습니다.

원래 진정한 마케팅이란 밀어내기식의 B2B 마케팅이 아닌, 제품을 선

전해서 고객을 불러 모으는 B2C 마케팅이기 때문에 판매자의 아집을 버리고 철저히 소비자 중심의 관점으로 접근해야 합니다. 소비자가 원하는 제품을 개발해서 소비자 편익을 말해주는 콘텐츠를 제작해 타깃팅된 채널에 마케팅해야 한다는 말이죠.

이 전체적인 과정을 기획하는 것은 마치 한 그루의 나무를 심는 것에 비유할 수 있습니다. 질 좋은 옥토에 작은 묘목을 옮겨 심고 병충을 잡아주고 햇볕을 쬐어주며 영양과 물을 공급해주면 큰 나무로 자라서 열매가 맺히듯이, 제품도 기획을 통해 셀링포인트를 잡아내서 그것이 반영된 콘텐츠를 만들고 트리플 미디어로 송출하면 큰 나무로 자라서 돈이라는 과실을 안겨다 줍니다.

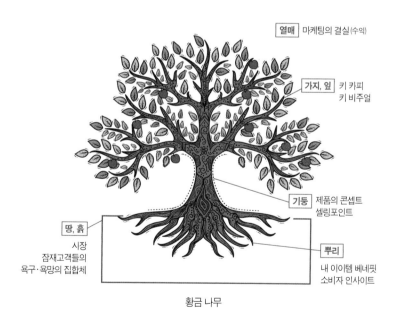

황금 나무

┃땅(시장)┃

나무가 잘 자라기 위해서 제일 중요한 건 무엇일까요? 물과 햇빛도 중요하지만 가장 근본이 되는 건 토지입니다. 일단 땅이 있어야 뿌리를 내리고 흙의 영양과 수분을 흡수하여 성장할 수 있으니까요. 영양분이 풍부한 양질의 토양일수록 더욱더 좋습니다. 농사를 지을 때도 땅에 비료를 뿌리니까요.

셀링마케팅에 있어서 가장 근본이 되는 땅은 시장이라고 할 수 있습니다. 척박한 불모지에서는 건강한 나무가 자랄 수 없고, 비옥한 땅에서는 건강한 나무가 자라는 것처럼 시장수요가 작은 제품은 매출이 작을 수밖에 없고, 시장성이 큰 제품은 마케팅에 성공했을 때 수익이 많이 납니다. 나무를 심을 때 아무 데나 심는 것이 아니라 땅을 살펴서 기름진 땅에 심어야 하는 것처럼, 제품을 팔 때도 먼저 시장성을 파악해서 어느 정도의 점유율을 차지해 얼마의 매출을 올릴지 계산한 다음 신사업 진출 여부를 결정해야 하죠. 만약에 시장성이 아예 없거나 극소수의 마니아층 수요만 있다면 판매를 할지 말지 고민해봐야 합니다.

물론 시장이 작은 것이 무작정 나쁘다는 이야기는 아닙니다. 작은 시장은 기대수익이 낮은 만큼 경쟁자도 적기에 레드오션을 피해 블루오션에서 1등을 차지해 장기적으로 큰 이익을 올리는 전략도 있기 때문입니다. 이는 회사의 기술력 및 상황 그리고 경쟁자들을 분석하여 종합적인 시각에서 판단해야 합니다.

| 뿌리(소비자 인사이트) |

모든 판매자는 대박을 터트려 일확천금을 쥐려는 로망이 있습니다. 그렇기에 큰 시장은 경쟁에서 살아남기 힘들지만 성공할 경우 보상이 큽니다. 작은 시장은 경쟁에서 이길 가능성이 크지만, 보상이 작다는 일장일단이 있습니다.

제가 여태까지 제품을 많이 팔 수 있었던 이유는 수요가 보장된 큰 시장에 뛰어들었고, 그 큰 시장 안에서도 아직 나무가 밀집되지 않은 땅을 골라 뿌리를 내렸기 때문입니다. 말하자면 레드오션 안의 블루오션을 찾은 것입니다.

예를 들어 큰 '히터 시장'도 세부적으로 파고들면 난방용품을 필요로 하는 소비자의 상황에 따라 다양한 히터 시장으로 나뉩니다. 거실에서 가족 다 함께 쓸 히터, 방에서 혼자 쓸 1인용 히터, 사무실에서 쓸 히터, 샤워할 때 쓸 욕실 히터 등으로 말이죠.

히터라는 큰 땅 안의 세부 카테고리를 잘 살펴서 내 제품이 비집고 들어갔을 때 승리할 수 있는 포지션을 찾아냈으면 그곳에 단단히 뿌리를 내려야 합니다. 어차피 회사 하나가 큰 시장을 전부 독점하는 것은 불가능합니다. 하지만 비옥한 토지 일부만 점거하더라도 억대 매출을 올리는 것이 가능합니다.

반대로 내 제품이 줄 수 있는 편익과 시장의 수요가 매칭도 안 되는데 단지 시장이 크다는 이유만으로 큰 땅에 뿌리를 내리려고 들면 머지않아 묘목이 말라죽을 것입니다. 넓은 땅 가운데 내 제품이 뿌리를 내릴 최적의 포지션을 알기 위해서는 소비자 인사이트가 있어야 합니다.

돈과 제품을 교환하는 거래행위는 소비자의 수요와 제품이 줄 수 있는 편익의 교차점에서 일어납니다. 앞에서 살펴본 바디드라이어 사례처럼 내 제품의 특장점으로부터 소비자 편익을 알아냈다면 그다음은 시장조사 차례입니다. 고객이 어떤 상황에서 무슨 문제를 해결하기 위해 제품을 찾는지 파악해야 합니다.

시장조사에는 설문조사나 포커스 그룹 인터뷰(설문조사 종류 중 하나로 조사 당일 진행자에 의해서 집단 면접으로 진행하는 조사 방법) 등 다양한 방식이 있습니다만, 전문 리서치 기관을 이용해야 하기에 접근성이 떨어집니다. 돈과 시간을 아끼면서 노트북 1대만 있어도 할 수 있는 간단한 방법이 있습니다. 바로 네이버 쇼핑에 들어가 내가 진입하려는 카테고리에서 가장 많이 팔리는 제품을 2~3가지 정도 뽑아서 상품평을 읽어보는 것이죠.

상품평에는 고객들이 왜 이 제품을 샀고, 어떤 점은 만족스러웠는데 어떤 점은 불만이었다는 진솔한 코멘트가 있습니다. 이것들만 쭉 취합해도 해당 카테고리를 찾는 소비자들이 진정으로 원하는 것을 잡아낼 수 있으며, 연관 카테고리의 상품평까지 읽으면 전체 시장에 대한 통찰까지 얻을 수 있습니다.

| 기둥(셀링포인트, 콘셉트) |

양질의 땅에 뿌리를 내렸으면 가지와 잎이 자라기 위한 튼실한 기둥을 만들어야 합니다. 나무가 영양분을 먹고 자라는 것처럼 제품도 성장하기 위해서는 매출을 만들어낼 결정적인 요인이 필요하죠. 그 영양분이 제품의 셀링포인트이자 콘셉트입니다.

콘셉트를 만들기 위한 셀링포인트는 내 아이템 분석, 소비자 분석, 경쟁사 분석의 교집합에서부터 나옵니다. 시장조사를 통해 알게 된 소비자들의 수요, 내 아이템 분석으로부터 도출한 소비자 편익이 완벽한 합을 이루면서 경쟁사를 압도하는 제품력까지 뒷받침이 되었을 때 강력한 콘셉트가 만들어집니다.

제 경험상 품질이 좋은 제품은 소비자의 필요를 내 아이템의 소비자 편익이 충족시켜주는 포인트가 적게는 2~3가지에서 많게는 4~5가지 정도 발견됩니다. 이 가운데 경쟁사와 차별화되는 단 하나의 이익을 강조하면 항상 팔리는 콘셉트가 만들어졌습니다.

물론 제품에 따라 그 단 하나를 찾기 힘든 경우도 있습니다. 일단 경쟁사와 차별화된 강점이 없더라도 소비자의 필요와 제품의 편익이 맞아떨어지면 콘셉트를 만들 수 있습니다. 하지만 차별화가 없다는 말은 경쟁사 제품도 똑같은 편익을 줄 수 있으므로 아무래도 고객들이 굳이 내 제품을 사야 할 대의명분이 약해집니다.

《삼국지》에서 제갈량이 천하 삼분지계를 논할 때 솥의 다리가 2개면 똑바로 설 수 없지만 3개가 되면 제대로 설 수 있는 것처럼, 내 아이템의 소비자 편익, 소비자의 수요, 경쟁우위라는 3가지의 교집합 부분에서 흔들리지 않는 콘셉트를 만들 수 있으며, 튼튼한 기둥으로부터 건강한 가지와 잎이 자라나게 됩니다.

가지, 잎(키 카피, 키 비주얼)

제품의 셀링포인트를 뽑아서 콘셉트로 승화시켰다면 콘셉트를 기반으로 키 카피와 키 비주얼을 만들 차례입니다. 기둥에서 가지와 잎이 피는 것처럼 말이죠. 콘셉트를 꽂히는 카피라이팅으로 다듬으면 키 카피가 됩니다. 여기에는 흔히 광고와 콘텐츠에 들어가는 헤드 카피, 바디 카피, CM송, 슬로건, 뉴스보도, 블로그 리뷰 등 텍스트 매체 전반이 포함됩니다.

키 카피가 텍스트 전반을 아우른다면 키 비주얼은 이미지나 동영상 전반을 아우릅니다. 통 이미지로 제작되는 제품 상세페이지부터 SNS에 올리는 짧막한 바이럴 동영상, 광고소재, 유튜브에 올리는 언박싱 영상 등이 전부 포함됩니다.

카피를 잘 쓰는 것도 중요하지만 직관적인 이미지나 임팩트 있는 동영상은 그 이상으로 중요하기 때문에 키 비주얼을 확실하게 다룰 줄 알아야 합니다. 날이 갈수록 동영상 시장이 성장하는 추세입니다. 앞으로는 제품에 대한 양질의 영상을 만드는 것이 매출과 크게 직결될 것입니다.

우리가 나무를 볼 때 푸르고 무성한 나뭇잎이 가장 먼저 눈에 들어오지만 땅과 뿌리는 눈에 보이지 않는 것처럼, 실제 우리 제품이 온라인 공간에서 소비자들하고 만나는 첫 접점은 콘텐츠입니다. 소비자들은 각종 광고 소재, 리뷰, 제품 상세페이지를 통해 우리 제품을 처음으로 접하게 된다는 말이죠.

아마도 마케터라면 다들 한 번쯤 '훌륭한 광고와 콘텐츠를 보면서 저렇게 잘 만들고 싶다'는 생각을 해보셨을 것입니다. 나무가 멋있게 클 수 있었던 이유는 양질의 토양에 뿌리를 단단히 내렸기 때문입니다. 이처럼 좋은 키 카피, 키 비주얼도 땅, 뿌리, 기둥의 과정을 거쳐야 훌륭한 가지와 잎이 만들어집니다. 서두르지 마시고 앞 단계부터 차근차근히 해나가면 여러분도 충분히 멋진 콘텐츠를 만들 수 있습니다.

┃열매(매출)┃

나무를 심는 가장 큰 목적은 과실을 수확하기 위함이죠. 판매자인 우리에게 그것은 곧 돈입니다. 그러나 제대로 관리를 해주어야 질 좋은 열매를 얻을 수 있는 것처럼, 셀링마케팅 역시 가지와 잎까지 제대로 키워냈어도 끝까지 관리를 해주어야 돈을 얻을 수 있습니다.

제품기획을 마치고 팔리는 콘셉트를 정해 콘텐츠로 만들어서 마케팅한 다음에는 꾸준히 판매관리를 해주어야 한다는 말이죠. A/S도 안 해주고 나쁜 상품평을 그대로 방치하면 아무리 제품이 좋아도 매출이 급감하기 시작합니다.

귀찮다고 생각될 수도 있습니다만 이는 꼭 필요한 과정입니다. '과실을 얻는다'라는 것은 제품을 많이 팔아서 많은 돈을 버는 것 이상의 의미를 지닙니다. 다시 말해 한 제품의 성공은 또 다른 성공의 기회가 되기 때문입니다. 제품 하나가 히트하면 많은 사람이 그 제품과 제품을 만든 회사를 인식하게 됩니다. 그렇게 얻은 인지도를 통해 다음 제품까지 팔 기회가 생깁니다.

실제 대기업들을 보면 신작과 연관 상품을 개발해서 매출을 더 높이 곤 합니다. 현대자동차가 가격대에 따른 자동차 라인업을 구축하거나, 코카콜라가 제로 콜라를 만들거나, 만년필로 유명한 몽블랑이 자사의 고급스러운 브랜드 이미지를 레버리지해서 몽블랑 시계를 만드는 것이 대표적인 사례입니다. 가을이 되면 나무가 키워낸 열매가 익어서 떨어 집니다. 떨어진 열매는 썩어 문드러져서 땅에 흡수되고 씨앗이 나무 옆 에 새로운 과일 나무를 만듭니다. 이처럼 일단 제품 하나를 성공시키면 제품 옆에 새로운 제품이 생겨서 새로운 돈 나무를 만들어냅니다.

지금 여러분의 회사에 이런 돈을 만드는 황금 나무가 이미 여러 개 심 어진 상태일 수도 있고, 한두 그루밖에 없을 수도 있으며, 아예 전혀 없 을 수도 있습니다. 더도 말고 덜도 말고 일단 황금 나무 한 그루를 심은 다음, 그 열매를 수확해 씨를 발라내서 옆에 그대로 옮겨 심어 딱 열 그 루를 키워보는 것을 목표로 해보세요. 회사의 운명이 달라질 것이라고 장담합니다.

이기는 원리 4 이기는 원리를 바탕으로 대박이 난 팔리는 마케팅 사례

셀링마케팅의 원리에 대해 더 명확한 이해를 돕기 위해 황금 나무 한 그 루를 심고, 첫 성공을 밑거름 삼아 황금 나무를 늘려나간 실제 컨설팅 사

장난감 판매 순위는?
(1일~17일 판매량 기준)

1위 터닝메카드 20%
2위 레고 15%
3위 반짝커 11%
4위 파워레인저 9%

(출처:옥션)

반짝커 MBC 출현

례를 소개해드리도록 하겠습니다.

'반짝커'라는 제품입니다. 이 제품은 2015년, 크리스마스 시즌 가장 많이 팔린 장난감 3등을 하면서 MBC 뉴스에 방송되었습니다. 결과론적으로 많이 팔렸지만, 첫 시작부터 순탄한 제품은 아니었습니다. 맨 처음 제조사에서 이 제품을 팔아달라고 들고 왔을 땐 난감하기 그지없었으니까요.

사연을 들어보니 이 제품은 제조사의 대표님이 외국에서 많이 유행했던 포일아트 제품을 발견하면서부터 시작되었습니다. 포일아트는 검은색 판 위에 알록달록 반짝이는 필름지를 문질러 붙여서 누구나 쉽게 스테인드 글라스 느낌이 나는 예술품을 만드는 장르입니다.

완성품을 보니 예쁘기도 하고, 마침 우리나라에 비슷한 제품이 없으며, 선진국에서는 잘 팔린다고 하니까 이를 벤치마킹해서 제품을 개발

한 다음 할인 마트에 입점까지 시켰는데 당최 팔리지 않아 저한테 상담을 의뢰하신 것입니다.

물론 대표님의 계산이 틀린 것은 아니었습니다. 제가 봐도 제품 수준은 나쁘지 않았고, 경쟁도 없었습니다. 다만 선진국에서 잘 팔렸다고 꼭 우리나라에서도 잘 팔리라는 법은 없습니다. 왜 한국 시장에서 통하지 않는지 이유를 알기 위해 시장조사도 하고, 저와 제조사 직원 일동 모두 지인들에게 제품을 보여주고 고객들의 의견을 수집하기 시작했습니다.

그 결과 문제점을 알게 되었습니다. 외국과는 달리 한국에서는 '포일 아트'라는 개념 자체가 너무 낯설어서 시장이 하나도 형성되지 않은 상태였습니다. 수요를 가진 잠재고객 풀이 아예 없으니 구매고객을 만들 수가 없는 상황이었죠.

이와 같은 신제품은 경쟁사가 없기에 마케팅에 성공하면 시장을 독점할 수 있지만, 동시에 시장을 처음부터 개척해야 한다는 리스크도 있습니다. 포일아트 시장이 없으니 하는 수 없이 회사에서는 이 제품을 컬러링 스티커라는 카테고리로 팔고 있었습니다.

여러분은 스티커 하면 어떤 것이 떠오르나요? 대개 문구점에서 몇백 원 하는 스티커가 떠오를 것입니다. 학교에서 미술 수업 준비물로 가져오라는 일 외에는 살 일도 별로 없죠. 스티커는 저가라는 인식이 단단하기에 스티커라는 카테고리를 고집하면 객 단가를 높일 수가 없는 상황이었습니다.

즉, 문제의 본질은 이렇습니다. 포일아트로 팔자니 시장이 없고, 컬러링 스티커로 팔자니 제조원가도 건질 수 없는 이중고에 빠져버린 것이죠. 무작정 만들기 전에 국내 시장을 제대로 조사했다면 이런 진퇴양난의 곤경에 빠질 일도 없었을 것입니다. 제조를 안 하던지, 아니면 제조를 하더라도 국내 시장의 상황에 맞게끔 변형해서 제품을 만들었겠죠.

마치 계륵처럼 느껴지던 반짝커가 황금 나무가 될 수 있었던 까닭은 컬러링 스티커 시장에 심은 묘목을 뿌리 뽑아 입지 선정부터 다시 시작한 덕분입니다. 일단 스티커라는 카테고리에 갇혀있으면 낮은 객 단가를 벗어날 수 없었기 때문에 시장조사를 거쳐 반짝커가 뿌리 내리기 좋은 땅부터 찾았습니다.

제품의 본질을 '신개념 색칠 놀이'로 재정의 내렸습니다. 색칠 놀이 시장은 스티커 시장과 달리 시장 수요도 더 크면서 완구 겸 교구도 되기에

반짝커 폭풍구성

객 단가를 높일 명분이 충분했습니다. 또 포일아트 방식의 색칠 놀이 제품은 없다는 독자적인 차별화가 있어서 뿌리를 내리기 딱 적당한 땅이었죠.

묘목을 이사하는 과정에서 반짝커는 천운이 따라준 제품이었습니다. 운 좋게 김영만 선생님을 섭외할 수 있었던 것입니다. 종이접기 전문가의 이미지를 빌려와 단순한 장난감이 아닌 권위자가 추천하는 교구로 콘셉트를 만들 수 있었고, 이에 걸맞게 추가 구성품을 화려하게 만들어 한 세트당 29,900원으로 객 단가를 확 높였습니다.

그 결과 반짝커는 출시한 지 1년이 채 되지 않아 10억 원의 순이익을 냈고, 이 한 번의 성공에 힘입어 구매한 고객들의 리퀘스트(반응)를 적극적으로 반영하여 시리즈물을 만들기 시작했습니다. 시리즈 5탄까지 판매를 성공시켰으니 회사의 든든한 효자상품이 되어주었죠.

앞의 사진에서 보셨다시피 2015년 크리스마스에는 4등인 파워레인저를 누르고 많이 팔린 장난감 3위의 자리를 차지할 수 있었습니다. 금메달이 터닝메카드, 은메달이 레고인 것을 고려해보면 브랜드 인지도가

글린트아츠 스티커 컬러링북 어른색칠공부 집순이취미 태교컬러링북 40여종
9,900원

생활/건강 > 문구/사무용품 > 스티커/테이프 > 스티커

리뷰 624 · 구매건수 1,521 · 등록일 2018.10. · ♡ 찜하기 552 · 🔔 신고하기

글린트아츠

전혀 없는 무명의 포일아트 제품이 동메달을 딴 것은 거의 기적이라고 봐도 무방할 것입니다.

반짝커의 진격은 거기서 멈추지 않았습니다. 반짝커 자체만 하더라도 많은 시리즈를 내면서 성공했습니다만, 회사에서는 1등을 선점한 포일아트 시장의 판을 좀 더 키워서 그와 연관된 제품을 출시해 더 많은 돈을 수확하려는 계획이 있었습니다. 처음의 실수를 다시 범하지 않기 위해서 이번에는 철저한 시장조사와 린 스타트업 방식(완제품을 만들고 대대적인 마케팅을 통해 팔지 않고 시장/고객은 이런 제품을 원할 것이라고 가정을 세운 다음에 빠르게 최소 기능 시제품을 만들고 고객에게 나눠줘서 피드백을 받아 완제품을 만드는데 참고하는 방법)을 도입해 신제품을 론칭하기로 했습니다. '어떻게 반짝커를 확장시킬 수 있을까?' 새로운 시장과 타깃 고객을 물색한 끝에 발견한 땅이 바로 명화 시장이었습니다.

반짝커를 개발할 당시 검색량이 적었던 포일아트와 달리 명화를 그리고 색칠하는 것과 관련된 키워드는 검색량이 제법 있었습니다. 아래의

연관키워드 ⑦	월간검색수 ⑦	
	PC	모바일
DIY명화그리기	7,200	56,400
명화그리기세트	220	2,110
명화그리기	3,580	21,900
명화색칠하기	2,440	11,500
명화	8,900	23,800

글린트아츠 시장조사

이미지에 나오는 5개 키워드의 월간 검색량만 합쳐도 138,030번으로 한 달 31일을 기준으로 하루 4,452번 검색될 정도였죠. 따져보면 5개 외에도 더 많은 키워드가 있기에 실제 시장은 이보다 더 크다는 계산이 나옵니다.

'새 술은 새 부대에 담으라'는 속담이 있습니다. 명화시장은 색칠 놀이 시장과 땅부터 다르기에 제품을 개량해서 시장에 어울리는 묘목을 개발했습니다. 그렇게 출시된 브랜드가 '글린트아츠'입니다. 반짝커는 어린이들을 대상으로 한 신개념 색칠 놀이 제품이었지만, 글린트아츠는 성인들을 위한 DIY 명화 만들기를 콘셉트로 이에 최대한 어울리는 브랜드명, 디자인, 패키지, 제품구성을 갖췄습니다.

린 스타트업을 적용해 빈센트 반 고흐의 〈별이 빛나는 밤〉, 구스타프 클림트의 〈연인(키스)〉, 클로드 모네의 〈파라솔을 든 여인〉 같은 시작품을 만들어서 주변 지인들에게 쭉 뿌려서 반응을 수집했습니다. 그 결과 시장조사 단계에서는 생각지도 못했던 '킬링타임, 임산부 태교, 셀프 취미 시장을 개척하면 좋을 것 같다'는 피드백을 얻을 수 있었고, 이를 적극적으로 반영해 40종류가 넘는 시리즈를 만들었습니다.

이처럼 철저하게 소비자 중심의 시각에서 시장조사를 거쳐서 제품(묘목)이 뿌리내릴 땅(시장)을 선정하고, 강력한 콘셉트(기둥)으로 무장한 다음 콘텐츠를 제작해 풀 마케팅(가지, 잎)을 해서 제품 하나를 성공시키면 목적했던 돈(열매)을 얻을 수 있습니다.

중요한 점은 충분히 익은 열매는 땅에 떨어져서 새로운 황금 나무의 씨앗이 되어준다는 것입니다. 반짝커는 다양한 시리즈로 제작되면서 추가 매출을 일으켰고, 유아 시장을 석권한 다음에는 글린트아츠를 개발해서 성인 시장으로 진출할 교두보 역할까지 해주었습니다. 그러므로 반짝커를 첫 번째 도미노를 쓰러뜨려서 발생하는 선순환의 대표 사례로 기억해주길 바랍니다.

나무가 멋있게 클 수 있었던 이유는 양질의 토양에 뿌리를 단단히 내렸기 때문입니다. 이처럼 좋은 키 카피, 키 비주얼도 땅, 뿌리, 기둥의 과정을 거쳐야 훌륭한 가지와 잎이 만들어집니다. 서두르지 마시고 앞 단계부터 차근차근히 해 나가면 여러분도 충분히 멋진 콘텐츠를 만들 수 있습니다.

카테고리 리더의
기본 원리 이해하기

어쩔 수 없이 통용되는 1등만 기억되는 세상

반짝커의 성공 사례가 나온 김에 셀링마케팅에서 정말 중요한 개념 한 가지만 먼저 말씀드리겠습니다. 바로 '카테고리 리더의 원리'입니다. 만약에 여러분이 도미노 조각을 세우고 첫 조각을 쓰러뜨렸는데, 그 조각 사이에 카테고리 리더 제품 하나가 껴있으면 성공은 거의 보장되었다고 봐도 무방합니다.

앞장에서는 여러분의 직관적인 이해를 위해 제품 하나를 성공시키는 과정을 나무 심기에 비유했는데요. 전체 시장(땅)에서 포지셔닝(뿌리) 하는 과정을 마케터들은 '카테고리 진입'이라고 말합니다. 반짝커가 포일아트 시장, 컬러링 스티커 시장, 색칠 놀이 시장을 전전했던 것처럼 한 제품은 다양한 카테고리의 가능성을 품고 있습니다.

로버트 프로스트의 〈가지 않은 길〉이라는 시를 들어본 적 있으실 것입니다. 한 사나이가 가을 숲을 걷다가 마주친 두 갈래 길 가운데 사람이 적게 지나간 길을 택했고, 운명이 달라졌다는 내용이죠. 여러 갈래의 길 가운데 반짝커는 색칠 놀이 카테고리의 리더 격 제품이 되었기에 공전의 히트를 할 수 있었습니다.

포일아트 카테고리는 시장의 크기가 너무 작았고, 컬러링 스티커 카테고리는 객 단가를 높이기 힘들었고, 색칠 놀이 카테고리는 시장규모와 객단가 모두를 만족하면서도 차별화까지 있었기에 유아용 색칠 놀이 카테고리의 1등 제품이 될 수 있었습니다. 선순환의 시작점이 되는 황금 나무를 심는 데 있어서 반드시 1등 제품을 만들 필요는 없지만, 1등 제품을 만들면 대체로 그 제품은 황금 나무가 됩니다.

왜 그럴까요? '사람의 인지구조'가 그렇게 조직되어 있기 때문입니다. 우리가 의식하지는 못하지만 지금 이 순간에도 우리의 두뇌는 엄청나게 많은 정보를 처리하고 있습니다. 초 단위로 뉴런과 세포가 움직이면서 오감을 인풋하고 반응을 아웃풋합니다. 그런데도 쉽사리 과부하가 걸리지는 않습니다. 익숙해진 일을 무의식으로 돌리기 때문입니다.

대표적인 사례가 운전입니다. 누구나 막 면허를 딴 무렵에는 신경이 곤두서서 운전합니다. 초행길이면 특히 더 예민해지고요. 그러나 차로 집과 직장을 왕복하기를 한 달, 반년, 일 년이 지나면 너무나 익숙해진 나머지 긴장을 풀고 무의식적으로 차를 몰게 됩니다.

마찬가지로 사람의 기억도 익숙한 길을 따라가면서 에너지 사용을 최대한 줄입니다. 우리의 무의식은 마치 박물관이나 도서관과 같은 진열장을 만들어 입력된 정보를 체계적으로 분류해놓습니다. 내가 관심이 많은 분야에 대해서는 세세한 내용까지 기억하지만, 관심이 없는 분야는 각 카테고리마다 대표적인 정보만 기억한다고 합니다.

한 번 여러분 주변의 물건들을 쭉 둘러보시길 바랍니다. 내가 관심 있는 분야, 취미로 컬렉션을 모으는 분야는 여러 브랜드의 제품이 있지만 그렇지 않은 카테고리에 대해서는 예전부터 많이 봐온 친숙한 브랜드, 시장점유율이 제일 높은 유명한 1등 브랜드, 남들이 많이 사는 브랜드 제품이 대다수일 것입니다.

옛날 유행어 중에 '1등만 기억하는 더러운 세상'이라는 말이 있는데, 그 것이 괜히 생겨난 말이 아닙니다. 사람은 대표 브랜드가 아니면 기억을 잘 못 합니다. 반대로 말하자면 내가 별 관심이 없는 카테고리도 1등 제품은 잘 기억합니다. 몇 가지 퀴즈로 검증해볼까요?

여러분은 세계에서 가장 높은 산이 무엇인지 아십니까? 맞습니다. 히말라야 에베레스트입니다. 그러면 세계에서 두 번째로 높은 산은 무엇일까요? 아마 평소 등산에 관심이 없었다면 답하기가 쉽지 않을 것입니다. 정답은 K2산_{고드윈오스턴 산}이라고 합니다. 저는 검색해보고 처음으로 알았네요.

다음 문제입니다. 달에 처음으로 착륙한 사람이 누굴까요? 기억이 날락 말락 하는데요. 아! 떠올렸습니다. 닐 암스트롱_{Neil Armstrong}이었죠. 그렇다면 두 번째로 착륙한 사람은 누굴까요? 분명 같은 아폴로 11호

선원일 텐데 말입니다. 저는 잘 몰라서 검색해보니까 '버즈 올드린Buzz Aldrin'이라는 우주비행사라고 합니다.

우주비행사라고 하니 닐 암스트롱과 더불어 기억나는 이름이 하나 있죠? 소련의 유리 가가린Yurii Gagarin입니다. 유리 가가린은 달에 착륙하지는 않았지만, 인류 최초로 지구 밖으로 나가 우주에서 궤도비행을 한 우주비행사입니다. 참고로 이 궤도비행 분야에도 2등이 있습니다. 엘런 셰퍼드Alan Bartlett Shepard Jr라는 사람이죠. 유리 가가린과 닐 암스트롱의 유명세에 비해 엘런 셰퍼드와 버즈 올드린은 상대적으로 인지도가 널리 퍼지지 않았습니다.

여기까지 말하면 눈치 빠른 독자 여러분은 제가 무슨 의도로 이런 퀴즈를 냈는지 벌써 파악하셨을 것입니다. 사람은 대체로 전문분야가 아닌 카테고리는 1등은 곧잘 기억하지만 2등부터는 잘 기억하지 못합니다. 이것은 개인의 공부 부족이 아니라 사람의 보편적인 인지기능의 한계라고 봐야 합니다. 관련해서 《마케팅 불변의 법칙》에 나오는 내용 몇 구절을 인용해보겠습니다.

"리더십의 법칙에 따르면, 최초의 브랜드나 회사는 소비자의 마음속에 어떤 단어 하나를 심고 그것을 소유할 수 있다. 이때 리더가 소유하는 단어는 아주 단순해서 식별이 잘되지 않을 정도다."

"의도적인 프로그램의 결과든 아니든, 큰 성공을 거둔 회사 또는 브랜드는 그 대부분이 소비자의 마음속에 '단어 하나를 심고 그 단어를 소유한' 회사들이다."

그래서 《마케팅 불변의 법칙》에서도 자신이 최초가 될 수 있는 영역을 찾아서 대중의 인식 속에서 1등 회사로 기억되라고 강조하는 것입니다.

사람과의 만남에서 각인된 첫인상을 변화시키는 것이 어려운 것처럼, 한 번 내 회사가 해당 분야의 1등으로 각인되면 후발주자는 대중의 고정관념을 변화시키기가 매우 어렵습니다.

카테고리 리더의 원리를 실전 셀링마케팅에 응용하려면 반짝커의 사례처럼 이미 형성된 시장의 틈을 잘 파고들어 1등 왕관을 차지할 수 있는 포지션을 공략하거나, 아니면 차별화 전략을 구사해 내가 리더가 될 수 있는 카테고리를 직접 만드는 2가지 방법이 있습니다. 앞으로 사례를 충분히 제시할테니 잘 참고하시길 바랍니다.

용의 꼬리가 될 것인가 뱀의 머리가 될 것인가

먼저 이미 경쟁자들이 진을 치고 있는 시장의 틈을 파고드는 방법부터 말씀드리겠습니다. 핵심은 한 마디로 용의 꼬리가 될 것인지, 뱀의 머리가 될 것인지 선택하는 것입니다. 파이가 크지만 막강한 적수가 있는 시장에서 작은 일부를 점유할 것이냐, 파이는 작아도 만만한 시장에서 점유율을 많이 가져갈 것이냐의 싸움이죠. 《손자병법》4장을 보면 다음과 같은 구절이 나옵니다.

"전쟁을 잘하는 사람은 먼저 패배하지 않을 조처를 하고 나서 적의 취약점을 놓치지 않는다. 그러므로 승리하는 군대는 우선 승리의 조건을 다 갖추고서 전쟁을 시작하고, 패배하는 군대는 일단 전쟁을 시작한 연후에 승리를 구한다."

제품을 다 만들고 나서 어떻게 팔지를 고민해서는 안 됩니다. 처음부터 시장과 카테고리를 조사해서 침공할 땅을 정하고 경쟁사의 성벽을 무너뜨릴 수 있는 제품을 제조해야죠. 일부러 강자가 진을 치고 있는 땅에 부족한 제품력으로 쳐들어가는 행위는 달걀로 바위를 치는 꼴입니다.

예를 들어 여러분이 아무런 차별화가 없는 면도기를 만든다면 질레트를 이기기 힘듭니다. 아무런 차별화가 없는 화장품을 만든다면 아모레퍼시픽을 이기기 힘듭니다. 큰 카테고리에서 용의 머리가 되는 것이 가장 많은 돈을 벌 수 있지만, 그곳에 자리 잡은 카테고리 리더들은 단단하고 높은 성벽에 주변에는 깊고 넓은 해자까지 두르고 있습니다.

하지만 좌절할 필요는 없습니다. 질 것이 불 보듯 뻔한 싸움은 피하고 이길 수 있는 게임을 하면 되니까요. 반짝커의 사례에서 보셨다시피 하나의 제품은 다양한 키워드로 표현되고, 키워드의 수만큼 다양한 카테고리가 있습니다. 용의 머리가 안 된다면 용의 몸통을, 용의 몸통도 안 된다면 용의 꼬리를, 용의 꼬리도 안 된다면 뱀의 머리를 치면 됩니다.

이해를 돕기 위해 한 가지 사례를 말씀드리겠습니다. 이 제품은 USB

바툼 차량용 미니 가습기 소형 원룸 차량용 사무실용 탁상용 초음파

19,800원

생활/건강 > 자동차용품 > 편의용품 > 차량용가습기

리뷰 21 · 등록일 2019.09. · ♡찜하기 2 · ⚠신고하기

바툼 미니가습기

충전식에 크기가 아담해 들고 다니면서 사용할 수 있는 휴대용 미니 가습기입니다. 건조한 겨울이나 미세먼지가 많은 봄, 가을에 제습기 수요가 많은데요. 사무실과 집에 가습기 1대씩 설치할 필요 없이 갖고 다니면서 원하는 때 어디서나 실내를 촉촉하게 만들 수 있는 콘셉트의 제품이었습니다.

몸집이 작은데도 분무량이 풍성하고 필터 교체 방식으로 위생적이며 세척도 간편해서 사무실, 침실, 주방, 자동차 안 어디에서도 사용할 수 있습니다. 그래서 관련 키워드를 조사하자 사무실 가습기, 침실 가습기, 주방 가습기, 자동차 가습기, 미니 가습기, 휴대용 가습기 등이 나왔습니다. 제품 1개가 총 6개의 시장에 진출할 가능성을 품고 있었던 것이죠.

이 6개 카테고리 가운데 제가 가장 눈독 들였던 땅은 미니 가습기 시장이었습니다. 제품의 콘셉트와 시장의 수요가 딱 맞아떨어졌으니까요. 미니 가습기에 대해 더 자세히 알아보기 위해 네이버 검색량을 조회해봤습니다. 제법 시장규모가 컸고 그만큼 경쟁자들도 많았습니다.

정확히 말씀드리자면 당시 미니 가습기 카테고리에 등록된 제품 수가 14만 3천 개가 넘어갔고, 가격대도 저가에서부터 고가까지 제품군이 전부 갖춰져 있어 비집고 들어갈 틈이 보이지 않았습니다. 네이버 블로그 콘텐츠는 5만 6천 개가 넘어갔고요. 등록한다고 아예 안 팔리지는 않겠지만 워낙 강자들이 즐비한 시장이었기에 투입하는 광고비에 대비해서 큰 재미를 보기는 힘들어 보였습니다.

아쉬웠지만 큰 마케팅 비용을 들이지 않더라도 확실하게 점령할 수 있는 전장을 찾기 위해 카테고리를 좀 더 좁힐 수밖에 없었습니다. 그러다 눈에 들어온 카테고리가 바로 '차량용 가습기 시장'이었습니다. 차량용 가습기 키워드는 한 달에 3,000번 검색될 정도로 썩 크지는 않지만 그래도 어느 정도 수요는 있는 시장이었습니다.

그런데 미니 가습기 시장과 비교해보면 오픈마켓 제품 등록 수는 총 3만 4천개로 거의 4분의 1 가까이 줄었고, 제품라인도 다양하지 않아 파고들 틈이 많았습니다. 블로그 포스팅 개수도 9,100개로 미니 가습기 시장의 5분의 1에 불과했습니다. 따라서 미니 가습기 시장에서는 고전을 면치 못하겠지만, 차량용 가습기 시장에 진출하면 충분히 주목받을 수 있겠다는 확신이 들었습니다.

이 가습기는 6개 카테고리를 소화할 수 있는 제품이었지만 결론적으로 미니 가습기 시장을 노리지 않고 차량용 가습기 시장을 노린 것이 올바른 선택이었습니다. 덕분에 초기 마케팅 비용을 크게 들이지 않으면서 차량용 가습기 시장에서 높은 점유율을 차지해 충분히 많은 판매량과 상품평을 쌓으면서 소비자들에게 확실하게 인식될 수 있었으며, 이를 기반으로 이 제품이 차량용 가습기뿐만 아니라 다른 가습기도 된다는 식으로 키워드를 점점 확장해서 매출을 증진시켰습니다.

즉, 미니 가습기라는 용의 꼬리가 아니라 차량용 가습기라는 뱀의 머리가 된 것입니다. 물론 가장 좋은 것은 이미 만들어진 시장에 쳐들어가든, 없는 시장을 직접 개척해내든 무조건 용의 머리가 되는 것입니다. 그것이 가능한 상황이라면 사실 그 제품의 마케팅은 굉장히 쉬워집니다.

그러나 시장은 수요가 있으면 공급도 있기 마련이라, 대부분 제품이 용의 머리는커녕 몸통이라도 될 수 있으면 다행일 지경입니다. 몸통도 불가능하고 잘하면 꼬리 정도는 차지할 수 있을 것 같은 상황에서는 생각이 깊어집니다. 그렇다면 용의 꼬리가 되어야 할까요, 아니면 뱀의 머리가 되어야 할까요?

가습기의 사례는 미니 가습기 시장을 선택해 용의 꼬리가 되느니 차량용 가습기 시장으로 들어가 뱀의 머리가 된 케이스입니다. 저 같은 경우 일반적으로는 파이가 작은 카테고리에서 일단 제품을 팔아서 상품평과 후기를 모으고 힘을 축적한 다음 한 단계 더 높은 카테고리를 공략하는 것을 선호하는 편입니다. 손에 넣기 쉬운 성부터 점령해 군사와 식량을 보충한 다음에 다른 성으로 원정을 나가는 정석 플레이로 볼 수 있습니다.

경쟁자가 적은 땅을 점령해 그곳에서 깃발을 걸고 브랜딩을 해놓으면 훗날 누군가가 침공하더라도 수성전에서 승리할 수 있습니다. 이미 많은 소비자의 구매실적, 상품평, 후기를 만들어놨기에 제대로 사후관리만 해준다면 점유율을 잘 뺏기지 않으며 훗날 다른 시장으로 진출할 발판이 되어줍니다.

그러나 제품과 회사의 상황에 따라서 정석 플레이가 아닌 변칙 플레이를 써야 할 때도 분명히 있습니다. 상황에 따라서 용의 몸통이나 꼬리가 되는 것도 훌륭한 방법입니다. 예를 들어 그 카테고리에 1등, 2등은 명확한데, 3등은 없다면 동메달리스트가 된 다음에 4등 밑부터를 방어하는 것입니다.

그 카테고리의 시장 규모가 충분히 크면 오히려 딱 3~4등 할 정도의 마케팅 예산만 쓰면서 용의 몸통 자리를 굳건히 지키면 뱀의 머리를 하는 것보다 많은 돈을 버는 경우가 있습니다.

만약 이 제품이 우리 회사의 주력 상품이고 자본과 마케팅을 집중할 수 있다면 처음부터 용의 머리를 공략하는 것도 방법입니다. 이 경우 상위권 강자들이 마케팅하는 규모를 보면서 우리 회사의 전력을 집중하면 뚫어낼 수 있는지를 분석해봐야 합니다. 만약에 도저히 불가능하다면 한 단계 낮은 시장을 대신 뚫으면 됩니다.

주력 상품 이야기가 나온 김에 더 말씀을 드리자면, 사실 가습기는 바툼 브랜드의 주력 상품은 아니었습니다. 가습기 말고도 마케팅을 해야 할 더 중요한 제품들이 많았기에 가습기는 용을 노리기보다는 뱀의 머리를 점령하고 그 이상 카테고리를 확장하지는 않았습니다.

반면에 앞서 보여드렸던 바디드라이어는 주력 상품이었습니다. 기존 경쟁사의 바디드라이어 제품이 있긴 했지만, 차별화 포인트가 명확했기에 가습기 이상의 매출을 벌어다 줄 황금 나무로 키워낼 의도로 예산과 마케팅을 집중해 단숨에 용의 머리를 쳤습니다.

제품뿐만 아니라 회사 상황도 중요한 변수입니다. 만약에 현재 가진 재고가 많은데 해당 재고를 전부 팔더라도 계속해서 제품을 공급받아 팔아야만 하는 처지라면 저는 처음부터 큰 카테고리에 진출해 용의 머리 혹은 몸통을 노릴 것입니다. 1등을 하지 못한다고 하더라도 어차피 계속 재고를 처리해야 하기에 하나라도 많은 사람에게 노출되는 큰 시장이 유리한 것입니다.

반대로 주어진 마케팅 예산이 넉넉하지 않거나 물량이 소수로 한정되어있다면 최대한 보수적으로 마케팅할 수밖에 없습니다. 적은 돈으로는 마케팅 전쟁의 승리를 장담할 수 없으니까요. 그럴 때는 시장은 좁더라도 확실하게 내가 1등을 할 수 있는 뱀의 머리를 노립니다. 작은 시장에서 판매량, 콘텐츠, 상품평을 누적하고 브랜딩이 이루어지면 점점 이 무기의 꼬리로 진출해 몸통, 머리를 석권하고 그다음 용의 꼬리에 도전하는 식으로 단계를 밟아나가는 것입니다.

마지막으로 실전에서 용의 꼬리, 뱀의 머리라는 두 갈래 길에서 더 나은 선택을 내릴 방법을 말씀드리고 마무리하겠습니다. 일단 내 제품이 진출할 수 있는 카테고리를 전부 추출한 다음에는 아래 3가지를 검토해서 필승의 땅을 찾으시길 바랍니다.

① 선도 브랜드

품질, 가격 모두 완벽한데 유서 깊은 역사까지 갖춘 대기업 브랜드가

진을 치고 있는 카테고리는 이기기가 너무나도 힘듭니다. 좀 전에 예로 들었던 질레트와 아모레퍼시픽처럼 말이죠. 차별화가 없는 제품으로 전통적인 강호가 주름잡고 있는 시장이 함부로 뛰어들면 안 됩니다. 카테고리를 독식하고 있는 선도 브랜드가 없는 다른 세부 시장을 찾아보시는 것이 현명합니다.

② 가격저항

만약에 내가 진출하려는 카테고리에 고가 제품만 가득하다면 저가 보급형으로 치고 들어갈 수 있습니다. 마치 애플과 삼성전자가 미처 준비하지 못한 저가 가성비 스마트폰 시장을 공략한 샤오미와 화웨이처럼 말이죠. 반면에 이미 상, 중, 하 모든 가격대의 제품라인이 갖춰진 시장이라면 내 제품이 돋보이기가 힘듭니다.

③ 등록상품 수

미니 가습기 카테고리에 등록된 상품 수보다 차량용 가습기 카테고리에 등록된 상품 수가 적다는 말은 그만큼 경쟁자가 적다는 이야기입니다. 당연히 등록된 상품 수가 적을수록 내 제품이 돋보일 기회가 많고, 오픈마켓 알고리즘을 따져봐도 상위노출이 쉽습니다.

말하자면 경쟁 정도를 보는 것인데 등록상품 수와 더불어서 경쟁 정도를 측정할 수 있는 기준으로는 검색량과 블로그 콘텐츠 개수가 있습니다. 당연히 검색량과 블로그 포스팅 수가 많을수록 경쟁이 치열하다는 뜻이겠죠? 이상 3가지 기준을 가지고 여러분의 제품이 가장 활약할 수 있는 마케팅 전장을 찾아내면 큰 피를 흘리지 않고도 혁혁한 전과를 올릴 수 있을 것입니다.

카테고리 개척으로 새로운 결과를 낸 실전 사례

카테고리 리더가 되는 방법은 반짝커와 가습기처럼 용의 머리, 혹은 뱀의 머리를 치는 것이 전부가 아닙니다. 때로는 시장이 하나도 형성되지 않은 불모지에서 땅부터 갈아서 직접 시장을 키워내는 것도 한 가지 방법이 될 수 있습니다. 말하자면 등용문을 넘어서 나 자신이 직접 용이 되는 것입니다.

마케팅Marketing이라는 글자를 잘 살펴보면 시장Market에 현재진행형인 +ing가 붙어있습니다. 제가 생각하는 마케팅의 정점은 이미 있는 시장 안에서 최적의 포지션을 찾아내 입성하는 것을 넘어서서 기존에 없던 '새로운 시장을 창출해내는 경지'입니다.

광고계에서 지금도 화자 되는 전설적인 마케터들은 새로운 시장을 만들어냄으로써 인류의 생활양식 자체를 바꿔놓은 경우가 많습니다. 아이폰을 출시해 스마트폰 시장을 활짝 열어서 우리 모두의 삶을 바꿔놓은 스티브 잡스처럼 말이죠. 하지만 군이 신기술과 혁신에 집착하지 않고도 시장을 만들어 세상을 바꾼 사례 역시 찾아보면 많습니다.

예를 들어서 요즘 사람들은 남녀 모두 담배를 피웁니다. 그런데 담배 시장이 막 태동한 초창기에는 남자들만 담배를 피웠다는 사실을 아십

에드워드 버네이스 담배

니까? 오늘처럼 여성들도 담배를 피우게 된 데에는 에드워드 버네이스 Edward Bernays라는 마케터가 기획한 PR 캠페인의 영향이 큽니다.

버네이스는 담배 판매량을 더욱 늘리기 위해서는 여성 담배 시장을 개척해야 한다고 판단하여 여성의 흡연을 인권 운동과 결부시켰습니다. 담배에 붙이는 불은 자유의 횃대에 불을 붙이는 횃불이라고 포장했고, 그 결과 얼마 지나지 않아 남녀 모두가 길거리에서 담뱃불을 붙여주는 풍경이 일상이 되었습니다.

요즘 사람들은 예외 없이 하루 2~3회 양치질을 합니다. 너무나 당연한 상식이라 먼 옛날부터 이어져 온 전통처럼 생각하는데 그렇지가 않습니다. 1900년대 초만 하더라도 양치질을 하는 미국인은 전체의 7%에 지나지 않았다고 합니다. 오늘처럼 세상 사람들이 꼬박꼬박 양치질하게 만든 주인공은 의사 선생님이 아니라 클로드 홉킨스 Claude C. Hopkins라는 마케터입니다.

클로드 홉킨스 펩소던트

클로드 홉킨스는 펩소던트 치약 광고 캠페인을 진행하면서 다음과 같이 말했습니다. "혀로 당신의 치아를 훑어보세요. 얇은 막의 촉감이 느껴질 겁니다. 그 필름이 당신의 이를 누렇게 만들고 충치를 가져오는 원인입니다. 지금 당장 펩소던트 치약으로 그 막을 제거해버리세요. 당신은 건강하고 아름다운 하얀 이를 가질 수 있습니다."

이 광고가 대박이 나면서 펩소던트는 미국에서 제일 많이 팔리는 치약이 되었고, 치약을 사용하는 미국인의 비율은 7%에서 65%까지 급상승했습니다. 3년 후에는 해외 시장으로 진출했습니다. 클로드 홉킨스는 같은 내용을 스페인어, 독일어, 중국어로 광고문을 제작했고 이후 펩소던트는 30년 동안 세계에서 가장 많이 팔리는 치약이 됩니다.

사실 에드워드 버네이스와 클로드 홉킨스는 캠페인을 성공시키기 위해 수단과 방법을 가리지 않아 윤리적 관점에서 비판 또한 많은 인물입니다. 그러나 이 둘이 위대한 마케터라는 사실을 부정하는 사람은 없습니다. 모든 마케터는 작든 크든 자신의 기획이 세상을 바꾸는 것을 꿈꾸고는 하죠. 다만 지킬 선은 제대로 지키면서 마케팅해야 할 것입니다.

저도 10년 넘게 마케팅을 해온 만큼 항상 새로운 시장의 개척자가 되어서 세상을 바꿔보고 싶다는 소망이 있습니다. 그러나 이걸 실현하기 위해서는 마케팅 하나만으로 되는 건 아니고 사람들에게 깊은 영향력을 끼칠 수 있는 제품, 막대한 자금 등 여러 조건이 결합하여 시너지를 낼 때 가능하기에 언젠가 그런 기회가 올 때를 대비하여 실력이 녹슬지 않도록 항상 칼과 같은 실력을 갈고 닦고 있습니다. 아직 기획으로 세상을 바꾸지는 못했지만 그래도 꾸준히 정진하다 보니 국내에서 시장에 파동을 일으킬 정도의 중간성과는 내었습니다. 그것이 누가 만들어놓은 시

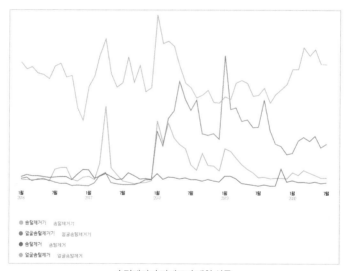

솜털제거기 카테고리 개척 성공

장에서 용과 뱀의 머리가 되는 것이 아니라, 아예 없는 시장을 창조해내는 카테고리 개척의 마케팅입니다.

한 가지 성공사례를 보겠습니다. 옆 페이지의 그래프는 바툼 얼굴 솜털제거기의 검색량 변화 추이를 나타낸 네이버 트렌드 자료입니다. 노란색 그래프를 보시면 '얼굴솜털제거(보통 웹에 검색 할때는 얼굴솜털제거라고 붙여서 함)' 키워드 검색량이 일정 수준 쭉 있었음을 알 수 있죠. 그에 비해 솜털제거기와 얼굴솜털제거기 키워드는 2017년 1월이 되기 전까지 검색량이 바닥을 기다가 1~7월 사이에 크게 상승한 모습을 볼 수 있습니다.

이 제품은 미국에서 수입한 제품인데 여성용 면도기로 엄청나게 많이 팔린 경력이 있습니다. 미국에서 대박을 쳤으니 우리나라에서도 잘 팔리지 않을까 싶어서 콘셉트를 그대로 가져와 여성용 면도기로 팔았습니다. 그러나 국내시장과는 잘 맞아떨어지지 않아 생각만큼 판매량이 나오지 않았고 고민은 깊어져만 갔습니다.

그러던 와중에 발견한 키워드가 바로 얼굴솜털제거 키워드였습니다. 꾸준히 검색하는 사람이 있는데 혹시나 솜털 제거기라는 제품이 따로 존재하는지 궁금해져서 검색을 해봤지만 하나도 없었죠. 그래서 2017년 상반기에 처음으로 여성용 면도기 콘셉트를 솜털 제거기로 바꿔서 마케팅하였고 그 결과 솜털 제거기 키워드 검색량이 솟아올랐습니다.

그 이후에 벌어진 일을 보면 더 재밌습니다. 중간에 마케팅을 잠시 쉬자 다시 가라앉은 검색량이 2017년 말부터 재상승하기 시작한 것이죠.

그렇게 2018년 말 2019년 초에 정점을 찍었고, 심지어 얼굴 솜털 제거 검색량을 얼굴 솜털 제거기가 앞지르는 때도 있었습니다. 공격적인 마케팅을 그만둔 다음에도 여전히 얼굴 솜털 제거기와 솜털제거기 키워드는 검색량을 유지해나가는 모습을 볼 수 있습니다.

이렇게 된 이유는 솜털 제거기, 얼굴 솜털 제거기라는 콘셉트가 타깃 고객에게 먹혀서 소비자 인식의 방에 정착했기 때문입니다. 즉, 여성용 면도기 시장에 심었지만 잘 피어나지 못한 나무를 뽑다가 아무도 모르는 불모지에 다시 심어 솜털 제거기, 얼굴 솜털 제거기라는 새 시장 Market을 개척ing한 것입니다.

이렇게 없었던 카테고리를 만들어서 키워버리니까 세상에 많고 많은

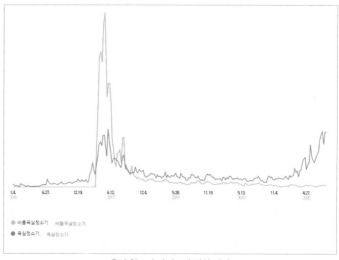

욕실 청소기 카테고리 개척 실패

82

83

면도기 가운데 솜털 제거기, 얼굴 솜털 제거기는 저의 제품밖에 없었고, 이런 시장이 있다는 걸 알게 된 소비자는 전부 바툼 제품을 샀습니다. 사실 처음 키우려던 카테고리는 솜털 제거기였는데 결과적으로 솜털 제거기보다 얼굴 솜털 제거기 시장이 더 커졌습니다. 왜냐하면 소비자 니즈가 전신의 솜털보다는 얼굴에 난 솜털을 미는 쪽이 더 깊었기 때문입니다. 이처럼 실제 주사위는 던져보기 전까지는 결과를 모르는 법입니다.

성공 사례 하나를 보았으니 실패 사례도 하나 말씀드리겠습니다. 제가 처음 바툼 욕실 청소기를 판매할 때 화장실 청소 관련 시장은 있었지만 자동 욕실 청소기 시장은 없었습니다. 카테고리를 새로 만들 작정으로 마케팅을 공격적으로 진행하여서 2017년 상반기에 바툼 욕실 청소기의 검색량을 끌어올렸습니다.

그런데 광고와 마케팅이 끝난 이후에도 꾸준히 검색이 유지되던 솜털 제거기와 달리 욕실 청소기는 거의 이전과 비슷한 수준으로 다시 바닥을 쳤습니다. 왜 그럴까요? 일시적으로나마 검색량이 상승할 정도로 니즈가 충만한 시장이지만 제품의 수준이 소비자를 만족시키지 못한 것입니다. 개발 초기에는 품질이 좋았는데 대량생산하는 과정에서 하자가 생겨서 문제가 단시간에 해결되지 않자 제조사 대표님이 어쩔 수 없이 손해를 감수하면서도 생산중단을 결단했습니다. 광고를 멈추자 사람들의 관심 밖으로 사라지면서 그래프가 다시 이전으로 원상 복귀를 해버린 것이죠.

솜털 제거기처럼 제품력이 충분히 뒷받침되면 새로운 시장이 만들어지지만 욕실청소기처럼 품질이 소비자의 기대에 못 미친다면 잠깐 뜨고 져버리는 화무십일홍花無十日紅으로 끝납니다. 그렇게 되지 않으려면 새로운 시장을 장악한 다음에도 꾸준히 업그레이드된 후속작을 내고 충성고객을 육성하고 관리해가며 카테고리 리더의 위치를 지켜나가야 합니다.

물론 욕실 청소기의 실패가 영원한 실패를 의미하지는 않습니다. 세상에는 '시대를 앞서간 비운의 제품'이 있기 마련이죠. 어쩌면 욕실 청소기도 너무 시기상조였을지 모릅니다. 이후 충분한 기술력을 갖추고 재개발을 해서 만족스러울 만큼의 품질의 제품이 나온다면 욕실 청소기 역시 솜털 제거기처럼 큰 시장으로 도약할지 모릅니다.

솜털 제거기를 비롯해 카테고리 개척에 성공한 몇몇 제품의 뒷이야기를 들려드리겠습니다. 처음 이렇게 불모지인 땅에서 시장을 일궈냈을 때 제조사 사장님은 이 시장에 유아독존으로 군림하기를 원했을 겁니다. 내가 키워놓은 시장이니까 나 혼자 독점하고 싶었겠죠.

그러나 점유율 100% 독점은 현실적으로 불가능합니다. 한 번 트렌드를 탄 제품은 유사품이 생기기 때문에 모든 상품은 언제까지고 유일할 수는 없습니다. 아쉽지만 받아들일 것은 받아들여야 합니다. 힘들게 판을 키웠더니 경쟁자는 너무 쉽게 파이 한 조각을 가져가는 것처럼 보이겠지만 배 아파하고 아쉬워할 필요는 없습니다.

판을 키운 선구자는 나이기 때문에 파이 몇 조각을 빼앗기더라도 그

판 안에서 최고로 높은 점유율을 놓치지만 않으면 됩니다. 고객들은 항상 카테고리 리더를 가장 많이 기억하고 찾기 때문에 어차피 후발 주자와의 싸움에서 유리할 수밖에 없습니다. 계속해서 제품을 업그레이드 해주고 브랜드를 키워나가면 될 뿐입니다. 어쨌든 아직은 우리가 용의 머리니까요.

게다가 경쟁사가 있다는 것이 꼭 나쁜 것만은 아닙니다. 왜냐하면 경쟁사도 결국 자기 물건을 팔기 위해서 광고와 마케팅을 하고, 그렇게 솜털 제거기라는 카테고리를 더 많은 고객이 알게 되면 결국 전체 시장은 더 커집니다. 그리고 솜털 제거기라는 시장을 알게 된 고객들이 관련 정보를 수집하다 보면 처음에는 경쟁사 것을 찾아왔지만 비교 과정에서 카테고리 리더 제품을 사는 경우도 많습니다.

어차피 어지간히 작은 시장이 아닌 이상에야 대기업도 시장 하나를 독점할 수 없습니다. 생산량의 한계가 있기 때문입니다. 욕심내서 다 먹으려고 해봤자 내가 감당할 수 있는 한계량이 있기에 남는 것은 양보하는 것이 맞습니다.

그래야 커진 시장에 다른 회사들이 따라붙으면서 점유율을 나눠 가지고, 그러면서 일자리가 창출되며, 직원들이 고용되어서 월급을 받으니 가계경제가 활성화되고, 소비자들도 대기업이 미처 신경 써서 만들어주지 않은 제품으로 일상의 불편을 해소하니 서로서로 원원 아니겠습니까?

흔히 마케팅은 승자독식의 전쟁으로 많이 비유됩니다. 전쟁에나 쓰일법한 전략·전술 용어가 깊이 침투한 분야입니다만, 이런 공생 관계 역시 분명히 존재합니다. 꼭 너 아니면 내가 죽는 전쟁의 관점만으로 바라볼 필요는 없습니다. 경험상 카테고리가 일정 수준 이상 커지면 거기에 속한 모든 기업이 돈을 벌게 됩니다. 마치 피자의 크기가 커지면 모두가 먹을 분량이 충분해지는 것처럼 말이죠. 100의 10%면 10이지만 200의 10%면 20입니다. 점유율이 떨어지더라도 그 이상 카테고리가 커지면 판매 액수는 더 늘어나게 됩니다. 그래서 제조업 마케팅은 나 혼자만 잘 먹고 잘사는 게 아닙니다. 모두 다 같이 피자의 크기를 키운 다음에 나눠 먹는 것이죠.

판을 키운 선구자는 나이기 때문에 파이 몇 조각을 빼앗기더라도 그 판 안에서 최고로 높은 점유율을 놓치지만 않으면 됩니다. 고객들은 항상 카테고리 리더를 가장 많이 기억하고 찾기 때문에 어차피 후발 주자와의 싸움에서 유리할 수밖에 없습니다. 계속해서 제품을 업그레이드해주고 브랜드를 키워나가면 될 뿐입니다. 어쨌든 아직은 우리가 용의 머리니까요.

마케팅을 필요 없게 만드는 브랜딩의 원리

대기업과 달라야 성공하는 작은 회사의 브랜딩

'마케팅은 세일즈를 필요 없게 만들고, 브랜딩은 마케팅을 필요 없게 만든다'라는 명언이 있죠. 이는 셀링마케팅도 예외가 아닙니다. 처음에는 팔기 위해 셀링마케팅을 하고 카테고리 리더를 키우며 황금 나무를 심더라도 궁극적으로는 브랜딩을 통해 충성고객을 만들어야 합니다.

우리가 평소 별생각 없이 소비하는 각 분야 카테고리 리더 제품들은 브랜딩이 잘 된 회사입니다. 우리는 항상 "□□분야라면 ○○제품/브랜드지"라는 인식이 확립된 기업의 제품을 별 고민 없이 삽니다. 크리넥스 화장지를 사고 아이와 영화관에 가면 망설임 없이 디즈니 애니메이션을 보는 것처럼요.

결국 브랜딩은 이 "□□분야라면 ○○제품/브랜드지"라는 인식을 최대한 많은 사람에게 기억시키는 것이라고 할 수 있습니다. 그래서 대기업들은 역대의 예산을 들여서 예술작품을 방불케 하는 이미지 광고를 제작해 TV, 인터넷, 오프라인 전광판에 송출합니다. 중독성 있는 CM 송을 만들어서 버스, 지하철, 라디오에 틀어 쉴 틈 없이 브랜드를 각인시킵니다.

이는 단순하지만 매우 효과적인 방법입니다. 사람은 주기적으로 반복해서 접하는 내용을 의식적, 무의식적으로 기억하게 되니까요. 그러나 이는 자원이 풍족한 대기업이기 때문에 가능한 전술입니다. 뱁새가 황새 따라 하다가 가랑이 찢어진다는 말이 있죠. 작은 회사는 항상 자금이 부족하기에 섣불리 대중매체 광고에 투자할 수 없습니다.

일단 '강자와 경쟁한다'라는 생각을 버리셔야 합니다. 격투기를 보면 체중에 따라 체급이 구분되어 있습니다. 플라이급은 플라이와 붙고, 헤비급은 헤비급과 붙습니다. 그들의 리그와 내가 속한 리그는 다르다고 생각해야 합니다. 우리가 대학생 시절 아이비리그의 천재들과 경쟁하지는 않았던 것처럼 말입니다.

대기업은 덩치가 큰 만큼 고정지출도 많습니다. 신사업에 진출한다면 주로 파이가 큰 시장을 집중적으로 공략합니다. 총매출을 계산했을 때 규모가 작은 시장은 거들떠보지도 않죠. 프로젝트 하나하나 할 때마다 신중한 판단을 위해 윗선에 결재를 받아야 합니다. 반면에 중소기업의 장점은 덩치가 작아서 민첩하게 움직일 수 있습니다. 고정지출도 적은 편이기에 대기업이 건드리지 않는 작은 시장을 공략하기 수월합니다.

큰 회사는 이미 전국에 직영 혹은 대리점이 영업하고, 온·오프라인 가리지 않고 도소매 유통망이 깔러있습니다. 신제품을 출시하고 대중매체 광고로 알리면 어디서든 제품이 팔립니다. 그렇기에 제품을 파는 마케팅이 아니라 이미지 광고에 예산을 투자하는 것입니다.

만약 중소기업이 이 방식을 그대로 벤치마킹하면 1~2번 광고를 하는 것만으로 파산할 것입니다. 회사를 알리는 것이 물건을 파는 것과 직결되지는 않기 때문이죠. 작은 회사에 있어 최선의 브랜딩은 그냥 제품을 많이 파는 것입니다. 히트 상품 하나를 만들어 제품이 유명해지면 "아, 그 유명한 ○○을 만든 회사가 바로 여기였어?" 하고 회사도 덩달아 유명해집니다.

가끔 어떤 사장님들은 반문합니다. 그렇다면 배달의 민족이나 마켓컬리처럼 이미지 광고로 점유율을 높인 스타트업은 대체 뭐냐고요. 물론 배달의 민족이 류승룡 광고로, 마켓컬리가 전지현 광고로 인기를 탄 건 맞습니다만, 이는 계속해서 벤처캐피털로부터 투자를 받았기에 가능한 것입니다. 투자받은 상당수 금액을 브랜드 마케팅에 소비했는데 점유율을 높이지 못했다면 위험한 상황에 빠졌겠죠.

지분을 넘기고 투자를 받는 형태가 아니라면 초기에는 무조건 제품을 파는 셀링마케팅에 집중해야 합니다. 황금 나무 한 그루를 심고 거기서 떨어지는 열매로 나무를 늘려나가면서 수확한 돈은 연구 개발에 투자해 다음 도미노를 세워야 합니다. 제품이 아닌 회사 자체를 알리는 브랜드 마케팅은 그렇게 여유 자금이 축적된 다음에 진행해도 늦지 않습니다.

베스트셀러가 스테디셀러로 남게 만드는 제품군의 X축 확장과 Y축 확장

중소기업이 해야 할 브랜딩은 황금 나무 한 그루를 심은 다음에 이를 기반으로 더 업그레이드 버전을 출시하거나, 시리즈작을 내거나, 그 연관 제품을 전개해서 히트 상품을 늘려나가 이를 통해 회사를 기억시키는 것이라고 했습니다. 저는 이를 제품의 X축 확장과 Y축 확장이라고 부릅니다.

제가 몇 년 전 한 해 15만 개를 팔아 40억 원이 넘는 매출을 올린 필모아 텀블러입니다. 사실 텀블러 시장에는 스타벅스 텀블러라는 절대 강자가 있기에 처음부터 이 제품이 황금 나무가 되리라 예상하지는 못했습니다. 텀블러 시장의 주 고객층은 여성들인데 이들은 텀블러를 감성적으로 소비합니다. 음료를 담는 기능보다는 감성적인 패션 액세서리로 보는 것이죠.

당연히 스타벅스와 전면전을 펼쳐서는 승산이 없으므로 저는 감성이 아닌 이성을 공략했습니다. 사무실에서 작은 종이컵을 들고 정수기에

필모아 스텐 솔리드 텀블러 900ML

29,800원 가격비교

생활/건강 > 주방용품 > 잔/컵 > 텀블러

용량 : 900ml 기능 : 보온, 보냉 재질 : 스테인리스스틸 특징 : 빨대뚜껑, 진공구조, 비스페놀A(BPA)-free

리뷰 350 · 구매건수 797 · 등록일 2020.06. · ♡ 찜하기 269 · ⚠ 신고하기

필모아 텀블러

필모아 마카롱 텀블러

물 뜨러 가기 귀찮은 직장인 남성을 타깃으로 대용량, 보온보냉, 밀폐성 기능에 투박한 스테인리스 재질 디자인을 입혔습니다. 다행히 예상은 적중해서 히트를 했습니다.

그 후 필모아 텀블러에 대한 구매 후기를 조사하면서 새로운 사실을 알게 되었습니다. 남성들을 타깃으로 만든 제품인데 여성들도 많이 구매하더군요. 정수기에 물 뜨러 가기 귀찮은 건 여성들도 마찬가지였던 것입니다. 그래서 여성들이 좋아할 화사한 색으로 필모아 마카롱 텀블러를 만들었습니다.

여성들이 선호할 디자인을 하나 뽑았으니 아예 남성들이 선호할 디자

필모아 블랙 레이블 텀블러

필모아 필스텐 맥주컵 450ml 스텐컵 보온보냉컵 캠핑컵 세트

17,800원 가격비교

생활/건강 > 주방용품 > 잔/컵 > 유리컵

리뷰 45 · 구매건수 95 · 등록일 2020.09. · ♡ 찜하기 50 · 🔔 신고하기

필모아 필스텐 맥주컵

인도 하나 뽑자는 의견이 나와 블랙 레이블 텀블러를 만들었고요.

상품평을 보던 와중 텀블러에 시원한 맥주를 따라서 마시는 분들이 많다는 걸 알게 되어서 필스텐 맥주컵을 추가로 제조했습니다. 필모아 텀블러가 가진 이중진공, 무결로, 대용량이라는 속성을 레버리지해서 3개의 버전 업그레이드 제품을 만든 것이죠. 이처럼 위아래로 깊이 들어가는 것이 Y축 확장입니다.

필모아 텀블러의 제품 라인업은 Y축 확장으로 끝나지 않았습니다. 가로로 넓히는 X축 확장도 있었죠. 대용량, 24시간 보냉, 12시간 보온이라는 속성을 확장해서 필모아 탱커와 필모아 냉장박스를 만들었습니다. 사

필모아 보온병 탱커 하드 72시간 지속 보냉병 분유

39,800원

생활/건강 > 주방용품 > 보관/밀폐용기 > 보온/보냉병

재질 : 스테인리스스틸   기능 : 보온, 보냉

리뷰 63 · 구매건수 74 · 등록일 2019.05. · ♡ 찜하기 102 · 🔔 신고하기

필모아 탱커

필모아 냉장박스

실 탱커와 냉장박스는 필모아 텀블러와 기능적 측면에서 연관성은 있지만 카테고리의 본질을 따져보면 텀블러는 아닌 새로운 제품입니다.

하지만 기존에 Y축 확장을 해둔 필모아 텀블러 시리즈에 호감을 느끼던 팬들은 필모아 텀블러가 얼마나 믿음직한 제품인지 알고 있었기에 더 큰 용량을 저장할 수 있는 탱커와 냉장박스도 추가로 구매했습니다. 그러면서 점점 필모아 브랜드가 많은 사람 인식의 방에 자리매김을 하게 되었습니다.

그림 하나로 정리하자면 이렇습니다. 중심이 되는 하나의 황금 나무를 심으면 나무가 가진 자원을 레버리지해서 X축, Y축으로 제품 라인업을 확장합니다. 필모아 텀블러가 시리즈를 낸 것처럼 필모아 탱커와 냉장박스도 훗날 업그레이드 버전을 출시해서 Y축 확장을 할 가능성이 열려있죠. 이렇게 나무에서 떨어진 열매가 또 다른 나무를 만들어 과수원이 형성되면 잘 관리해서 롱런하는 브랜드로 이끌어야 합니다.

어떤 자원을 지렛대 삼아 확장하면 될까요? 시장에서 소비자에게 가장 좋은 평가를 받는 우리 회사만의 강점을 확장하면 됩니다. 필모아의 사

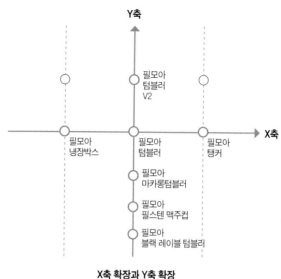

X축 확장과 Y축 확장

례처럼 기능성 텀블러에 1등 깃발을 꽂았다면 죽어도 깃발을 사수하고 라인업을 갖춰서 카테고리 리더를 내려놓지 말아야 합니다.

　그렇게 장기전으로 끌고 가면 잘 팔리는 히트 제품을 넘어서서 브랜드를 만들 수 있게 됩니다. 이는 많은 중견기업의 특징이기도 합니다. 삼성전자와 LG전자라는 두 고래 사이에서 딤채가 김치냉장고로 살아남았고, 쿠쿠가 전기밥솥으로 살아남은 것처럼요.

　제품은 한 번은 잘 팔더라도 관리를 소홀히 해서 브랜드가 될 기회를 놓친 사례도 있습니다. 한 완구회사의 '어린이 드론 아파치'라는 제품을 판매한 적이 있습니다. 시장조사를 해보니 드론은 조종 난이도와 용도에 따라 시장이 형성되어 있더군요. 입문자용 드론에서부터 숙련자용 드론이 있었고요. 다른 한편으로 완구용 드론부터 항공촬영 드론까지 종류가 참 다양했습니다.

이 중 입문자, 초보자 시장이 제법 컸는데 검색해서 나오는 제품들이 죄다 어른들 대상이었습니다. 그런데 제 생각에는 남자아이들도 드론을 좋아할 것 같았습니다. 로봇과 공룡을 좋아하는 데 드론이라고 안 좋아할까요? 그래서 네이버 트렌드에서 어린이 드론 시장이 있나 점검해보니 입문용 드론, 초보자용 드론 시장은 있는데 어린이 드론 시장이 없는 것입니다.

마침 제가 팔아야 할 아파치 드론은 경쟁사 드론에 비해 화려한 기능은 적지만 직관적이고 간단하게 설계되어 있어서 조종이 복잡하지 않다는 장점이 있었습니다. 다른 그 어떤 드론보다도 조종이 간편했습니다. 그래서 어린이 드론이라는 콘셉트를 입혀서 셀링마케팅을 시작했죠. '어린이 드론 아파치'라는 직관적인 네이밍 덕분에 2016년 겨울부터 2017년 5월까지 대박을 터트렸습니다. 특히 어린이날 불타나게 팔려나갔고요.

이 회사보다 훨씬 더 큰 드론 1위 업체가 이미 있었습니다. 경쟁사 제품이 워낙 좋았기에 저는 어린이 드론 아파치의 성공을 발판 삼아 어린이들이 갖고 놀 수 있는 완구 드론을 집중적으로 개발해서 카테고리 리더가 되어야 한다고 건의했습니다. 그러나 그 회사의 여건상 제 조언을 실천할 만한 여유가 없었고 결국 단발적인 성공에 그쳤을 뿐, 다음 도미노가 쓰러지지 않아 브랜드로 발전하지 못했습니다. 지금 생각해도 전투에서는 승리했지만, 전쟁에서는 승리하지 못한 참 안타까운 사례입니다.

스토리로 오래 기억되는 브랜드를 만드는 방법

작은 회사의 브랜딩은 제품을 팔아서 하는 것이라 말씀드렸습니다. 또 하나의 방법은 스토리텔링을 적극적으로 활용하는 것입니다. 사람은 지식은 금방 잊어버리지만 스토리는 오랜 세월 기억하는 습성이 있습니다. 학창시절 시험점수를 위해 암기한 교과서는 다 잊어버렸어도 감명 깊게 본 영화 줄거리는 어른이 되어서도 기억하는 것처럼 말입니다. 세상에는 수많은 브랜드가 있지만 많은 사람이 기억해주는 브랜드는 매력적인 스토리를 가지고 있습니다. 스토리텔링으로 성공한 대표적인 브랜드로 에비앙과 탐스슈즈가 있죠.

에비앙은 프랑스의 생수 브랜드인데 다른 생수에 비해 가격이 2배 이상 비쌉니다. 그런데도 브랜드 스토리텔링 덕분에 세계적으로 팔리는 생수 브랜드가 되었습니다. 신장결석을 앓던 레세르 후작이 에비앙 광천수를 꾸준히 복용하자 기적적으로 병이 완치되었다는 줄거리 덕분이

에비앙 로고

TOMS

탐스슈즈

죠. 단순한 물을 넘어서 약수라는 콘셉트가 입혀져 고가에 팔리는 것입니다.

29세에 아르헨티나로 여행을 간 블레이크 마이코스키Blake Mycoskie는 맨발로 생활하는 어린이들을 보게 됩니다. 이들에게 신발을 신겨줄 방법을 고민하다가 고객이 신발을 한 켤레 구매할 때마다 한 켤레의 신발을 필요한 아이들에게 기증하는 탐스슈즈를 창업합니다. 이 줄거리 덕분에 탐스슈즈는 코즈 마케팅, CSV 마케팅의 대표주자로 교과서에 기록됩니다.

최근에야 이런 기증이 현지의 산업기반을 무너뜨린다는 비판으로 브랜드 가치가 퇴색했지만 어쨌든 스토리는 그 자체로 차별화 전략의 한 요인이 됩니다. 에비앙이나 탐스슈즈나 시장의 후발주자임에도 불구하고 스토리텔링으로 세계적인 브랜드가 될 수 있었죠. 또 제품은 카피할 수 있을지언정 이런 스토리는 따라할 수 없기에 카테고리 리더 자리를 지키는 데도 도움이 됩니다.

그렇다면 어떻게 기억될 스토리를 만들 수 있을까요? 가장 좋은 방법은 에비앙과 탐스슈즈처럼 제품 혹은 기업의 탄생 비화가 독특한 경우입니다. 그 자체로 좋은 줄거리를 갖고 있기에 따로 가공할 필요 없이 날것으로 알려도 사람들의 입에 오르내리며 사방팔방으로 전파될 것입니다. 그런데 모든 제품, 기업이 에비앙과 탐스슈즈와 같을 수는 없습니다. 그럴 때는 스토리를 직접 개발하는 수밖에 없습니다.

　①등장인물
　②갈등
　③극복

위의 3요소를 활용해 ① 등장인물이 ② 갈등상황에 빠져서 ③ 제품으로 그것을 극복한다는 스토리라인을 짜면 대부분 제품, 기업의 스토리텔링을 제작할 수 있습니다. 탐스슈즈만 보더라도 블레이크 마이코스키(등장인물)가 여행하면서 신발이 없어 발이 갈라지고 터져 병에 걸리는 아이들(갈등 상황)을 구해주기 위해 탐스슈즈를 신겨서 아이들의 발을 편안하고 위생적으로 만들어준다(극복)는 공식으로 풀이할 수 있습니다.

　제가 욕실난방기를 판매할 때도 똑같은 공식으로 스토리를 만들었습니다. ① 아이 셋을 키우는 아버지가(등장인물) ② 겨울에 춥다고 목욕을 안 하려는 아이들을 위해서(갈등상황) ③ 물이 많은 욕실에서도 감전의 위험 없이 안전하게 사용할 수 있는 완전방수 욕실난방기를 만들게 되었다(극복)고 정리할 수 있습니다. 에비앙과 탐스슈즈에 비하면 단순한

욕실난방기 스토리텔링

스토리지만 그런데도 자녀를 둔 부모님들에게 많은 공감을 받아 판매량에 큰 일조를 했습니다.

제품의 스토리텔링 다음에는 브랜드의 스토리텔링도 짚고 넘어가야 합니다. 콘셉트가 있는 제품이 잘 팔리는 것처럼, 브랜드 스토리텔링을 만들기 위해서는 브랜드 콘셉트를 정해야 하는데요. 이는 ① 회사의 설립목적 ② 제품 및 기술력 ③ 오너 마인드 ④ 영업 형태 4가지를 분석하고 종합해서 소비자에게 어필할 수 있는 메시지 하나를 개발하면 됩니다.

예를 들어 제가 컨설팅하는 회사 중 썬라이즈라는 제조사가 있습니다. 실리콘 제조기술이 뛰어나 실리콘 소재를 이용한 다양한 완구 및 생활용품을 만들어서 파는 회사인데요. ①②를 융합해 실리콘 전문 회사로 포지셔닝해서 썬라이즈가 만든 실리콘 제품은 믿을 수 있다는 인상을 심어주었습니다.

이미 많이 언급한 바툼 브랜드는 금형 기술과 방수 기술이 뛰어난 회사입니다. 처음에는 이 둘을 갖고 다양한 가전제품을 제조해 판매하며 경험을 쌓은 끝에 브랜드의 큰 방향을 정했습니다. 가장 성과가 좋았던 욕실 가전 전문 브랜드가 되기로 한 것이죠. 이쪽만을 전문적으로 하는 회사가 몇 없는 니치 마켓이기에 리더 브랜드로 자리매김하면 훗날 다른 회사가 진출하더라도 방어할 힘이 있습니다.

아이비전이라는 회사가 있습니다. 해외에서 많이 팔린 유명 완구 브랜드와 정식으로 계약해 정품 수입하는 회사입니다. 좋은 제품을 잘 골라내기에 이 회사가 소싱하는 제품은 전부 대형마트에 공급됩니다. 선진국에서 잘 팔리는 제품을 형태만 카피한 중국산 저가품은 거절합니다. 제조사가 아니라 기술력은 없지만 오너 마인드와 영업 형태에서부터 아이비전만의 색이 나오는 것이죠. 아이비전에서 판매하는 완구는 모든 아이템이 KC 인증과 대형마트에 납품되는 두 차례의 안전인증을

전체추가	연관키워드 ⑦	⇕	월간검색수 ⑦	
			PC ⇕	모바일 ⇕
추가	아이비전		270	870
추가	필모아		530	1,280
추가	썬라이즈		510	2,510

브랜딩의 증거

받은 안전한 장난감이라고 브랜드 스토리텔링을 할 수 있었습니다.

　이렇게 내 브랜드만이 할 수 있는 이야기, 내 브랜드만의 색을 만들었다면 그것을 콘텐츠로 만들어서 판매하고 있는 모든 제품 상세페이지에 넣어주면 브랜딩이 되기 시작합니다. 앞 페이지의 사진은 아이비전, 필모아, 썬라이즈, 바툼 브랜드의 한 달 키워드 검색량입니다. 제품이 아닌 브랜드명을 검색한다는 것은 그만큼 많은 사람이 그 브랜드에 대해 알고 싶어서 검색한다는 뜻입니다. 브랜딩의 정도를 측정하는 한 가지 기준점이죠.

　정리하자면 제품이 고객에게 즐거운 경험을 선물하면 만족도가 높아져 점점 충성고객이 생깁니다. 충성고객은 우리 브랜드가 X축 확장, Y축 확장으로 신제품을 출시하면 또 구매하고, 주변 지인에게도 같이 사자고 입소문을 내줍니다.

　그렇게 우리 회사 브랜드를 찾는 사람들이 늘어나 브랜드 검색량이 늘면 판매촉진을 위해 마케팅 비용을 덜 써도 제품이 잘 팔리고 그만큼 회사는 이윤을 챙길 수 있습니다. 이윤이 늘어나면 더 좋은 제품을 개발하고 마케팅할 수 있는 선순환이 만들어지며 회사가 성장하는 것입니다.

어떻게 기억될 스토리를 만들 수 있을까요? 가장 좋은 방법은 에비앙과 탐스슈즈처럼 제품혹은 기업의 탄생 비화가 독특한 경우입니다. 그 자체로 좋은 줄거리를 갖고 있기에 따로 가공할 필요 없이 날것으로 알려도 사람들의 입에 오르내리며 사방팔방으로 전파될 것입니다. 그런데 모든 제품, 기업이 에비앙과 탐스슈즈와 같을 수는 없습니다. 그럴 때는 스토리를 직접 개발해야 합니다.

PART 2

성공할 수밖에 없는
기획 프레임 짜기

☑ **MARKETING 1** 어떤 상황에서건 성공하는 베스트셀러의 법칙

☑ **MARKETING 2** 당신의 제품을 선택할 수밖에 만드는 차별화의 법칙

☑ **MARKETING 3** 이 제품만을 살 수밖에 없는 아우라, 콘셉트의 법칙

☑ **MARKETING 4** 지금을 넘어 영원히 사랑받는 제품으로 거듭나는 콘텐츠의 법칙

어떤 상황에서건 성공하는 베스트셀러의 법칙

대박 아이템은 이런 게 다르다

지금까지 셀링마케팅의 원리와 작은 회사가 어떻게 셀링마케팅을 활용해서 첫 도미노를 쓰러뜨리는 성공을 하고, 선순환을 만들어 브랜딩을할 수 있는지 이야기했습니다. 이제부터는 실질적으로 제품을 판매할때 마케터가 해야 할 기획을 알아보도록 하겠습니다. 많은 판매자가 매출을 내지 못하는 큰 이유 중 하나는 충분한 기획 단계를 거치지 않고서그저 제품이 있으니까 광고부터 하고 본다는 점입니다. 아시다시피 분야를 막론하고 모든 전문가는 다 기획을 세우고 일을 합니다.

의사는 환자의 상태를 진찰해 수술의 전체 프로세스를 설계하고 집도합니다. 변호사도 과거 판례를 참고해 어떻게 재판을 풀어나갈지 기획합니다. 군대도 충분한 시간을 들여 전체 작전을 검토한 다음에 실행에 나섭니다.

그렇다면 마케터는 무엇을 기획해야 할까요? 매출을 구성하는 핵심 변수인 제품, 콘텐츠, 마케팅 전 과정을 모두 해야 합니다. 만들고 어떻게 팔지 고민하는 것이 아니라 처음부터 시장을 읽고 공략할 땅을 찾아내 카테고리 리더가 될 수 있는 제품을 개발해서 어떤 콘텐츠를 어떻게 전파할지 전체 과정을 기획해서 팔아야 한다는 것이지요.

콘텐츠와 마케팅에 대해서는 뒷장에서 다루고, 일단 비즈니스의 시작점이 되는 제품부터 논해보겠습니다. 대박 아이템을 배출하는 것은 모든 판매자의 소망입니다. 저도 어떻게 하면 베스트셀러를 만들 수 있는지 오랜 시간 고민을 해왔는데요. 베스트셀러의 탄생에는 회사의 노력도 노력이지만, 사람이 통제할 수 없는 갖가지 변수가 끼어들기에, 특정 조건만 만족하면 무조건 베스트셀러가 된다고 단언할 수는 없습니다. 그러나 최소한 갖춰야 할 조건은 있습니다.

첫 번째는 트렌드를 거스르지 않는 것입니다. 여기서 말하는 트렌드에는 미시적인 의미에서의 최신 유행이라는 뜻도 있지만, 동시에 거시적인 의미에서의 시대적 흐름도 포함합니다. 일단 우리에게 친숙한 최신 유행으로서의 트렌드부터 살펴봅시다.

대표적으로 시즌 제품이 있습니다. 여름에는 튜브나 장난감 물총이 잘 나가고, 겨울에는 히터나 스키고글이 잘 팔립니다. 미세먼지가 많아지면 마스크와 공기청정기가 잘 팔리죠. 사계절 말고도 매년 반복되는 트렌드도 있습니다. 설날, 발렌타인데이, 화이트데이, 어린이날, 어버이날, 빼빼로데이, 추석, 수능, 크리스마스 같은 기념일이 다가오면 관련 제품을 파는 회사들은 '데이 마케팅'을 합니다.

계절과 데이 마케팅처럼 매년 반복되지 않고 상황에 따라 새로운 트렌드가 만들어지기도 합니다. 예를 들어서 2020년은 코로나19 사태가 터지면서 대부분 오프라인 매장이 장사가 잘 안되었습니다. 대신에 손소독제, 마스크는 불티나게 팔렸습니다. 사람들이 집에 있는 시간이 길어지면서 식품이나 장난감도 많이 팔렸고요.

유행으로서의 트렌드는 충분히 이해되셨을 것입니다. 그렇다면 거부할 수 없는 시대적 흐름은 무엇일까요? 어떤 제품은 많이 팔리는 걸 넘어서서 인류의 생활양식을 바꿉니다. 대표주자로 자동차와 스마트폰이 있습니다. 다들 아시다시피 자동차와 스마트폰이 나오면서 많은 제품이 역사의 뒤안길로 사라졌습니다. 자동차는 마차를 사라지게 만들었고 스마트폰이 나오면서 전자사전, PMP, MP3 플레이어 시장이 대폭 축소되었습니다.

지금은 자동차가 기름과 가스로 달리지만, 앞으로는 전기로 달릴 거라고 합니다. 자원고갈과 환경오염 이슈가 주목받으면서 시대의 큰 흐름이 점점 친환경을 선호하는 방향으로 기울고 있어서 그렇습니다.

4차 산업혁명이 본격화되면 사람이 할 일을 로봇과 인공지능이 대신하기 때문에 많은 직업이 사라질 거라고 합니다. 그래서 저를 포함해 요즘 학부모들은 고민이 참 많습니다. 자녀가 성인이 된 후 취업 시장에서 경쟁력을 갖추기 위해서 어떤 교육을 해야 하는지, 어떤 진로를 선택해야 하는지 말이죠.

　미래 전망이 좋은 분야에서 전문성을 키운 인재가 나라의 보배가 되는 것처럼 제품도 미시적, 거시적 트렌드를 역행하면 베스트셀러를 만들 수 없습니다. 최근에 저는 다회용 빨대를 마케팅해서 베스트셀러로 만들었습니다. 이 제품이 황금 나무가 될 수 있었던 이유는 단순히 제가 마케팅을 잘했기 때문이 아닙니다. 갈수록 일회용품을 줄이고 친환경 용품을 선호하는 거시적 트렌드가 있었고 거기에 편승한 덕분입니다.

　트렌드 말고 필요한 또 한 가지 조건은 차별화 포인트입니다. 그동안 수많은 신제품을 출시하고, 마케팅하며, 결과를 피드백하면서 대박을 터트린 사례를 모아본 결과 베스트셀러를 만드는 결정적인 차별화 포인트 4가지를 발견할 수 있었습니다.

① 새로운 기능
② 기존의 불편함을 개선
③ 상대적으로 저렴한 가격
④ 남들에게 자랑할 수 있는 자기과시

　이렇게 4가지입니다. 새로운 기능은 반짝커처럼 여태까지 시장에 없었던 유형의 제품이거나, 혹은 연필 지우개처럼 기존 제품이 가진 기능에 또 하나의 기능을 넣은 제품을 말합니다. 예를 들어 필모아 텀블러는 기존 텀블러의 기능에 대용량, 보온보냉, 완전밀폐라는 추가기능 덕분에 베스트셀러가 될 수 있었습니다.

　기존의 불편함을 개선해서 대박을 터트린 유명한 제품이 있습니다. 바로 다이슨 무선청소기입니다. 바닥을 청소하는데 항상 전기코드가 걸리는 불편함을 없앴죠. 저 같은 경우 페인트 박사 핵트롤이라는 셀프 인테리어 제품을 판 적이 있습니다. 페인트칠 경험이 있는 분들은 알겠지만, 롤러에 페인트를 묻히면 줄줄 흐르고 뚝뚝 떨어져 방 전체에 비닐을 깔고 칠해야 합니다. 핵트롤은 잉크를 통 안에 넣으면 밖으로 페인트가 나와서 잉크가 사방팔방에 튀는 일 없이 페인트칠을 편하게 할 수 있는 제품입니다. 덕분에 소비자들의 반응이 매우 좋았습니다.

　새로운 기능과 기존의 불편함을 개선하는 제품군은 당연히 품질로 대결하는 유형입니다. 그런데 품질에 차이가 없더라도 가격이 저렴해서 대박이 나는 사례도 있습니다. 흔히 가성비가 좋다는 제품이죠. 작년 코로나 19가 막 터졌을 때 저는 휴대용 포켓 손 소독제를 팔았습니다. 정말 무서운 기세로 팔려나갔는데요. 이는 트렌드의 영향과 더불어 제품 자체가 다른 손 소독제와 비교했을 때 거의 10~20% 더 저렴했기에 가능했습니다.

　마지막으로 자기과시 제품입니다. 대표적으로 스포츠카, 명품 핸드백, 최신형 아이폰을 꼽을 수 있겠네요. 이 제품들은 기능도 기능이지만 타인의 시선을 의식해 자랑하려고 사는 제품입니다. 저 같은 경우 다회용 빨대 카멜로우가 이에 해당합니다. 사람들이 왜 친환경 제품을 사는지 아십니까? 지구를 생각하는 마음도 분명히 있겠지만, 동시에 타인에게 '환경을 생각하는 착한 소비자'로 보이고 싶기 때문입니다.

이상 4가지 차별화 포인트는 베스트셀러의 가능성을 품은 씨앗과 같아서 4가지가 중첩될수록 대박의 확률은 점점 더 높아집니다. 그동안 300개 이상의 제품을 론칭하면서 이 4가지 차별화 포인트를 전부 한 몸에 가진 제품은 유감스럽게도 만나본 적이 없습니다.

만약에 여러분이 이 4가지 전부 해당하는 완전체를 만나게 된다면 "심봤다!"를 외치시면 됩니다. 2개를 가진 제품은 많이 다뤄봤고, 3개를 가진 제품은 극소수였습니다. 저는 지금도 정말 다양한 제품을 제안받는데요. 이 4가지 포인트 중 하나도 없는 제품은 정중하게 거절합니다. 그런 제품은 해봤자 가격 싸움밖에 되지 않기 때문입니다.

제가 1년에 10~20개 제품을 마케팅해서 연 매출 100억 원을 만들 수 있는 이유가 여기에 있습니다. 베스트셀러의 씨앗이 보이는 제품만을 팔기에 저는 '4할 타자'가 될 수 있습니다. 엄선한 10개의 공이 날아오기에 40%는 최소 10억 원 이상 파는 홈런을 치고, 30%는 그럭저럭 잘 파는 안타를 치며, 나머지 30%도 본전은 회수하기 때문이죠.

그러나 아직 트렌드와 차별화 포인트 4가지를 전부 갖춘 공이 날아온 적은 없기에 제 인생 최고의 홈런은 아직 오지 않았습니다. 언젠가 그날이 오지 않을까 앞으로의 미래가 기대되네요.

행운도 준비된 자에게 먼저 찾아온다

앞에서 저는 베스트셀러는 사람이 통제할 수 없는 여러 변수가 끼어들기에 최소한 갖춰야 할 조건은 있어도, 갖추기만 하면 베스트셀러가 되는 공식은 없다고 말했습니다. 멀리 갈 것도 없이 코로나19 트렌드가 형성되자 마스크, 손소독제, 언택트 관련 상품들은 베스트셀러가 되었고 오프라인 기반 사업의 매출은 급감했습니다.

치밀하게 준비해서 제품을 출시해도 예상치 못한 사태로 실패할 때도 있고, 별다른 준비를 하지 않았는데도 생각치 못한 행운으로 대박이 터질 때가 있습니다. 보통 제가 한 제품을 홈런을 때리면 10~20억 원 정도가 팔리는데 행운까지 따라주면 30~40억 원까지 팔리기도 합니다.

이처럼 판매가 항상 생각대로 척척 풀리지는 않다 보니 행운이란 과연 무엇인가 생각해본 적이 있습니다. 그 결과 유명한 명언에서 답을 찾았습니다. 흔히 '준비된 자에게 기회가 온다'라는 말이 있죠. 비슷한 명언으로 진인사대천명盡人事待天命이 있습니다. 큰일의 최종결과는 사람의 손길이 닿지 않는 하늘의 영역이기에, 사람이 할 수 있는 일을 전부 마치고 겸허하게 결과를 기다리라는 뜻입니다.

행운은 돌기 시작하면 어디로 떨어질지 모르는 룰렛의 구슬과도 같습니다. 행운이라는 이름의 구슬이 돌고 돌다가 우연히 한 번호판에 떨어지고, 그 떨어진 번호판에 서 있었던 누군가를 석유왕으로, 누군가를 철강왕으로, 누군가를 컴퓨터왕으로 만들어줍니다. 세계적인 대부호들의 공통점은 사람이 할 수 있는 최선의 노력을 했기에 천운이 따라줄 때 과감하게 기회를 붙잡아 천문학적인 부를 축적할 수 있었다는 것입니다.

행운이 어떤 번호판에 떨어질지는 신이 아니고서야 누구도 알 수 없습니다. 확실한 건 최소한 번호판에 가서 서 있기라도 하지 않으면 아무런 기회조차 없다는 의미입니다. 내가 할 수 있는 온 힘을 다하면 행운을 잡을 확률을 대폭 높일 수 있습니다.

셀링마케팅에 대입하자면 그 노력이란 시장조사를 하고, 베스트셀러의 가능성을 품은 제품을 만들며, 셀링포인트를 정확히 잡아낸 콘텐츠를 만들고 올바른 키워드로 상품등록을 하며 잠재고객들이 관련 키워드로 검색했을 때 내 제품을 발견할 수 있도록 길을 닦아놓는 작업입니다.

대부분 제품에는 관련된 이슈, 시즌, 성수기가 있습니다. 내 제품이 경쟁우위만 있다면 스포트라이트를 받는 순간이 분명히 옵니다. 마치 우량주를 사놓고 장기투자로 묵히는 것처럼, 만반의 준비를 해놓은 다음에 내 번호판 위에 구슬이 떨어질 것을 기다리면 됩니다. 외부 변수를 상정하고 충분한 베팅을 걸어둔 판매자만이 기회가 찾아올 때 대박을 맞이할 수 있습니다.

갑자기 외부적인 변수가 터져서 한 번 이슈가 만들어지면 뉴스에 송출되고 실시간 검색어에 오르며, 내 제품과 관련된 키워드의 검색량이 폭증하고, 진즉에 내 제품까지 이어지는 길을 뚫어놓았다면 가망고객들이 제품 상세페이지로 우르르 몰려들어와 구매합니다.

혹시 2014년 연말에 일어났던 대한항공 086편 이륙지연 사건을 기억하십니까? 마카다미아 땅콩 문제로 인해 비행기를 지연 출발시킨 일입니다. 이후 땅콩회항 사건으로 불리며 한국에서 '갑질 논란'이 어마어마한 이슈가 되는데요.

한 대현 마트의 마카다미아 판매 모습

　여기서 한 가지 재미난 점은 사건의 불씨가 되었던 땅콩의 정체에 무지막지한 관심이 쏠리게 되었고, 전 오픈마켓에서 마카다미아 땅콩의 판매량이 폭증하여 며칠 만에 재고가 동나버립니다. 이 사건이 있기 전까지 마카다미아는 그렇게 유명하지 않았고, 따라서 견과류를 잘 아는 소수의 셀러들만 팔고 있었습니다.

　원래는 마카다미아 마니아들을 대상으로 장사를 하고 있었는데 실시간 검색어에 올라가자 모두가 마카다미아를 알게 되었고, 시장의 판이 순식간에 커지게 됩니다. 기존에 이 제품을 꽉 잡고 있던 판매자들은 서둘러 '지금 한창 뉴스에서 회자 되는 그 땅콩', '비행기조차 멈춰 세운 바로 그 맛' 같은 자극적인 카피로 홍보를 해 떼돈을 벌게 되었죠.

이를 알게 된 후발주자들이 급히 마카다미아 땅콩을 수입해 후발주자로 뛰어들었지만 이미 예전부터 칩을 마카다미아 땅콩 관련 키워드 베팅에 걸어놓았던 판매자들이 판돈을 휩쓸고 있었습니다. 정리하자면 행운이라는 요소는 매출에 큰 영향을 주지만, 그것이 절대적인 것은 아닙니다. 좋은 제품을 발굴해서 사람들이 찾아올 길을 만들어놓는 노력을 평소에 해둔 사람은 행운이 찾아오지 않더라도 돈을 벌 수 있고, 거기에 행운까지 찾아오면 더 큰 돈은 벌 수 있겠지요.

제품에 대한 애정이 실패보다 강한 이유

저는 하는 일이 일이다 보니 수많은 제조사, 유통사 사장님들을 만나게 됩니다. 컨설팅하거나 제품 관련된 미팅을 할 때마다 사장님들은 마케팅을 잘하기 위해 끊임없이 공부하고 노력하는데도 만족할 만한 성과가 나오지 않는다고 하소연을 하십니다.

어떻게 보면 당연한 일입니다. 셀링마케팅은 학문보다는 기술에 가깝습니다. 용접 전문가가 머리로 용접의 원리를 아는 것도 필요하지만 실제 용접기를 다루면서 손에 감각을 익혀야 하는 것처럼, 마케팅도 배운 노하우를 실전에 적용해서 몸에 체득시키는 기간이 분명 필요합니다.

그런데도 저는 말합니다. 아직 마케팅이 몸에 제대로 붙지 않은 여러분이 저보다도 훨씬 많은 돈을 벌 수 있다고 말이죠. 실제 강의, 컨설팅을 하다 보면 저보다 돈을 더 많이 번 수강생들도 있고요. 왜냐하면 셀링마케팅은 마케팅 하나만으로 되는 일이 아니라 항상 제품이 큰 비중을 차지하기 때문입니다.

한 가지 고백하자면 저는 여러분보다 마케팅을 조금 더 잘할 수는 있 겠지만, 여러분만큼 파는 제품에 애정이 강하지는 않습니다. 저는 책을 쓰는 지금 팔아야 할 제품이 20가지가 넘습니다. 주변에서 '이것 팔아주 세요, 저것 팔아주세요' 하며 가지고 오는 제품이 너무 많습니다. 항상 빨리 이걸 다 팔고 다음 제품으로 넘어가야 하다 보니 제품 하나하나에 애정을 갖기보다는 프로세스를 매뉴얼화해서 기계적으로 처리하고 다 음 아이템으로 넘어가는 경우가 잦습니다. 하지만 여러분은 저와 사정 이 다릅니다. 내가 만든 제품, 내가 선택해서 유통한 제품, 내가 다니는 회사의 제품을 팔기 때문에 제품에 대한 애정도가 높을 수밖에 없죠.

마치 사랑하는 연인이 생기면 계속해서 그녀가 생각나고, 그녀의 작 은 몸짓 하나, 사소한 말 한마디를 놓치지 않는 것처럼, 제품에 애정이 있어야 제품을 더 깊이 관찰하게 되고, 이 제품을 사용하게 될 타깃 고객 을 상상하게 되며 그것이 결국 좋은 상품기획으로 이어져 탁월한 콘텐 츠를 만들어냅니다.

그래서 기획을 10년 넘게 한 저보다 오히려 제조사 임직원 여러분이 훨씬 더 뛰어난 기획을 할 때가 많습니다. 저는 100의 에너지가 있어도 10개의 제품에 에너지를 10씩 나눠서 써야 하기에 아무래도 제품 하나 하나에 대해서는 100% 몰입할 수 없습니다. 하지만 여러분은 50의 에너 지가 있으면 한 제품에 50을 집중할 수 있기에 더 높은 매출을 낼 수 있 는 것입니다.

또 한 번 실패했다고 기죽을 필요도 없습니다. 오늘 실패했다면 다음 기회를 노리면 됩니다. 제가 좋아하는 명언을 하나 소개해드릴까요? "실패는 없다. 다만 피드백만이 있을 뿐이다." 이처럼 사람은 성장하는 동물입니다. 제품이 한번 잘 안 팔리면 실패한 원인을 찾으면 되고, 이유를 알게 되면 우리는 이전보다 더 똑똑해집니다.

안 팔리는 방법 한 가지를 학습했으니 다음에는 이전의 실수를 제외한 새로운 행동을 하게 되고, 결과를 피드백하면서 또 새로운 교훈을 얻어 실수는 피하며 잘 팔린 방법은 재현하게 됩니다. 처음부터 제 타율이 4할이 아니었습니다. 계속해서 오는 공을 치다 보니 어떻게 하면 잘 팔리고, 어떻게 하면 안 팔리는지 경험이 축적되면서 점점 현명해졌을 뿐이죠.

가끔 제조업체에 컨설팅을 나가면 사장님들이 무기력에 빠져있는 경우가 있습니다. 마케팅을 해봤는데도 안 되더라는 것입니다. 그런데 사장님들도 사실 마케팅을 해야 한다는 것을 알고 있습니다. 다만 어떻게 해야 하는지를 모를 뿐입니다.

일단은 책에 나오는 프로세스대로 상품기획부터 콘텐츠 제작, 마케팅까지 차근차근히 해보시길 바랍니다. 그렇게 몇 번 해보면 작은 성공을 거두든 실패를 하든 결과가 나옵니다. 실패했다면 거기서 배울 점을 찾으면 되고, 성공했다면 이런 것이 통하는구나 하고 배워서 다음에도 성공을 재현하면 됩니다.

천하의 스티브 잡스조차 실패를 자주 했습니다. 일례로 고성능 컴퓨터 리사, 넥스트를 만들다가 가격이 너무 비싸 큰 실패를 한 적이 있습니다. 그러나 이 실패를 밑거름으로 삼아 보급형 PC 매킨토시를 개발했습니다. 모토로라와 합작해 만든 락커폰은 엄청나게 실패했지만 이를 피드백해 아이폰을 개발했습니다. 뉴턴 메시지 패드가 실패했으나 여기서 교훈을 얻어 아이패드를 만들어냈습니다. 뭐든지 첫술에 배부를 수는 없는 법입니다. 시장의 호응을 얻지 못한 데에는 다 이유가 있고, 이를 알면 개선할 수 있습니다. 실패로부터 교훈을 얻어 행동에 나서면 어제의 위기는 오늘의 기회가 됩니다.

당신의 제품을 선택할 수밖에 만드는 차별화의 법칙

품질 좋은 당신의 제품이 선택받지 못한 이유

제품에 대해 말할 때 항상 따라올 수밖에 없는 주제가 바로 '차별화 전략'입니다. 무한 비교 경쟁 시대에서 살아남기 위해 이제 차별화 전략은 선택이 아닌 필수입니다. 스마트스토어를 운영하면 평균 구매 전환율이 3% 정도 나옵니다. 100명이 들어오면 3명이 제품을 산다는 이야기죠.

왜 나머지 97명은 안 사고 나갈까요? 제품이 마음에 안 들어서 나가는 사람도 있겠지만 대부분 다른 제품을 보러 나가서 그렇습니다. 마치 여성이 백화점에서 옷을 살 때 한 옷가게에서 마음에 드는 옷 하나를 발견해도 일단 마음으로는 결정해놓지만 다른 매장도 전부 둘러본 다음에 돌아와 구매하는 것과 같습니다.

이때 내 제품에 차별화 포인트가 없으면 소비자는 내 제품을 기억하지 못합니다. 당연히 모든 매장을 다 둘러본 고객이 되돌아와 선택하는 일도 없죠. 차별화가 없으면 셀링포인트가 빈약해 팔리는 콘셉트와 콘텐츠가 나오지 않습니다. 그래서 저는 4가지 차별화 포인트를 찾을 수 없는 제품은 판매를 시작하지도 못합니다.

통계자료에 의하면 사람이 하루에 접하는 브랜드 개수는 약 1,600개 정도에 이른다고 합니다. 우리가 일상생활을 하며 소비하는 다양한 메이커들, 거리에 나가면 보이는 자동차와 간판들, 인터넷에 노출되는 브랜드까지 정말 다양하죠. 좋아하는 TV 드라마 한 편을 보더라도 앞뒤로 1분짜리 CF 40개 정도가 붙습니다. 차별화된 콘셉트가 없으면 이와 같은 정보의 홍수 속에서 기억되지 못합니다.

더 심각한 문제는 차별화가 없으면 가격 경쟁을 해야 한다는 점입니다. 사람들이 제품을 선택하는 결정적인 기준은 가장 믿을만해서, 가장 저렴해서 2가지가 큰 비중을 차지합니다. 그래서 차별화가 없으면 소비자들은 가장 믿을만한 대기업 브랜드 제품을 사거나 가장 저렴한 제품을 사게 됩니다. 만약에 여러분이 팔려는 제품이 저관여 상품_{값이 싸고 중요도가 낮아 잘못 구매해도 큰 위험이 없는 상품}이라면 아예 누구보다 싸게 공급하는 것도 한 가지 방법입니다. 집들이 선물로 사는 두루마리 휴지는 브랜드를 따지지 않고 제일 싼 걸 집어가죠. 하지만 객단가가 높은 고관여 상품_{가격이 비싸고 구매하기까지 의사결정 프로세스가 긴 구매에 매우 신중한 상품}으로 넘어갈수록 차별화가 필요해집니다. 차별화가 없어서 가격 싸움이 붙으면 나도 남들처럼 덩달아 최저가로 팔아야 하고, 내 이윤이 사라집니다. 이윤이 사라지면 파는데 재미가 없습니다.

최악의 경우 경쟁사가 반사 이익을 얻습니다. 삼양라면 광고를 보고 '라면을 먹고 싶다'는 욕구가 자극되어서, 업계 시장점유율 1등사인 농심 라면을 사는 것처럼, 기껏 마케팅했더니 남 좋은 일만 하는 상황이 될 수도 있습니다.

반대로 말하자면 내가 판매하는 제품에 특별한 차별화가 있다면 경쟁사가 마케팅해서 사람들이 관련 키워드를 검색하다가 내 제품을 알게 되어 대신 구매할 수도 있습니다. 저 역시 유난히 매출이 잘 나오길래 알아봤더니 경쟁사가 광고한 경우를 종종 겪어봤습니다.

무엇이 당신 제품을 다시 돌아보게 만드는 요소일까

차별화의 필요성은 충분히 아셨을 것입니다. 그렇다면 어떻게 해야 차별화를 만들 수 있을까요? 가장 좋은 것은 제조 이전 단계에서 시장조사, 경쟁사 분석을 통해 베스트셀러를 만드는 4가지 차별화 포인트(신기능, 불편 해소, 저렴한 가격, 자기과시)를 가능한 한 많이 갖춘 제품을 개발하는 것입니다.

제조가 아닌 유통을 한다면 제품의 특장점과 소비자 편익을 리스트업해서 유에스피USP를 만들어야 합니다. USP는 유니크, 셀링, 프로포지션 Unique Selling Proposition의 줄임말로, 내 제품만이 이야기할 수 있는 고유한 판매제안을 뜻합니다. 내 제품이 소비자에게 줄 수 있는 이득 가운데 경쟁사가 쫓아오지 못하는 편익이 유에스피가 되고, 대개 이 유에스피

가운데 하나를 부각해 콘셉트를 만듭니다.

　제품에 따라서 4가지 차별화와 소비자 편익 & 경쟁우위로도 유에스피를 만들기 힘들 때가 있습니다. 이럴 때 최후의 해법은 아예 제품을 깊게 파고들어 최대한 차별화의 실마리를 찾아내는 수밖에 없습니다.

　모든 제품은 처음 그 제품을 구상한 아이디어맨이 있고, 그 아이디어로 시제품을 만든 개발자가 있으며, 대량생산 과정에서 원료 및 완제품을 만드는 생산자, 생산된 제품을 시장에 유통하는 판매자, 최종적으로 제품을 사용하는 소비자가 있습니다. 이 총 5단계를 되돌아보며 차별화를 이야기할 수 있는 요소를 찾아보는 것입니다.

- **아이디어 단계**

  탄생 비화

  제품 스토리텔링

  브랜드 스토리텔링

- **개발 단계**

  개발자

  연구실

  디자인

- **생산 단계**

재료 및 성분

원료

원산지

공장

• 판매 및 유통 단계

도매 벤더

소매점

마케터

유통 과정

마케팅 캠페인

• 소비 단계

고객 후기

소비자 문화

예를 들어 제가 역사상 최초로 배스킨라빈스를 창업한다고 가정해보겠습니다. 어떤 아이스크림을 만들어서 팔까 아이디어를 구상하던 중 한 달이 29~31일이니까 매일 다른 맛의 아이스크림을 즐길 수 있도록 31가지 메뉴를 갖춘 아이스크림 전문 매장을 열기로 했습니다. 브랜드 명은 써티원아이스크림입니다. 이 부분이 아이디어 단계에서 말할 수 있는 차별화된 메시지입니다.

　메뉴를 31가지나 개발해야 하므로 저는 BBQ의 치킨 대학을 벤치마킹해서 써티원아이스크림 본사에 아이스크림 대학을 세웁니다. 영양사, 디저트 전문가를 연구직으로 채용해 다양한 맛의 아이스크림을 개발하는 임무를 맡깁니다. 이 아이스크림 대학에서 수석 연구원들이 매일매일 만들어내고 시제품을 맛보는 과정을 촬영해서 콘텐츠로 제작해 유튜브, 블로그, SNS에 올리는 것만으로도 차별화 전략의 하나가 됩니다.

　그러나 제아무리 연구원들이 둘이 먹다가 하나가 죽어도 모르는 아이스크림 레시피를 개발하더라도 좋은 재료가 없으면 맛있는 아이스크림을 만들지 못합니다. 따라서 물 좋고 공기 맑은 강원도 대관령 목장에서 풀을 뜯어 먹고 자란 소의 신선한 우유를 들여와 깔끔한 공장에서 위생적인 차림의 직원들이 아이스크림을 만든다고 생산 단계에서의 차별화를 꾀할 수 있습니다.

　그렇게 만들어진 아이스크림은 전국 각지의 써티원아이스크림 가맹점으로 새벽 일찍 배달되며, 훌륭한 품질과 브랜드 인지도 덕분에 매출이 잘 나와 점주들의 창업만족도가 얼마나 높은지 인터뷰를 보여줄 수도 있습니다. 재미있는 마케팅 캠페인을 기획해서 전파하거나 다양한 이벤트를 열어서 판매 및 유통 단계를 차별화할 수 있습니다.

　충성고객이 점차 늘어나기 시작하면 온·오프라인으로 써티원아이스크림에 대한 좋은 후기가 입소문으로 번질 겁니다. 그렇다면 써티원아이스크림 서포터즈를 만들어서 이들을 대상으로 아이스크림 교실을 개최해 직접 아이스크림을 제조하고 먹는 프로그램을 짜거나, 공모전을 열어서 최우수상을 신메뉴로 편입하는 등 문화를 만들면 소비 단계의 차별화까지 가능합니다.

여러분의 이해를 돕기 위해 아이스크림을 예로 들었지만 모든 제품은 아이디어, 개발, 생산, 유통, 소비의 단계를 거치기 때문에 이 5가지 단계에서 남들과 다른 점, 내 제품/브랜드만의 경쟁우위를 찾아보면 반드시 몇 가지는 나오게 됩니다. 그 차별화를 콘텐츠로 만들어서 상세페이지에 충분히 표현하시길 바랍니다.

차별화의 본질, 크게 다르거나 조금 다르거나

차별화에는 발명의 차별화와 발견의 차별화가 있습니다. 발명의 차별화는 시장조사와 상품기획을 통해 처음부터 차별화된 제품을 발명하는 것입니다. 이런 제품은 경쟁우위가 있기에 마케팅하기도 편리하고 판매량도 잘 나옵니다. 발명의 차별화를 못 해도 실망할 필요는 없습니다. 앞서 보여드린 다양한 제품 성공사례와 같이 제품력이 조금 부족하더라도 어떻게 차별화된 콘셉트를 입히느냐에 따라 충분히 홈런을 노릴 수 있기 때문입니다. 차별화를 만드는 것이 아니라 어떤 차별점이 있는지를 발견하면 되는 것이죠.

5단계 차별화의 실마리가 바로 발견의 차별화의 일종입니다. 그런데 제품에 따라서는 아무리 살펴봐도 차별화 포인트가 하나도 보이지 않는 경우가 있습니다. 대체 어떻게 해야 할까요? 제 경험상 이런 경우는 매우 드물지만 없는 것도 아닙니다. 그럴 때 사용할 수 있는 최후의 보루는 '인식의 선점으로 차별화하는 것'입니다.

모든 제품은 관련 업종 종사자들 사이에서는 그것이 너무나도 당연한 나머지 아무도 강조하지 않는 특징이 있습니다. 그것을 먼저 강조해서 소비자들에게 마치 우리 제품/브랜드가 경쟁우위가 있는 것처럼 인식을 심어주는 마케팅 전략이 바로 '선점의 차별화'입니다.

이 기법은 제가 발명한 것은 아니고 현대 광고학의 아버지 클로드 홉킨스Claude Hopkins가 일찍이 선보인 바 있습니다. 그의 대표 포트폴리오 중 하나로 슐리츠Schlitz 맥주 캠페인이 있는데요. 아시다시피 맥주는 차별화 전략이 힘든 대표적인 아이템입니다. 가격대와 품질이 비슷비슷한 맥주들 사이에서는 솔직히 그 맥주가 그 맥주처럼 느껴지죠. 결국 소비자는 친숙한 브랜드를 사거나 가장 싼 맥주를 찾게 됩니다.

클로드 홉킨스는 슐리츠 맥주 캠페인을 기획하면서 맥주의 맛이나 품질을 이야기하지 않았습니다. 그저 술병을 고압 증기로 깨끗하게 씻어낸다고 말했을 뿐입니다. 별것 아닌 것처럼 보이지만 그 파급력은 어마어마했습니다. 광고가 방송되면서 미국의 맥주 시장이 깨끗하고 위생적인 맥주 시장과 비위생적인 싸구려 맥주 시장으로 양분된 것입니다.

대중은 고압 증기로 병을 씻는 슐리츠 맥주를 깨끗하고 위생적인 맥주의 선두주자로 인식하기 시작했습니다. 그 결과 캠페인 시작 전 맥주 시장 5위에 불과했던 슐리츠 맥주는 단숨에 맥주 업계 1, 2위를 다투는

슐리츠 맥주

대기업으로 성장하게 됩니다.

재미있는 사실은 고압 증기로 맥주병을 깨끗하게 씻어내는 건 슐리츠만의 전매특허가 아니었다는 것입니다. 모든 맥주회사가 똑같이 병을 살균했고, 맥주 업계 관계자들 사이에서 그것은 당연한 일인지라 아무도 그것을 강조하지 않았을 뿐이죠.

하지만 맥주를 사서 먹기만 하는 대부분 소비자는 맥주 제조공정을 잘 몰랐고, 아무도 강조하지 않는 특장점을 먼저 강조한 슐리츠 맥주는 소비자들 인식 속에서 '위생적이고 청결하고 깨끗한 맥주'라는 포지션을 선점하게 됩니다. 경쟁제품 모두가 보편적으로 가지고 있으나 아무도 강조하지 않은 특징을 먼저 강조함으로 내 제품, 내 회사의 고유한 특징인 것처럼 인식을 선점하는 이 기법을 클로드 홉킨스는 '선제적 리즌 와이 기법'이라 불렀습니다.

이 기법은 현대에도 여전히 유효합니다. 마침 맥주 이야기가 나왔으니까 맥주와 궁합이 좋은 치킨 이야기를 해볼까요? 한국의 치킨 매장 수는 전 세계 맥도널드 매장보다 많다고 하죠. 치킨 공화국이라는 별명답게 유명한 치킨 프랜차이즈가 많습니다.

KFC는 처음으로 프라이드 치킨 시장을 열었습니다. 페리카나 치킨은 처음으로 양념치킨을 널리 보급했습니다. 교촌치킨은 간장양념으로 차별화했고, BBQ는 올리브 기름으로 차별화했습니다. 호식이 두 마리 치킨은 1마리 값에 2마리를 준다는 저렴한 가격을 내세웠습니다. 이처럼 치킨 프랜차이즈도 브랜드마다 나름 차별화된 콘셉트가 있기에 치열한 레드오션에서 살아남았음을 알 수 있습니다.

경쟁이 포화된 치킨 시장에 '60계 치킨'이라는 뉴페이스가 있습니다. 매일 새 기름을 사용하며 한 기름통에 치킨 60마리를 튀기면 바로 교체합니다. 치킨이 많이 안 팔리면 전날 쓴 기름을 재사용하고 싶기 마련인데 이를 막기 위해 본사에서 날마다 기름 1통을 무료로 제공하고, 정말로 60마리만 튀기고 기름통을 교체하는지 점검하기 위해 애플리케이션으로 각 매장의 주방 CCTV가 항상 공개된다고 합니다.

치킨을 튀기는 기름은 위생과 건강에 있어 중대한 문제입니다. 특히 부모님이 아이에게 치킨을 사줄 때는 오래된 폐유로 튀기지 않을까 걱정하기 마련이죠. 60계 치킨은 이런 소비자의 심리를 잘 파고들어 차별화에 성공해 무사히 시장에 안착했습니다.

그런데 이 차별화가 선제적 리즌 와이 기법으로 만들어진 콘셉트라는 걸 아십니까? 슐리츠 맥주의 사례처럼 사실 다른 치킨 프랜차이즈도 치킨을 60마리 튀기면 기름통을 교체한다고 합니다. 18리터 기름에 닭을 50~60마리 정도 튀기면 기름이 산패 유로 변해서 껍질에 까맣게 탄 자국이 묻어나오고 살에도 탄 맛이 배기 때문이죠.

치킨을 여러 마리 튀겨본 경험이 있거나, 이들로부터 이야기를 들을 기회가 많은 관계자가 아닌 이상에야 일반 소비자들은 이를 잘 모릅니다. 그래서 사실 모든 치킨 프랜차이즈가 기름을 잘 교체하지만 마치 60계 치킨만 깨끗하고 위생적인 브랜드로 여겨지는 것입니다.

바툼 브랜드 매니저를 하면서 가장 팔기 힘들었던 제품이 있습니다. 바로 히터와 에어컨입니다. 이 두 제품은 차별화를 하려고 해도 당최 차별화의 실마리가 손에 잡히지를 않았습니다. 결국 히터는 따뜻해지려고, 에어컨은 시원해지려고 삽니다. 이 이상 어떻게 판로를 뚫을 수 있을까요? 그래서 대부분 소비자는 대기업 브랜드를 사거나 가장 저렴한 제품을 삽니다.

결국 최후의 보루로 클로드 홉킨스의 선제적 리즌 와이 기법을 응용해 선점의 차별화를 하는 수밖에 없었습니다. 관계자들 사이에서는 너무나 당연한 사실이지만, 일반 소비자들은 잘 모르는 것. 어떤 인식을 먼저 선점하면 판매에 유리해지는가를 찾아봤습니다.

히터의 경우 그것은 전기요금이었습니다. 흔히 주부들은 여름철 에어컨 전기요금 폭탄을 걱정합니다. 이를 난방용품에도 응용할 수 없을까 생각하던 와중에 즉석에서 키 카피 하나가 떠오르더군요. "겨울에도 여름철 에어컨 비용만큼 내시겠습니까?"

네이버 키워드 검색량을 찾아보자 겨울철이 되면 '전기히터 전기요금' 관련 키워드 검색량이 늘어나는 것을 확인했습니다. 뒤에서 설명하겠지만 매출 키워드를 찾아낸 것입니다. 관련 블로그 포스팅을 읽으면서 자세한 내막을 알 수 있었습니다.

가정용 히터는 주로 여성들이 구매합니다. 추운 겨울에 따뜻해지려면 보일러를 틀어야 하는데요. 가족 모두가 집에 있을 땐 아낌없이 보일러를 트는데, 남편은 출근하고 아이들은 학교에 가서 주부 홀로 집에 남으면 내 한 몸 따뜻해지고 전체난방인 보일러를 틀기에는 돈도 아깝고 죄책감이 드는 것이죠. 그래서 잠깐 히터로 몸을 녹이다가 가족들이 저녁에 모두 귀가하면 다시 보일러를 트는 것이었습니다.

오픈마켓 상품평을 쭉 읽어봤는데도 역시나 사람들은 충분한 난방과

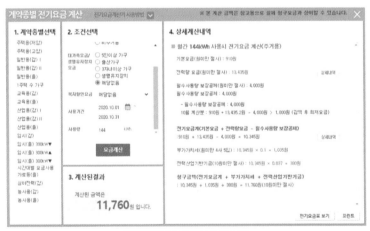

전기히터 전기요금을 보여준 사례

저렴한 전기요금을 찾았습니다. 그래서 저는 한국전력 홈페이지에 들어가 전기요금 체험관에서 한 달 전기세를 조회한 사진을 캡처해서 상세페이지에 넣었습니다. 300w 기준 하루 8시간 틀어도 한 달 전기요금이 2,940원이 나온다는 정확한 근거자료를 보여줬습니다.

당연히 이것은 바툼 카본히터뿐만 아니라 모든 300w 전기히터가 다 똑같았습니다. 그러나 당시 경쟁사 전기히터는 아무도 상세페이지에 전기요금을 강조하지 않았습니다. 결국 소비자들은 바툼 카본히터를 저렴한 전기요금에 열전도 효율이 높은 가성비 전기히터로 인식하였고, 겨울 시즌에만 3,000개 이상이 팔려서 3억 원 이상의 매출을 냈습니다.

바툼 카본히터가 전기요금을 선점했다면 바툼 이동식 에어컨은 실외기를 선점했습니다. 보통 가정에서 쓰는 에어컨은 밖에 실외기를 두고 거실에 스탠드형 에어컨을 두거나 방에 벽걸이형 에어컨을 설치합니다. 기존에 쓰던 에어컨에 대한 고정관념이 있다 보니 사람들이 이동식 에어컨을 구매할 때도 실외기를 의식하더군요.

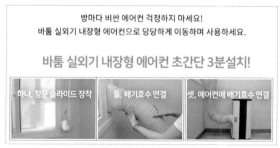

이동식 에어컨 실외기의 설치 모습

이동식 에어컨을 찾는 사람들은 주로 실외기를 건물 외부에 달 수 없는 사람들이 찾습니다. 이때 실외기 없이 어떻게 열을 외부로 배출하나 걱정하는데 상세페이지에서 실외기 내장형이라고 말해주니까 구매에 대한 망설임이 사라지는 겁니다.

그런데 사실 모든 이동식 에어컨은 실외기 내장형입니다. 다만 제가 마케팅을 진행한 실외기 내장형 에어컨이라는 것을 보여줬고, 경쟁사는 보여주지 않았습니다. 보이지 않는 것은 없는 것과 같습니다. 이동식 에어컨 중에 실외기 내장형은 제 에어컨밖에 없었기에 소비자는 차별화 포인트가 있는 제가 마케팅을 진행했던 에어컨을 구매했습니다.

온라인 환경에 적합한 실시간 차별화란 이렇다

지금까지 말씀드린 방법을 총동원해 내 제품의 차별화 포인트를 찾더라도 방심하고 안주해서는 안 됩니다. 제품 판매는 오늘내일 무슨 사건이 터질지 모르기에 차별화도 실시간으로 진화해야 합니다. 시장조사를 끝내고 기껏 차별화 포인트를 찾아서 상세페이지를 제작했는데 경쟁사가 그대로 벤치마킹할 때도 있고, 심한 경우 제품을 토씨 하나 틀리지 않게 카피해서 이름만 조금 고쳐서 파는 경우도 봤습니다. 이 같은 상황에서는 어떻게 대처해야 할까요?

만약 '발명의 차별화'가 있는 제품이라면 제조공정에서의 진입장벽, 특허 등으로 보호받을 수 있을 것입니다. 그러나 '발명의 차별화'를 해야 하는 제품이라면 바짝 쫓아온 경쟁자를 다시 추월할 수 있는 새로운 차

테라섹트 차별화의 사례

별화 포인트를 발견할 수밖에 없습니다.

　테라섹트라는 변신 자동차 완구를 판 적이 있습니다. 미국에서 100만 개 이상 팔린 제품인데, 아는 사장님이 본사와 계약을 맺고 정식으로 수 입해서 마케팅했습니다. 제품이 워낙 좋아 우리나라에서도 잘 팔리기 시작하자 똑같은 제품을 객단가를 낮춰 해외직구로 파는 사람들이 늘어 나기 시작했습니다. 독점 유통을 하다가 경쟁자가 생겨난 것입니다. 차 별화가 필요 없던 상황에서 차별화가 필요해진 것이죠. 제품이 똑같은 데 어떻게 차별화를 할 수 있을까요? 바로 공식 수입과 해외직구의 차이 를 파고들었습니다.

　일단 해외직구는 배송이 느립니다. 외국에서 넘어오는 데 몇 주가 걸 리기도 하죠. 그런데 아이들은 장난감을 빨리 갖고 놀고 싶어 합니다.

빠른 배송이 한 가지 차별화 포인트가 되는 것이죠.

또 다른 차별화는 A/S입니다. 테라섹트는 리모컨으로 조종하는 RC카인데 버튼을 누르면 동그랗게 변신해서 지면을 굴러다닙니다. 역동적인 만큼 A/S가 중요한 제품이죠. 자칫 고장이라도 나면 해외직구는 A/S도 안 되고, 새로 사더라도 다시 몇 주를 기다려야 합니다. 그에 비해 정식 수입 제품은 콜센터를 통해 바로 A/S를 받을 수 있습니다.

이상 2가지 새로운 차별화 포인트를 발견해서 상세페이지에 추가하고 섬네일에도 정품 두 글자를 넣어주자 해외직구 제품보다 객단가가

꾸미펫 차별화 전략

높은데도 불구하고 소비자들은 정품을 구매하기 시작했습니다.

한 번은 아이가 직접 만드는 DIY 인형 꾸미펫을 마케팅한 적이 있습니다. TV 광고까지 해가며 불티나게 잘 팔고 있는데 어떤 회사가 제품을 똑같이 카피해서 파는 것입니다. 인형은 만드는데 복잡한 기술이 필요 없다 보니 카피캣이 등장해서 숟가락을 얹는 격이었죠.

상표권 때문에 저희랑 똑같은 상품명을 쓸 수 없자 단어 몇 자 바꿔서 상품등록을 하더니 아예 상세페이지에 시중에 다른 짝퉁을 주의하라고 적반하장을 부리더군요. 그래서 새로운 차별화 포인트 5가지를 발견해서 상세페이지에 추가했습니다.

이처럼 예상치 못한 변수가 발생하면 신속하게 다른 점을 찾아 공지하고, 상품평과 후기를 늘려야 합니다. 소비자들은 타인의 보증과 콘텐츠를 믿고 원조를 사기 때문이죠. 당황하지 않고 발 빠르게 대처한다면 후발주자에게 카테고리 리더를 뺏기는 일 없이 점유율을 지킬 수 있습니다.

MARKETING 7

이 제품만을 살 수밖에 없는
아우라, 콘셉트의 법칙

고객들은 제품이 아니라 콘셉트를 구매한다

이번 장과 다음 장은 제품을 매력적으로 표현하는 콘텐츠 제작에 대해 알아보겠습니다. 여러분이 콘텐츠를 제작할 때 가장 먼저 알아야 할 것은 바로 콘셉트입니다. 콘셉트는 일상생활에서도 많이 사용하는 단어인데요. 다른 것과 차별화되는 강렬한 개성이 있을 때 콘셉트가 확실하다고 말하곤 합니다.

콘셉트에는 사람을 끌어들이는 힘이 있습니다. 소비자들은 제품을 구매하지 않습니다. 제품의 콘셉트를 구매하죠. 최근 제가 아는 지인이 카메라 한 대를 샀습니다. 저가 DSLR을 사려고 했는데 최종적으로는 30만 원 더 비싼 캐논사의 EOS m50 미러리스 카메라를 샀다고 합니다. 어째서 처음 계획한 예산을 훌쩍 뛰어넘는 카메라를 샀을까요? 바로

EOS m50 모델의 '콘셉트' 때문이었습니다.

이 제품이 내세우는 콘셉트는 '1인 크리에이터에게 최적화된 브이로그V-log 카메라'였습니다. 회전이 가능한 후면 디스플레이 모니터, 얼굴 인식 기능, 자동 밝기 최적화, 우수한 동영상 품질, 가벼운 미러리스 모델 등의 특장점으로 유튜버들이 브이로그 촬영에 많이 사용하는 모델이었죠. 평소 유튜브를 해볼까 생각하던 지인의 마음에 딱 꽂힌 것입니다.

또 한 가지 예를 들어보겠습니다. 예전에 제 밑에서 일하던 직원에게 콘셉트가 무엇인지 설명해준 적이 있는데요. 그러자 하는 말이 자기가 집에서 쓰는 캐논 프린터기가 딱 콘셉트에 이끌려서 산 것 같다는 것입니다.

이 친구가 구매한 캐논 PIXMA G2910 모델의 콘셉트는 '노즐 막힘이 적은 가정용 무한잉크 프린터기'입니다. 경쟁사의 무한잉크 프린터기보다 스팩이나 기능의 다양성은 다소 떨어지지만 그 대신 잉크저장량이 넉넉해서 유지비가 저렴하고, 잉크 분사 기술력이 뛰어나 노즐 막힘과 잔고장이 적다는 이점이 있었습니다.

소비자는 캐논이오스Cannon EOS m50 미러리스 카메라를 사고 싶은 것이 아닙니다. '유튜버 데뷔에 딱 맞는 브이로그 전문 카메라'를 필요로 한 것입니다. 마찬가지로 Cannon PIXMA G2910을 사고 싶은 것이 아닙니다. '집에서 간단하게 사용할 수 있는 가성비 좋은 무한잉크 프린터기'를 필요로 했던 것입니다.

이처럼 내 제품만의 독보적인 개성, 명확한 정체성을 한 문장으로 정리한 것이 콘셉트입니다. 소비자들은 제품 자체를 사는 것이 아니라 일단 제품이 내세우는 콘셉트에 이끌리고, 성능을 검토한 결과 콘셉트에 거짓이 없다면 구매합니다. 구매해야 할 이유, 대의명분을 만들어주기에 여러분이 눈길을 끄는 광고 소재를 제작하든 제품 상세페이지를 제작하든, 모든 콘텐츠에는 이 콘셉트가 반드시 표현되어야 합니다.

그렇다면 내 제품이 잘 팔릴 콘셉트는 어떻게 만들어야 할까요? 앞서 황금 나무를 설명하면서 콘셉트는 나무의 기둥과 같다고 했습니다. 무성한 가지와 나뭇잎을 지탱할 튼튼한 기둥을 만들기 위해서는 뿌리를 내릴 땅을 잘 골라야 한다고도 했었죠. 콘셉트를 만들기 위해서는 내 아이템 분석, 소비자 분석, 경쟁사 분석을 거쳐서 이 세 지점이 겹치는 교집합을 찾아내야 합니다.

매해 미세먼지 이슈가 주목받으면서 마스크와 공기청정기 시장이 성장하고 있죠. 대부분 가정은 거실에 큰 공기청정기를 놓고 가족 다 함께 사용합니다. 그런데 공기청정기가 필요한 소비자 상황을 잘 분석해보면 각자 방에서 사용할 1인용 공기청정기하고 혼자서 자취하는 사람이 쓸 원룸용 공기청정기에 대한 수요도 큽니다.

바톰 똑똑한 공기청정기

TV광고 미니 온풍기 바툼 핫쿨레이터 스노우맨 소형/대형 히터 원룸 PTC 탁상 책상

59,800원 가격비교

디지털/가전 > 계절가전 > 온풍기 > 전기온풍기

사용연료 : 전기   용도 : 탁상용   소비전력 : 900W   조절기능 : 좌우회전, 절전모드
부가기능 : PTC히터   안전장치 : 전도안전장치, 자동전원차단, 온도안전장치, 이중안전설계

리뷰 561 · 구매건수 307 · 등록일 2019.09. · 찜하기 281 · 신고하기

바툼 핫쿨레이터

당시 제가 팔던 공기청정기는 가격도 저렴하고 크기도 작아서 방 안에 하나씩 두고 쓰기 좋았습니다. 게다가 센서를 통해 실내의 미세먼지 농도를 측정해 자동으로 공기를 케어해주는 차별화 포인트까지 있어서 '내가 있는 곳이라면 어디든 가져다가 쓸 수 있는 똑똑한 1인용 공기청정기'라는 콘셉트를 입혀서 팔았습니다.

날씨가 추워지면 사람들이 난방용품을 찾습니다. 제가 소비자 조사를 하다가 알게 된 재미난 사실은 남자들은 빨리 방 안이 따뜻해지는 온풍기를 선호하는데, 여자들은 뜨거운 바람은 피부를 상하게 한다며 따뜻해지는데 시간이 좀 걸리더라도 히터를 선호한다는 점입니다.

마침 제가 팔던 핫쿨레이터는 온풍기와 전기히터를 합친 제품이었습니다. 시중에 이런 2 in 1 제품은 없었기에 저는 '온풍기를 쓰고 싶은 남

자동 손세정기 손세정제 디스펜서

39,800원

생활/건강 > 욕실용품 > 욕실용기/홀더 > 디스펜서

리뷰 7 · 구매건수 18 · 등록일 2020.06. · 찜하기 7 · 신고하기

디스펜서

편과 히터를 쓰고 싶은 아내를 위한 올인원 난방기'라는 콘셉트를 입혀서 팔았습니다.

코로나 19가 터지면서 마스크하고 손 소독제가 불티나게 팔려나가고 있죠. 기체 앞에 손을 대면 알아서 세정제를 분사해주는 자동 손 소독기를 판 적이 있습니다. 그런데 소비자들이 집이나 사무실에서는 대개 화장실로 가서 비누로 손을 닦기에 판매가 어려웠습니다.

소비자 상황을 더 깊이 파고들어 '세균의 침입을 현관에서부터 차단하는 우리 집 지킴이'라는 콘셉트를 입히자 팔려나가기 시작했습니다. 집에 오자마자 화장실에 가더라도 바깥에서 묻혀 온 세균으로 문손잡이나 세면대 등 다양한 곳을 만지기 마련입니다. 그런데 아예 집 현관에 자동 손소독기를 배치해두면 코로나 균이 현관에서 박멸되기에 가족의 건강에 크게 이바지를 한다고 설득했습니다.

이처럼 콘셉트는 ① 소비자가 해당 카테고리 제품을 찾는 다양한 상황과 문제 가운데 ② 내 아이템의 혜택이 해결해줄 수 있으면서 ③ 경쟁사와 차별화되는 편익을 부각하면서 만들어집니다.

콘셉트를 완성하는 3개의 키워드

콘셉트가 만들어지는 3개의 교집합을 그림으로 정리하면 다음과 같습니다. 내 아이템 분석에서는 제품의 특장점과 그 특장점이 고객에게 줄 수 있는 소비자 편익(이점)을 찾아내면 됩니다. 소비자 분석에서는 고객이 그 제품이 있어야 하는 다양한 상황과 왜 그것을 필요로 하는지 니

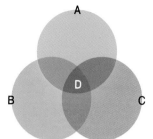

A 내 아이템 분석 ⇨ 제품 특장점, 베네핏
B 소비자 분석 ⇨ 소비자 상황, 니즈와 원츠
C 경쟁사 분석 ⇨ 경쟁사 제품 특징, 내 제품의 경쟁우위
D 콘셉트 ⇨ B를 A가 해결해주며 C에겐 없는 것

3개의 교집합인 D가 콘셉트

즈와 원츠를 조사하면 되고요. 경쟁사 분석에서는 경쟁사 제품의 특징이 어떻게 되는지, 내 제품이 이길 수 있는 경쟁우위는 없는지 찾으면 됩니다.

이렇게 A, B, C 3가지를 정리했다면 셋이 겹치는 교집합 D가 바로 콘셉트가 됩니다. 내 제품이 가진 여러 가지 이점 가운데 타깃 고객집단의 니즈와 원츠를 해결 및 충족시켜주면서 경쟁사 제품은 가지지 못한 이점입니다.

제품마다 이 D가 없을 수도 있고, 한 개일 수도 있으며, 여러 개일 수도 있습니다. 콘셉트로 부각할 이익이 하나도 없는 제품은 7장으로 돌아가 차별화 전략을 고민해야 합니다. 여러 개인 제품은 그 가운데 가장 소비자에게 어필할 수 있는 강력한 하나를 선택해 부각해야 합니다.

백문이 불여일견百聞不如一見이라는 말이 있죠. 나무의 기둥 부분에 해당하는 콘셉트를 만들고 이 콘셉트로부터 가지와 잎에 해당하는 키 카피와 키 비주얼을 만드는 과정을 한 번 보여드리겠습니다. 제품은 브랜드 스토리텔링 챕터에서 잠깐 언급했던 바툼 욕실난방기입니다. 이 제품의 콘셉트를 한 번 만들어볼까요?

| A. 내 아이템 분석(제품 특장점, 소비자 편익) |

① IPX 7등급 완전 방수

⇨ 전구만이 아닌 제품 전체 완전 방수로 욕실에서 물을 튀기며 사용해도 안전하다. 섬세한 실리콘 마감으로 물이 스며들지 않는다.

② 3중 안전장치

⇨ 완전 방수, 스테인리스제 램프 안전망, 과열방지 3중 안전장치로 전구에 물이 튀거나 충격을 받아도 깨지지 않는다.

③ 4단계 타이머 기능

⇨ 15분, 30분, 45분, 8시간 총 4단계로 타이머를 맞출 수 있다.

④ 동파 방지 기능

⇨ 20분 작동-10분 꺼짐 루프를 8시간 동안 자동 반복시킬 수 있다. 겨울철 강추위에 화장실 동파를 사전 방지할 수 있다.

⑤ 리모트 컨트롤러

⇨ 원격으로 편리하게 온,오프(On/Off), 타이머, 좌우조절 기능을 사용할 수 있다.

⑥ 고효율 235W 특수 골드 램프

⇨ 월 1,910원의 전기요금으로 난방효율을 높여준다. 5,000시간 이용 가능하며 일반

전구와 달리 물이 튀어도 깨지지 않는 내구성. 골드 램프는 간단하게 돌려서 교체

할 수 있다.

⑦ 벽면 설치

⇨ 바닥을 이용하지 않기 때문에 공간 활용도가 높다. 좁은 욕실에서도 원활하게 사용

할 수 있다.

⑧ 5m 선

⇨ 연장선 필요 없이 바깥에서부터 욕실까지 코드를 연결할 수 있다.

┃B. 소비자 분석(소비자 상황, 니즈와 원츠)┃

욕실 난방기 카테고리의 상품평과 블로그 후기를 쭉 읽으면서 소비자
조사를 한 결과, 주로 아이를 둔 30~40대 부모님들이 주된 소비자라는
점을 발견했습니다. 특히 다세대 주택, 단독주택, 빌라에서 거주하는 경
우가 많았습니다.

화장실 내에 보일러가 깔리지 않아 겨울철 욕실 추위가 심해 아이들
이 목욕하기 힘듭니다. 혹은 연로하신 부모님을 모시고 사는 집도 어르
신들이 추위에 약해서 욕실 난방기가 필요합니다. 욕실 난방기는 니즈
와 원츠가 간단한 제품이죠. 욕실이 추우니 온수를 사용하더라도 편하

게 씻을 수 없고, 감기에 걸릴 수 있으며, 후다닥 씻고 나오니까 건강과 위생에 문제가 될 수 있습니다.

┃C. 경쟁사 분석(경쟁사 제품의 특장점, 내 제품의 경쟁우위)┃

바툼 욕실 난방기를 만들 당시 이미 시중에는 저가의 욕실 난방기 제품들이 있었습니다. 그러나 완전 방수 제품은 없었기 때문에 바툼 욕실 난방기의 기능적 콘셉트로 가격을 극복하고 충분히 팔릴 수 있었습니다.

┃D. 콘셉트(B를 A가 해결해주며 C에게는 없는 것)┃

욕실은 물기, 습기가 가득하고 또 아이들은 목욕하면서 물놀이를 하기에 여차할 때 램프가 깨지거나 감전의 위험이 없는 방수기능과 안전장치가 중요합니다. 그래서 8가지의 특장점 가운데 ①②를 강조하여 '추운 겨울철 아이들이 화장실에서 마음껏 물장난칠 수 있는 완전 방수 욕실 난방기'를 콘셉트로 잡았습니다.

열효율이 높고 따뜻해지는 기능은 다른 회사 제품에도 있습니다. 그러나 당시 완전 방수가 되는 제품은 바툼 욕실 난방기가 유일했습니다. 콘셉트를 잡고 마케팅을 하자 3,600개를 팔아서 한 해 겨울철에만 4억 원의 매출을 올렸습니다. 아마 지금까지 누적 수입을 합치면 10억 원은 거뜬히 넘을 것입니다. 바툼 욕실 난방기를 황금 나무로 키울 수 있었던 이유는 만들어놓고 마케팅을 한 것이 아니라 처음부터 시장조사를 통해 '완전 방수 욕실 난방기'라는 콘셉트를 짜고 들어간 기획 제품이기 때문

욕실 난방기 키 비주얼

입니다.

'완전 방수 욕실 난방기'라는 콘셉트를 잡았으니 이 콘셉트를 표현하는 콘텐츠를 제작해야 합니다. 아시다시피 온라인 마케팅으로 보여줄 수 있는 콘텐츠는 글, 이미지, 동영상이 전부입니다. 따라서 키 카피와 키 비주얼을 기획하면 콘텐츠 제작이 쉬워집니다.

특히 온라인은 오프라인과 달리 고객이 매장에서 제품을 직접 확인할 수 없기에 이미지와 동영상인 키 비주얼의 역할이 중요합니다. '어떻게 완전 방수라는 콘셉트를 직관적으로, 또 강력하게 인지시킬까?'라는 고민 끝에 임팩트 있는 키 비주얼 하나를 생각했습니다.

욕실 난방기의 전원을 켠 상태로 어항에 담그는 실험을 GIF 파일로 만든 것입니다. 난방기 램프가 밝게 빛나는 것을 강조하려고 일부러 배경은 어둡게 하고 물에 빠뜨리는 실감이 나게끔 물고기도 몇 마리 풀어났습니다. 이 장면을 보여준 다음 바로 '완전 방수 욕실 난방기'라는 키 카피를 붙였습니다.

실제 이 장면을 촬영할 때 누가 시연을 할 것인지 다들 망설였습니다. 그때 제조사 대표님이 나서서 말했습니다. "내가 만든 제품은 내 아들과도 같은데 아버지가 아들을 못 믿어서 되겠어?" 그러더니 욕실 난방기 전기코드를 꽂고 맨손으로 난방기를 들어 어항에 집어넣으셨습니다.

완전 방수라고 말로만 백 번 떠드는 것보다 이렇게 직관적인 키 비주얼을 보여주자 제품의 콘셉트가 완전히 각인되었고, 구매 전환율에 큰 영향을 줬습니다. 다른 욕실 난방기 제품을 보고서도 다시 되돌아와 바툼 욕실 난방기를 사갈 정도였으니까요.

죽은 제품도 살려내는 기법, 콘셉트 리포지셔닝

마케팅 활동은 항상 선택의 연속입니다. 올바른 시장조사를 통해 팔리는 콘셉트를 선택하면 좋은 콘텐츠가 나오고, 제품이 잘 팔립니다. 그런데 콘셉트를 만들다 보면 두 갈래 길에서 잘못된 길을 선택해 매출이 많이 나지 않아 실망할 일도 분명히 생깁니다. 앞서 '실패는 없고 피드백이 있을 뿐'이라고 말씀을 드렸는데요. 당연한 말이지만 저도 판매하면서 수없이 많은 실패를 거듭했습니다. 그러나 실패한 나무를 뿌리째 뽑아 새로운 땅에 심고 콘셉트를 재정비해서 결국 황금 나무로 만든 적도 있습니다.

제품이 실패하면 원인을 알아내 더 시장에서 잘 통할 제품을 개발하

바툼 솜털제거기

는 것이 가장 좋습니다만, 예산 등의 문제로 힘들 때는 일단 시장과 소비자의 니즈를 한 번 더 탐색해서 콘셉트 리포지셔닝을 할 수 없나 봐야 합니다.

카테고리 개척 사례에서 말씀드린 바와 같이 바툼 얼굴 솜털 제거기는 처음부터 솜털 제거기로 판매하지 않았습니다. 이 제품은 미국에서 1,000만 개가 넘게 팔린 여성용 면도기였습니다. 아는 사장님이 미국에서 히트를 했으니 우리나라에도 잘 팔리겠다 싶어서 수입했는데요. 반짝커의 사례를 접한 여러분이라면 해외에서 잘 팔렸다고 꼭 국내시장에서도 성공하리라는 보장은 없다는 것을 아실 겁니다. 똑같이 여성용 면도기로 국내시장에 출시했으나 판매량은 시원찮았습니다. 아시다시피 미국은 인종이 다양합니다. 서양인들은 동양인보다 털이 많고 또 문화적으로도 여성이 면도하는 것이 자연스러웠습니다.

그에 비해 우리나라는 일단 털도 적은 편이고 면도를 하면 털이 더 굵고 두껍게 난다는 고정관념이 있어서 할 사람만 하는 작은 시장이었죠. 이런 인종과 문화적 차이를 읽어내지 못해서 수입해온 제품은 많은데 재고가 많이 남아버리니 사장님도 골치가 아팠습니다.

하는 수 없이 콘셉트 리포지셔닝을 하려고 시장조사부터 다시 시작했습니다. 면도, 제모 관련 키워드를 쭉 찾다 보니 유독 얼굴과 인중 솜털 제거 키워드가 많은 걸 발견했습니다. 그리고 이런 솜털은 실면도로 없애더군요. 실면도를 검색해보자, 아프고 피부에도 민감한데 이게 싫으면 페이스 왁싱을 받아야 한다는 것입니다. 저는 남자라서 실감이 잘 나지 않아 아내에게 물어보자 알고 보니 여성들은 얼굴에 솜털이 많으면 화장이 뜨기 때문에 화장을 잘 먹으려면 솜털을 다 없애주는 것이 좋다는 것입니다. 남성과는 면도하는 이유가 다르더군요.

당시 시장에는 솜털 제거기라는 카테고리는 없었습니다. 다만 얼굴 솜털 제거 방법을 찾는 키워드는 꾸준히 검색량이 있었습니다. 솜털 제거기라는 새로운 콘셉트로 다시 출시해서 카테고리 리더가 될 수 있겠다는 생각에 저는 주변 여성들에게 제품을 나눠주고 솜털 제거기로서의 제 역할을 할 수 있는지 테스트했습니다.

결론을 말하자면 얼굴의 잔털을 제거하려면 전문숍에 가서 페이스 왁싱을 받는 것이 제일 효과가 좋습니다. 그러나 주기적으로 매장에 가야 해서 비용이 부담됩니다. 그런 점에서 솜털 제거기는 피부를 자극하지 않으면서 파우치에 넣어서 갖고 다니면 언제든지 화장품을 바르기 전에 편하게 솜털을 밀어버릴 수 있습니다.

여성용 면도기가 아닌 '얼굴의 잔 솜털을 제거해서 화장을 잘 받게 해주는 얼굴 솜털 제거기'로 콘셉트를 바꿔서 모든 콘텐츠를 새로 제작했습니다. 페이스 왁싱보다 경제적이면서도 간편한 휴대성, 우수한 솜털 제거 능력을 강조하고 피부에 닿는 부분이 금으로 도금되어 있어서 실면도와 달리 모낭염 걱정이 없음을 어필했습니다. 솜털을 면도해도 털이 굵게 자라나지 않는다는 오해를 바로잡는 문구도 상세페이지에 넣었습니다.

콘셉트를 바꿔서 마케팅한 결과 1년 동안 5만 개 넘게 팔아서 거의 15억 원에 가까운 매출을 냈습니다. 제품은 하나도 바뀌지 않았습니다. 이 제품을 바라보는 소비자의 인식이 변화했을 뿐입니다. 이와 관련해서 《마케팅 불변의 법칙》에서는 다음과 같이 말합니다.

"많은 사람이 마케팅을 제품의 싸움이라고 생각한다. 그래서 최고의 제품이 결국에는 승리한다고 믿는다. 마케팅 담당자들은 조사를 해 '사실을 캐내는 일'에 집착하고 있다. 자기가 옳다는 것을 확신하기 위해 상황을 분석한다. 그런 다음 자사의 제품이 최고이며, 최고의 제품이 결국은 승리하게 되어 있다는 믿음을 안고 자신 있게 마케팅 전장으로 입성한다. 하지만 이는 환상에 불과하다. 객관적인 현실이란 존재하지 않는다. 사실 따위도 없다. 최고의 제품 역시 없다. 마케팅 세상에는 소비자나 소비자의 기억 속에 자리 잡는 '인식'만이 존재할 뿐이다. 그 외 다른 모든 것은 환상이다."

"마케팅 관련자들은 '제품'이 마케팅 프로그램의 열쇠이며 제품의 장점 여부에 따라 성패가 결정된다는 잘못된 전제를 마케팅의 철칙이라 오인하고 있다. 바로 이 때문에 제품을 시장에 내놓는 방법이 자연적으로도, 논리적으로도 잘못될 수밖에 없는 것이다."

최고의 제품이 승리하는 것이 아니라 내 제품이 타깃 고객들에게 어떤 제품으로 인식되느냐에 따라서 마케팅의 승패는 달라집니다. 똑같은 제품이 여성용 면도기로는 팔리지 않았다가 얼굴 솜털 제거기로는 불티나게 팔렸던 것처럼 말이죠. 제품의 싸움이 아니라 인식(콘셉트)의 싸움인 것입니다. 그렇다고 품질이 중요하지 않다는 말이 아닙니다. 애당초 최소한의 품질조차 없었다면 솜털 제거기라는 콘셉트를 입히지 못했을 테니까요. 제가 말씀드리고 싶은 바는 소비자들은 제품이 아니라 콘셉트를 구매하기 때문에, 좋은 제품이 있는데 잘 팔리지 않는다면 바로 포기하지 말고 안 팔린 이유를 피드백해서 새로운 콘셉트를 찾아보라는 것입니다.

MARKETING 8

지금을 넘어 영원히 사랑받는 제품으로 거듭나는 콘텐츠의 법칙

마케팅 콘텐츠 제작에 사용할 수 있는 만능 공식 5W1H

욕실 난방기의 사례를 통해 콘셉트를 만들고 그 콘셉트를 표현하는 키 카피와 키 비주얼을 기획해 콘텐츠를 만드는 과정을 보여드렸습니다. 셀링마케팅을 할 때 만들어야 하는 콘텐츠는 주로 제품 상세페이지, 광고 소재, 포스팅 가이드 등입니다. 처음 시작할 때는 이 각각의 콘텐츠를 어떻게 만들어야 할지 감이 잘 잡히지 않을 것입니다. 사실 콘텐츠 제작은 수학 문제처럼 정답이 있는 분야는 아닙니다. 모로 가도 서울만 가면 그만이라고 결국 유입률, 전환율을 높은 콘텐츠가 잘 만든 콘텐츠입니다. 그러나 아직 잘 팔리는 콘텐츠에 대한 감각이 전혀 없는 초심자는 셀링마케팅에 익숙해지기 전까지 실습하기 위한 공식이 하나 필요하다는 것이 제 의견입니다.

그래서 만든 공식이 바로 소구점을 포착하는 5W1H입니다. 5W1H는 다들 잘 아는 육하원칙입니다. 누가Who, 언제When, 어디서Where, 무엇을What, 어떻게How, 왜Why 6개의 앞글자를 모아 5W1H라고 하는데요. 특히 신문 기사가 이 5W1H를 지켜서 쓰기로 유명합니다. 6개 항목 가운데 하나라도 빠지면 어색한 기사가 되니까요. 여기서 제가 말하는 5W1H는 기존의 육하원칙을 개량해서 만들었습니다. 신문 기사가 아닌 마케팅 콘텐츠 제작에 사용할 수 있는 만능 공식입니다.

후(Who) 누가 사는가? **타깃 분석**

와이(Why) 왜 사는가? **니즈 분석**

왓(What) 무엇을 바라는가? **원츠 분석**

워리(Worry) 뭘 걱정하는가? **구매 방해 요소 해지**

후즈(Whose) 누구의 제품이 다른가? **경쟁 우위 강조**

하우(How) 어떻게 사용하는가? **제품의 활용방안**

제품을 사게 만드는 상세페이지를 만들거나 제품에 대해 흥미를 갖게 하여 클릭을 유도하는 광고 소재를 만들 때 공통으로 중요한 것은 결국 소구점, 즉 셀링포인트를 찾는 것입니다. 그리고 5W1H는 카테고리와 무관하게 어떤 제품이든 공통되게 적용할 수 있는 셀링포인트입니다. 지금부터 하나 씩 자세하게 알아보도록 할까요?

| 후Who 타깃 분석 |

타깃 분석은 내 제품을 누가 사면 좋은지 짚어줌으로 사람들이 '이건 내 이야기인데?' 하고 이목을 집중시켜주는 역할을 합니다. 사람들은 자기와 상관없는 이야기는 아예 읽지 않거나, 대충 읽고 넘어가는 습관이 있습니다. 그렇기에 후Who를 말해주면 광고를 클릭하거나 상세페이지를 꼼꼼하게 읽게 되는 것이죠.

바로풋은 신발 밑에 까는 자세교정 깔창인데요. 대개 깔창은 남자들이 패션용으로 사용하는데, 이 깔창은 바른 걸음으로 걸을 수 있게 도와주는 건강용 깔창입니다. 누가 이 깔창을 쓰면 좋을지 생각한 다음 운동선수, 군인, 현장직, 영업직, 노인 등 구체적인 대상을 추려서 상세페이지에 넣었습니다. 아마 상세페이지를 읽는 많은 사람 가운데 이에 해당하는 직업군은 남들보다 더 집중해서 콘텐츠를 읽겠죠?

바로풋 후(who) 분석

실리커의 후(who) 분석

제품에 따라서는 구매자와 사용자가 일치하지 않기도 합니다. 장난감은 아이들이 사용하지만 사주는 건 부모님이죠. 이런 경우는 상세페이지를 읽는 사람은 학부모가 되므로 당연히 어머님의 마음을 공략하는 콘텐츠를 만들어야 합니다.

바로풋 깔창과 달리 타깃 집단은 적지만 대신 엄마들이 가진 마음속 고민을 다양하게 이야기함으로 자기와 관계된 이야기라는 느낌을 받게 할 수 있습니다. 나도 이런 생각을 한 적 있다고 공감을 사면 구매 전환율도 늘어나고요.

전통적으로 타깃 고객 분석은 나이, 성별, 지역별로 나누는데 이런 후(Who)는 분류를 위한 분류가 될 가능성이 큽니다. 어떤 사람들이 무엇 때문에 제품을 사는지 핵심 코어 층을 발견하는 것이 훨씬 좋은 콘텐츠를 만들 수 있습니다.

|와이(Why) 니즈 분석|

코어 유저를 발견했다면 이들이 '왜 제품이 있어야 하는지' 요구Needs를 알아야 합니다. 소비자는 평소와는 다른 어떤 특정한 상황에 부닥칠 때 문제를 해결하고 싶어서 제품을 삽니다. 이런 제품의 '기능적 필요'가 바로 니즈입니다.

필모아 텀블러 왜 사야 하는 지의 제시 예

내 제품의 특장점으로부터 추출한 소비자 편익Benefit을 보여주는 것은 소비자의 기능적 필요Needs를 환기하는 대표적인 방법입니다. 평소 보온보냉, 밀폐력, 무결로, 환경호르몬, 대용량, 그립감, 편한 세척, 미끄럼 없는 기능을 원했던 사람들이라면 니즈가 채워져 구매할 것입니다.

냉풍기 왜 사야 하는지의 분석

　　여름철에 팔던 냉풍기 제품의 콘텐츠 일부를 가져왔습니다. 타깃 대
상이 처한 상황을 구체적으로 묘사함으로 소비자의 공감을 얻음과 동시
에 이러한 문제에서 벗어나기 위한 니즈(기능적 필요)를 자극받습니다.

자동밀봉기 왜? 사야 하는가

주부이거나 자취를 해봤으면 누구나 마트에서 산 채소가 상해서 버려본 경험이 있을 것입니다. 돈도 아깝고 쓰레기 버리는 것도 귀찮다는 생각을 했겠죠. 01을 보는 순간 그때의 경험이 되살아나 고개가 끄덕여지고, 02, 03을 통해 분리수거의 불편함과 경제적인 불이익으로 문제가 확대되면서 이를 해결하고 싶은 기능적 필요를 강화하는 콘텐츠입니다.

우리 몸의 지지대 발,
작은 변화로 하루가 달라집니다.

제2의 심장이라 불리는 발은 하루 평균 400톤의 충격을 받는다고 합니다. 걷거나 뛰거나 심지어 서있을 때에도 근육과 관절에 가해지는 무게와 충격은 고스란히 발에 전달됩니다. 우리 몸의 주춧돌 발이 편해야 몸과 정신의 균형이 조화를 이룰 수 있습니다.
당신의 발은 건강한가요?

깔창에 대한 와이 분석

냉풍기와 자동밀봉기처럼 소비자가 처한 특정 상황을 묘사해서 공감을 사고 기능적 필요를 환기할 수도 있지만, 잠재고객을 교육하는 것도 한 가지 방법입니다. 사람은 나와 관계가 있는데 미처 몰랐던 이야기를 들으면 해결책이나 좀 더 나은 개선안을 원하게 되거든요. 이렇게 다양한 수단으로 니즈를 환기한 다음에 실제 내 제품이 소비자들이 원하는 기능적 필요를 충족시켜줄 제품력이 있음을 증명하면 강력한 콘텐츠를 만들 수 있게 됩니다.

┃왓(What) 원츠 분석┃

　니즈(기능적 필요) 외에도 사람이 제품을 사는 또 하나의 강력한 구매 동기가 있습니다. 바로 원츠(심리적 욕망)입니다. 사람들이 마음 속 깊이 무엇What을 원하는지 파악해 그것을 제시하면 대부분 제품을 판매할 수 있습니다.

　여러분도 경험이 있으시겠지만 어떤 제품은 살아가는 데 꼭 필요하지 않아도 구매합니다. 기능적 필요가 아니라 심리적 욕망을 자극받았기 때문입니다. 평소 시장조사, 소비자 분석을 할 때 제품과 연관된 기능적 필요, 심리적 욕망을 같이 분석해서 콘텐츠에 반영하는 습관을 들이면 전환율을 대폭 끌어올릴 수 있습니다.

Before & After

핵트롤 무엇(What) 분석

마케팅 명언 중 "드릴을 팔려면 구멍을 팔아라"라는 말이 있습니다. 사람들이 드릴을 사는 이유는 돌아가는 뾰족한 송곳이 필요해서가 아닙니다. 드릴로 구멍을 뚫어 선반을 달고, 액자를 걸어서 아름다워질 집을 마음속에 그리며 구매한다는 것이죠. 제가 페인트 박사 핵트롤을 많이 팔 수 있었던 이유도 니즈와 더불어 비포애프터Before & After를 보여줌으로 원츠를 자극했기 때문입니다. 기능적 필요만 따지면 핵트롤은 잉크가 흐르지 않는 페인트 롤러 정도에 불과합니다. 하지만 심리적 욕망을 파고들면 아름다운 집을 만드는 마법의 지팡이가 됩니다.

카본히터 무엇(What) 분석

차별화 전략에서 말씀드린 바툼 카본히터입니다. 따뜻해진다는 기능적 필요로는 차별화를 할 수 없었기에 원츠의 영역에서 차별화된 콘셉트를 잡았는데요. 월 1,130원의 저렴한 전기요금이라는 심리적 욕망을 자극한 덕분에 홈런을 칠 수 있었습니다.

글린트아츠 무엇(What) 분석

글린트아츠는 차별화 기획이 잘 된 제품이라 기능적 필요로도 충분히 어필할 수 있는 제품이지만, 동시에 원츠까지 건드리면 더 효과적입니다. 글린트아츠를 사면 당신의 무료한 일상에 어떠한 변화가 일어나고 즐거움이 생겨나는지 심리의 변화를 설명하며 원츠를 자극하고 있죠.

| 구매 방해 요소^{걱정Worry} 해지 |

니즈와 원츠만 자극한다고 소비자들이 바로 제품을 구매할까요? 그렇지는 않습니다. 좋다는 걸 알아도 구매가 망설여지는 요인이 있다면 고민하다가 결국에는 결제하지 않습니다. 그래서 콘텐츠를 만들 때 필수적으로 구매 방해 요소, 즉 구매하기 이전에 걱정하는 요인들을 없애 줘야 합니다.

욕실 난방기를 구매할 때 고객들이 걱정하는 구매 방해 요소는 안전입니다. 물기가 많은 화장실에서 자칫 감전이라도 일어나면 가족의 생명이 위험하니까요. 중대한 사항일수록 사람들은 확답을 받고 싶고, 안

욕실 난방기 걱정(Worry) 요소 분석

심을 원합니다. 그렇기에 인증서와 내부 구조를 보여줘서 방해 요소를 제거했습니다.

에어컨을 사용할 때 걱정하는 것 중 하나가 냉매입니다. 콘텐츠에서 먼저 선수를 쳐서 고객들이 걱정할 거리를 말해주고 친환경 냉매를 쓰기에 괜찮다고 안심시켜주면 구매 방해 요소가 사전에 차단되어 전환율

이동식 에어컨 걱정(Worry) 요소 분석

음료의 깊은 맛을
더하는 **세라믹 코팅**

일반적인 스테인리스 텀블러와 달리 텀블러 안쪽에 도자기 소재인 세라믹으로 코팅
되어, 스테인리스 특유의 쇠 맛이 느껴지지 않으며 입에 닿는 느낌이 부드럽습니다.

세라믹 코팅

텀블러 걱정(Worry) 요소 분석

이 늘어납니다.

스테인리스 텀블러를 살 때 쇠맛이 나지 않을까 걱정을 하는데요. 안쪽을 세라믹으로 코팅했다고 말해주면 쇠맛 걱정으로 텀블러를 안 살 고객들도 사게 만들 수 있습니다.

┃누구의Whose 경쟁우위 강조┃

A와 B를 비교하는 것은 유구한 전통을 가진 콘텐츠 유형입니다. 경쟁사보다 차별화, 경쟁우위가 있는 제품은 기억에 남아 다른 제품을 둘러보고서도 되돌아와서 사기에 반드시 콘텐츠에 차별화 포인트를 표현해야 합니다.

똑같은 선풍기 카테고리의 두 제품을 비교함으로 내구성과 안정성이 더 좋은 스테인리스 재질의 선풍기를 선택하게 만드는 콘텐츠입니다.

동일 제품군과의 비교

대체 상품군과의 비교

너무 밝아 잘 보이지 않는
햇빛 쨍쨍한 야외!

기존 선글라스로는 완벽하게 다 보이지 않는 부분도
완벽하고 선명하게 시야확보!

썬글라스 경쟁우위

　동일 제품군과의 비교가 아닌 대체 상품군과의 비교도 있습니다. 장마철에 제습기를 판 적이 있는데요. 제습기 시장에 대한 소비자 분석을 해보니 "굳이 제습기를 사야 하나? 그냥 물 먹는 하마 쓰면 되는 거 아냐?"라고 생각하는 사람들이 제법 있었습니다.

　이 경우 똑같은 제습기끼리 경쟁을 붙이기 이전에 더 우선도가 높은 염화칼슘 제습제와 비교해 어떤 장점이 있는지부터 보여줘야 합니다. 환경, 사람, 경제적 측면에서 이득인 점을 알려줘서 제대로 된 제습기 한 대 놓으면 좋다고 설득했습니다.

동일 제품군과의 비교, 대체 상품군과의 비교에서 이기면 최종적으로 내 제품 자체의 경쟁우위가 중요해집니다. 일반적인 선글라스 사진과 비교해서 햇빛도 가리면서 썬팅 부분도 최소화되어서 시야가 훨씬 괜찮다는 것이 직관적으로 전해지죠? 이렇게 키 비주얼을 바로 보여줄 수 있는 제품은 경쟁우위 표현이 상대적으로 간단합니다.

소재를 강조한 카피

후즈Whose를 찾기 힘든 제품이라면 5단계 차별화의 실마리를 최대한 더듬는 수밖에 없습니다. 카본히터 콘텐츠는 그중 하나로 소재를 강조했고요. 제품 자체에 경쟁우위가 없더라도 아이디어, 개발, 생산, 판매 및 유통, 소비 5단계를 잘 탐색하면 콘텐츠에 써먹을 경쟁우위가 있을 것입니다.

|하우How 제품의 활용 방안|

하우How는 제품에 대한 정의, 구성, 상세설명, 올바른 사용법을 포함합니다. 어떤 제품인지, 어떤 세트로 되어있는지, 어떤 기능이 있는지, 어떻게 사용하면 좋은지 보여줌으로 제품의 장점을 직관적으로 이해시킵니다. 홈쇼핑에서 쇼호스트들이 가장 잘 활용하는 방법이 이 하우입니다. 제품 시연을 보여줌으로 간접 체험을 시키고 신뢰를 얻는 방법이죠.

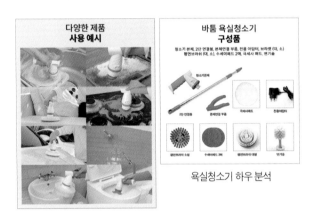

욕실청소기 하우 분석

많은 사람이 화장실 청소하는데 굳이 전용 청소기를 살 필요가 있나 생각합니다. 그러나 욕실청소기의 다양한 구성품과 활용예시를 보여주면 생각이 달라집니다. 브러쉬의 종류를 바꿔 달면 화장실뿐만 아니라 세면대, 싱크대, 가스렌지, 자동차까지 거품청소로 때를 뺄 수 있고, 봉을 연결해 길이를 연장하면 닦기 힘든 벽까지 청소할 수 있다는 것을 직관적으로 알 수 있죠. 처음 생각한 것보다 더 다양한 활용방안을 보고 사서 손해 보지는 않겠다는 생각이 강해집니다.

다양한 활용법

헥트겔 하우(How) 제시 예

핵트겔은 초강력 양면 접착 테이프입니다. 일반 양면테이프는 비교
도 안 되는 접착력이 특징인데요. 제품 콘셉트를 '한 번 물면 절대 놓지
않는 악어밴드 핵트겔'이라고 정했습니다. 원래 이런 제품을 사려는 사
람들은 자신이 필요한 상황 1~2가지를 상정해서 검색하다 찾게 되는 경
우가 태반입니다.

처음에는 자동차에 블랙박스를 붙이려고 알아봤는데 멀티탭을 책상
밑에 붙이거나, 와이파이Wi-Fi 모뎀을 벽에 붙이거나, 선반을 만들거나,
바디로션이나 샴푸를 화장실 벽에 붙이는 등 다양한 용도가 보입니다.
생각하지 못했던 발상을 콘텐츠가 보여줌으로 하나 사두면 쓸 일이 많
겠다는 느낌이 들어 구매의욕을 더 높일 수 있습니다.

냉풍기 역시 처음에는 더우니까 하나 산다는 약한 니즈를 갖고 검색
을 합니다. 그러다가 개인 공간과 사무실에서도 쓸 수 있고, 보조배터리

미니냉풍기 하우(How) 제시 예

를 연결해서 야외 캠핑에 나가서도 쓸 수 있으며, 열대야에 더워하는 반
려동물에게도 틀어줄 수 있다는 사실을 알게 됩니다. 실제 구매한 고객
들이 다양하게 사용하는 사진을 보여줌으로 '하나 사놓으면 나 하나 잘
쓰고 끝이 아니라 가족 모두가 요긴하게 쓰겠구나' 하는 마음이 들어 구
매설득력을 더 높일 수 있는 것입니다.

읽다보면 저절로 사게 만드는 상세페이지의 공식

모든 콘텐츠의 기본 5W1H를 알게 된 여러분이 해야 할 일은 아주 간단합니다. 네이버 쇼핑에서 여러분이 팔려는 제품의 대표 카테고리를 찾아 들어가 판매량 상위권 제품들에 달린 상품평과 해당 제품에 대한 블로그 후기를 전부 읽으면서 5W1H를 수집하고 분류하는 것입니다.

그것들만 쭉 정독해도 누가 이 제품을 샀는지, 어떤 상황에서 뭘 해결하고 싶어서 샀는지, 사서 써본 결과 어떤 점이 만족스러웠고 어떤 점이 불만이었는지 모든 진실이 드러납니다. 게다가 이미 제품을 구매한 사람은 타깃 고객의 조건에 딱 들어맞는 사람이기 때문에 연구대상으로도 제일 적절합니다.

5W1H의 프레임을 활용하면 컴퓨터 하나로 전체 시장, 소비자, 경쟁사를 분석할 수 있습니다. 방법도 간단합니다. 오픈마켓과 네이버의 콘텐츠들을 읽으면서 알게 된 새로운 정보를 6개의 그룹으로 분류하기만 하면 됩니다.

한 번 5W1H 기획안을 만들어놓고 글로 표현하면 블로그 포스팅이나 체험단 포스팅 가이드를 만들 수 있고, 이미지로 표현하면 상세페이지가 되며, 동영상으로 표현하면 유튜브 영상이나 광고 소재가 됩니다.

여러 콘텐츠 가운데 가장 먼저 만들어야 할 것은 제품 상세페이지입니다. 셀링마케팅에 있어서 제품 상세페이지는 회사의 영업사원과 같습니다. 엔드라인에서 고객의 결제를 끌어내는 역할을 하죠. 온라인 상세페이지가 오프라인 세일즈맨과 다른 점이라면 오프라인은 구매할 마음이 있는 고객이 세일즈맨의 시연을 보고, 궁금한 점을 질문하면서 살 수 있는데 온라인은 실시간 소통 및 현장감이 떨어집니다.

대신 세일즈맨은 한 번에 한 명의 고객을 상대해야 하지만 상세페이지는 동시에 여러 명이 볼 수 있다는 접근성과 전파력을 갖고 있죠. 시연과 실시간 소통이 불가능하다는 단점도 요즘은 1:1 채팅 문의, 생생한 동영상과 GIF 파일, 고객 후기 등으로 보완할 수 있습니다. 제 경험상 잘 만든 상세페이지에 마케팅을 더하면 웬만한 영업사원보다 제품을 더 많이 팔 수 있습니다.

흔히 상세페이지를 만들라고 하면 대부분 제품의 장점을 설명하는 내용만 가득하게 만듭니다. 여기서 우리는 상세페이지의 역할을 기억할 필요가 있습니다. 상세페이지의 최종적인 목적은 구매설득입니다. 장점을 어필하는 것이 나쁜 건 아니지만, 설득시키지 못하면 소비자가 읽으면서 "응, 좋네 좋네 좋네." 하다가 그냥 나가버립니다. 다른 제품 상세페이지를 보면서 "어, 그런데 이것도 좋네?"하고 경쟁사 제품을 사버리죠.

팔리는 상세페이지를 만들기 위해서는 일단 앞서 보여드렸던 육하원칙, 즉 5W1H 요소가 전부 들어가야 합니다. 꼭 타깃 분석, 니즈 분석, 원츠 분석, 구매방해 요소 해지, 경쟁우위 강조, 제품의 활용방안 순서대로 만들 필요는 없습니다. 제품에 따라서 순서는 얼마든지 바뀔 수 있으며, 몇 가지 요소는 생략될 수도 있습니다. 그러나 될 수 있으면 5W1H 요소를 넣을 수 있는 만큼 풍성하게 넣어주시길 바랍니다.

5W1H가 상세페이지를 구성하는 필수요소지만 5W1H만 들어간다고 상세페이지가 '완성'되는 것은 아닙니다. 필수 요소를 보조해주는 서브 구성요소가 필요한데요. 여기에도 여러 가지가 있습니다만, 제가 그동안 여러 차례 실험을 해보면서 판매에 도움이 되는 것들만 추려서 소개해드리겠습니다. ① 후킹 GIF ② 사회적 증거 ③ 스토리텔링 ④ 이벤트 ⑤ FAQ 5가지입니다. 5W1H는 6가지를 전부 넣는 것을 권장하지만 이 5가지 서브 요소는 제품에 맞춰 필요한 것들을 중점적으로 넣어주시면 됩니다. 서브 요소도 사진을 통해 구체적으로 하나씩 알아보겠습니다.

| 후킹 GIF |

미국의 카피라이터 조셉 슈거맨Joseph Sugarman은 "첫 문장의 유일한 목적은 두 번째 문장을 읽게 하는 것이다. 두 번째 문장의 목적은 세 번째 문장을 읽게 만드는 것이다"라는 명언을 남겼습니다. 사람들은 상세페이지를 정직하게 읽지 않습니다. 다음 문장을 읽게 만드는 후킹 요소가 없으면 설렁설렁 읽다가 밑으로 쭉 내려서 후기를 보고 별점이 낮으면 뒤로가기를 눌러버립니다. 계속해서 다음 문장을 읽게 하려면 상품평과 더불어 상세페이지 초반부에 임팩트 있는 연출이 필요합니다. 가장 좋은 방법은 '시선을 확 사로잡는 GIF 콘텐츠를 넣어주는 것'입니다. 생생함을 전달하기에는 동영상이 제일 좋긴 하지만, 동영상은 소비자가 클릭해야 볼 수 있다는 단점이 있습니다.

그렇지만 GIF는 다릅니다. 동영상의 장점은 그대로 가져오면서 클릭

아이스 박스 후킹 GIF 이미지

하지 않더라도 자동으로 보여줄 수 있습니다. 요즘 환경에서는 인트로 이미지나 헤드카피를 잘 쓰는 것보다 GIF 파일로 임팩트 충만한 키 비주얼을 보여주는 것이 즉효약입니다. GIF는 특유의 강제시청 효과 덕분에 '있고 없고'에 따라 전환율이 많게는 최대 7배까지 차이가 납니다.

후킹 GIF의 대표적인 사례가 이전 장에서 보여드린 완전방수 욕실난방기를 어항에 담그는 이미지입니다. 위의 사진은 또 다른 예시인데요. 필모아 텀블러의 X축 확장으로 개발된 냉장박스입니다. 아이스박스는 주로 가족들이 캠핑을 갈 때 애용하죠. 안 그래도 무거운 박스가 안에 먹을 것과 마실 것을 채워 넣으면 더욱 무거워집니다. 필모아 아이스박스는 보냉 기능은 탁월하면서 무게도 가벼워 휴대성이 좋다는 점을 셀링포인트로 잡았습니다. 이 가벼움을 어떻게 콘텐츠로 보여줄까 고민하다가 풍선을 달아서 하늘에 날려 보내기로 한 것입니다.

|사회적 증거|

매력적인 상세페이지를 만드는 것과 그것을 본 소비자가 상세페이지의 내용을 믿는 건 별개의 문제입니다. 따라서 상세페이지에는 충분한 사회적 증거를 넣어 사람들이 믿게끔 만들어야 합니다. 욕실난방기와 냉장박스처럼 GIF 파일로 제품의 성능을 직관적으로 보여줄 수 있으면 그것도 어엿한 사회적 증거가 되지만, 모든 제품이 가능한 건 아닙니다. 그 외에도 신뢰를 얻을 수 있는 다양한 방법이 있는데요.

예를 들어 공신력 있는 기관에서 받은 인증서와 실험 성적서를 보여

안전인증과 실험 결과지

소독제 언드미디어

주는 것입니다. 이는 뒤에서 자세히 말씀드리겠지만 사회적 증거 가운데 전이 효과를 활용한 콘텐츠입니다.

　뉴스, 방송, 언론보도를 활용할 수도 있습니다. 코로나19 당시 많은 판매자가 뿌리는 소독제를 팔았는데 저는 닦는 소독제를 팔았습니다. 뿌리는 소독제는 닦는 것에 비해 살상력이 약할 수밖에 없습니다. 그런데 제가 그냥 상세페이지에 뿌리지 말고 닦아야 한다고 말해봐야 소비자들이 믿을까요?

　소비자들은 '당신은 닦는 소독제를 파니까 당연히 그렇게 이야기할 거고 그게 과학적으로 맞는지는 알 수 없다'고 할 것입니다. 그래서 자료를 찾던 도중 KBS 9시 뉴스에 내과 교수님과 중앙방역 대책본부의 코멘

인스타그램 리뷰

트가 있기에 이를 캡처해서 상세페이지에 넣었습니다. 결과적으로 미디어의 자료를 활용한 덕분에 전환율이 훨씬 더 잘 나왔습니다.

사회적 증거의 대표주자는 '고객 후기'입니다. 소비자들은 퍼스트 펭귄First Penguin(불확실하고 위험한 상황에서 용기를 내 먼저 도전함으로써 다른 이들에게도 참여의 동기를 유발하는 선발자)이 되는 걸 싫어합니다. 다시 말해서 제품이 좋아 보여도 먼저 산 사람이 한 명도 없다면 선뜻 나서는 사람이 없습니다. 그렇기에 판매가 어느 정도 이뤄지면 먼저 구매한 고객들의 리뷰를 다듬어서 상세페이지에 넣어주는 것이 필요합니다.

위의 예시는 여름철 캠핑할 때 많이 쓰는 초강력 선풍기입니다. 일부

구매고객 인터뷰

러 핵심 구매층이 모여있는 인스타그램 인증샷과 코멘트를 모아서 후기 콘텐츠로 만들었습니다. 전체 상세페이지에서 먼저 제품을 겪어본 사람의 리뷰가 있는 것과 없는 것은 하늘과 땅 차이입니다.

인포머셜 광고를 촬영할 때도 먼저 산 고객들의 리뷰, 후기를 적극적으로 활용합니다. 일명 고객의 목소리라고도 부르는데요. 먼저 구매한 사람의 증언을 영상 혹은 GIF 파일로 만들어서 넣어주는 것이 편승효과를 활용하는 한 가지 방법입니다.

스토리텔링(제품 스토리텔링, 브랜드 스토리텔링)

앞서 말씀드린 것처럼 스토리텔링에는 제품 스토리텔링과 브랜드 스토리텔링이 있습니다. 처음에는 제품의 개발 비화를 다루는 제품 스토리텔링을 활용해 황금 나무를 심고, X축 확장과 Y축 확장으로 라인업을 갖춘 다음 내 브랜드만의 색상이 드러나기 시작하면 회사에서 취급하는

OFEN 자연 환기창 제품 스토리텔링

모든 제품 상세페이지에 브랜드 스토리텔링을 넣으라고 했는데요.

몇 년 전에 OFEN 자연 환기창을 판매한 적이 있었습니다. 이 제품이 다른 환기창과 차별화되는 요소 중 하나는 제품 개발 비화입니다. 제품을 개발하신 사람님의 자제분들 중 따님이 미세먼지, 황사, 꽃가루가 많아지는 봄만 되면 알레르기 비염이 심해져서 응급실에 2번이나 실려 간 것입니다.

그렇다고 환기를 안 할 수는 없어서 혹시 집 안의 공기는 빠져나가면서 바깥의 미세먼지, 황사, 꽃가루는 차단할 방법이 없을까 여러 제품을 알아봤지만 이거다 싶은 제품이 없었다고 합니다. 하는 수 없이 직접 자연환기창을 만들었죠. 등장인물, 갈등, 극복 3가지 요소가 들어간 소박한 줄거리지만 그 진정성 덕분에 재고의 2배가 팔렸습니다.

바툼 브랜드의 경우 욕실 난방기를 시작으로 다양한 생활가전 제품을 개발했습니다. 그중에서도 난방용품이 많이 팔렸는데요. 소비자들로부터 평가도 좋아서 그동안 난방용품을 개발하기까지의 과정과 발자취를 엮어서 스토리텔링을 만든 사례입니다. 이것을 넣어주면 회사가 정통성이 있다고 느껴지고 '여기서 만든 난방용품은 사도 괜찮겠다'는 신뢰를 얻을 수 있죠. 이러한 인식을 넓혀나가면 추후 다른 제품을 만들어도 브랜드가 뒷받침되어주기에 판매량에서도 유리한 혜택을 얻을 수 있습니다.

|이벤트|

오픈마켓에서 제품을 팔면 이벤트를 해야 할 때가 있습니다. 그럴 땐 상세페이지 맨 앞에 이벤트를 공지해주는 것이 좋습니다. 어떤 이벤트를 할지는 그때그때 목적에 따라 다른데요.

오픈마켓 등급을 높이기 위해 즐겨 찾기 할 사람을 늘리고 싶다면 할

스토어찜 이벤트

리뷰 이벤트

인쿠폰을 미끼로 찜을 시키기도 하고요.

제품을 등록한 지 얼마 되지 않아서 상품평을 최대한 많이 모을 필요가 있을 때는 리뷰 이벤트로 포인트를 제공한다고 공약하면 리뷰를 써주는 사람이 더 늘어납니다.

|FAQ|

만약 소비자들이 고객센터로 제품에 관해 자주 묻는 말이 있다면 그것들을 FAQFrequently Asked Questions의 준말로 만들어서 상세페이지 후반부에 넣어주면 좋습니다. CS 관련 전화가 오는 분량을 줄일 수도 있고, 또 사람들의 문의가 많다는 것을 보여줌으로 제품의 인기를 간접적으로 어필할 수도 있습니다.

　이처럼 상세페이지는 5W1H라는 메인 요소와 5가지 서브 요소를 적절하게 조합해서 만들면 됩니다. 한 가지 팁을 드리자면 예전에는 사람들이 PC로 물건을 많이 샀기 때문에 큰 화면에 맞춰서 브랜드 스토리나 회사의 신뢰성을 보여주는 콘텐츠를 전방에 배치했습니다.

　하지만 모바일 환경으로 넘어온 최근 트렌드에서는 화면이 좁아지자 임팩트 있는 GIF로 시선을 먼저 사로잡은 다음에 이벤트를 공지하고 5W1H와 사회적 증거를 보여주는 순서로 상세페이지를 많이 만들고 있습니다.

좋은 게 좋다는 심리를 1백 퍼센트 활용하는 상품평 확보하기

무플이 악플보다 무섭다는 이야기가 있죠. 아무리 상세페이지를 잘 만들어도 상품평이 단 하나도 없으면 전환율이 나오지 않습니다. 멋진 상세페이지를 만들어서 적합한 키워드로 상품등록을 했다면 상세페이지를 빛내주는 상품평, 후기를 확보해야 합니다.

　상품평과 후기를 빨리 확보할 수 있는 대표적인 방법은 체험단 마케팅입니다. 하지만, 이들은 제품에 대해 겪은 솔직한 소감을 쓰다 보니 제품에 내가 미처 눈치 못 챈 하자가 있으면 부정적인 콘텐츠가 만들어지므로 마케팅이 독으로 작용할 가능성도 있습니다. 그러므로 체험단 마케팅을 진행하기 전에 소비자 패널을 모아 제품을 나눠주고 최소 1주일에서 길게는 1달 정도 제품을 써보게 하면서 이상은 없는지 점검하는 단계가 필요합니다.

이는 실제로 제가 당해본 적이 있어서 드리는 말씀입니다. 공장에서 제품을 찍었는데 처음 샘플을 받았을 때 제가 말했던 모든 기능이 다 들어있어서 안심하고 마케팅을 한 적이 있습니다. 저는 샘플을 보고 딱 이대로 대량생산을 해달라고 주문했는데 그렇게 대량으로 찍어낸 제품은 샘플과 기능 차이가 심해서 무수한 반품요청과 CS에 시달린 경험이 있습니다.

실제 겪었던 일로 생활가전 제품을 기획해서 중국 공장에 샘플을 요구했고 샘플을 받았을 때는 전기를 꼽고 온(On) 버튼을 누르자 정상적으로 제품이 작동했습니다. 샘플이 정상적이니까 '대량주문해도 샘플과 똑같은 것이 오겠지?'라고 생각하여 샘플대로만 만들어달라고 부탁해 대량발주를 하였고, 어차피 기능 테스트는 샘플에서 다 했으니까 추가로 할 필요 없다고 생각하였습니다. 그래서 그대로 마케팅해서 제품을 팔았는데 정작 새롭게 찍어낸 제품은 코드를 꼽고 온(On) 버튼을 눌러도 정상적으로 작동하지 않는 먹통 제품인 바람에 환불을 많이 해준 경험이 있습니다. 수입제품인 경우에는 품질관리를 직접하지 못하기 때문에 불량제품이 생산될 가능성이 항상 많이 있습니다. 이렇게 호되게 한번 당하고 나서부터 교훈을 얻어 만전을 기해 웬만해서는 패널조사 단계를 거친 다음에 마케팅을 합니다.

회사 사정으로 인해 속도전을 펼쳐야 할 상황이 아니라면 빨리 마케팅해서 투자금을 회수하고자 하는 욕망을 잠깐 누르고 최소 1주일이라도 패널 조사 기간을 갖는 것이 좋습니다. 패널 조사라고 해서 거창하게 생각할 필요는 없습니다. 주변 지인들에게 제품을 나눠주고 솔직한 사용 후기를 들으면 됩니다.

물론 제품을 무료로 주는 것도 비용부담이 있기에 제품 당 10~20명 정도 진행해서 불량은 없는지, 사용 소감은 어떤지 듣는 한편, 아무런 문제가 없다면 진솔한 상품평을 요청합니다. 이때 생각지도 못했던 의견을 듣는 경우가 많아 이를 반영해서 더 좋은 콘셉트나 콘텐츠가 만들어지는 경우도 종종 있습니다.

경험상 저를 포함해 부인, 직원, 제조사 사장님의 연고를 총동원하면 생각보다 많은 사람을 동원할 수 있어서 사람이 부족해 패널조사를 못한 적은 없었습니다. 안전점검을 끝내고 상품평을 확보했다면 상품평 이벤트를 걸고 구매 체험단 마케팅을 합니다. 내 제품을 본인 돈으로 사고 쇼핑몰 후기와 블로그 후기를 써주면 그에 상응하는 대가를 지불하는 체험단입니다. 체험단을 진행한 사람들이 상품평을 달아주면 점점 마케팅이 진행되어서 제품을 산 사람들도 이벤트를 보고 상품평을 남겨주기에 여기까지만 와도 충분한 상품평을 확보할 수 있습니다.

그 다음부터는 상품평을 꾸준히 관리해줘야 합니다. 상위노출이 되는데도 갑자기 이유도 없이 매출이 내려가면 안 좋은 상품평이 생겼을 가능성이 큽니다. 이를 방치하면 계속해서 매출이 줄어들고 깨진 유리창 법칙에 의해 또 다른 악평이 생깁니다. 따라서 꾸준히 평점 관리를 해야 하는데요.

크게 3가지 방법이 있습니다. 일단 제일 좋은 방법은 반품, 환불을 해주면 구매취소가 되어서 상품평이 사라지는 쇼핑몰도 있습니다. 만약에 사라지지 않는 쇼핑몰이라면 상품평 이벤트로 더 많은 긍정적인 후기를 쌓아 악평을 2페이지 뒤로 밀어내는 것입니다.

마지막으로 1, 2번 방법이 힘든 상황이라면 상품평 관리라도 제대로 해줘야 합니다. 댓글에 답글을 달 수 있는데 '좋은 상품평에 감사하다'는 답글을 다는 것과 달지 않는 것의 차이가 큽니다. 소비자 관점에서 답글을 달아준다는 것은 나름 관리를 하고 신경 써주는 곳이라 생각하겠죠? 나중에 문제가 생겨서 A/S 신청을 해도 응대를 해줄 것 같은 느낌을 줍니다. 그러니 좋은 상품평에는 '감사하다'는 답글을, 나쁜 상품평에는 정중한 사과와 더불어 '원하신다면 교환 반품을 해드리니 연락 달라'는 답글을 남겨주면 됩니다.

➕전체추가	키워드(검색어) ⇅	노출수 ⇅	클릭수 ⇅	총비용(VAT포함) ⇅	직접전환율(%) ⇅
	2020-07-28 ~ 2020-08-26 기간의 키워드				다운로드
➕추가	텀블러	74,471	875	755,667원	4.46%
➕추가	대용량텀블러	11,434	281	212,289원	3.56%
➕추가	보냉텀블러	5,359	92	78,441원	5.43%
➕추가	보냉컵	3,744	39	35,255원	7.69%
➕추가	스텐텀블러	2,875	19	13,981원	0.00%
➕추가	골드컵	1,963	11	8,162원	0.00%

《 〈 **1** 2 3 〉 》   행 표시: 30 ✓

쇼핑 검색 광고

체험단 마케팅으로 내 제품에 대한 후기와 상품평이 모였다면 마지막으로 내 제품과 관련된 노출 키워드로 오픈마켓과 소셜 커머스 키워드 광고를 집행해서 최대한 많은 사람이 상세페이지를 볼 수 있게 해야 합니다. 키워드에 대해서는 뒷장에서 자세히 설명하겠습니다.

제 경험에 의하면 상세페이지를 평범하게 만들면 전환율이 1%가 나오고, 5W1H 메인요소에 서브 요소를 총동원하면 3~5%까지 끌어올릴 수 있었습니다. 거기에 상품평과 후기가 더해지면 더더욱 올라가고요. 전환율이 1%일 때 마케팅하는 것과 5% 이상일 때 마케팅하는 건 효율이 다릅니다. 그러므로 상품기획과 콘텐츠 제작 과정을 거친 다음에 광고를 시작하길 추천합니다.

상품평과 후기를 빨리 확보할 수 있는 대표적인 방법은 체험단 마케팅입니다. 하지만, 이들은 제품에 대해 겪은 솔직한 소감을 쓰다 보니 제품에 내가 미처 눈치 못 챈 하자가 있으면 부정적인 콘텐츠가 만들어지므로 마케팅이 독으로 작용할 가능성도 있습니다. 그러므로 체험단 마케팅을 진행하기 전에 소비자 패널을 모아 제품을 나눠주고 최소 1주일에서 길게는 1달 정도 제품을 써보게 하면서 이상은 없는지 점검하는 단계가 필요합니다.

PART 3

온라인 시장이라는 바다에서
확 눈에 띄는 노출 법

☑ **MARKETING 1** 온라인 시장에서 이기는 전략 마케팅 채널의 법칙

☑ **MARKETING 2** 어떻게 내 제품을 사게 된 걸까? 소비자 구매경로의 법칙

☑ **MARKETING 3** 이것만 알고 가면 키워드 고민 끝, 키워드의 법칙

☑ **MARKETING 4** 유행에 따를 것인가, 내 것을 가꿀 것인가 고민된다면, 트리플 미디어의 법칙

온라인 시장에서 이기는
전략 마케팅 채널의 법칙

팔리게 만드는 2가지 무기, 검색 마케팅과 노출 마케팅

매출이라는 최종 목표를 달성하기 위해서는 그 앞에 유입, 전환, 객단가의 도미노를 세워야 한다고 말씀드렸습니다. 지금까지는 제품과 콘텐츠를 기획해서 객단가와 전환율을 높이는 방법을 알아봤는데요. 좋은 제품과 좋은 콘텐츠를 만들었다면 그다음 차례는 온라인 마케팅으로 유입률을 높이는 것입니다. 아마 지금도 여러분 혹은 직원분들이 열심히 블로그와 SNS에 글을 올리고, 유튜브에 업로드할 영상을 제작하며 광고 소재를 만들어서 유료광고를 내보내고 성과를 측정하는 일에 시간, 에너지, 자본을 투입하고 있을 것입니다.

이미 잘하고 계셔서 성과가 나고 있으면 다행입니다. 하지만 만약에 들이는 인풋에 비해 만족스러운 아웃풋이 나오지 않는다면 제품과 콘텐츠부터 점검해보세요. 제품과 콘텐츠도 문제가 없는 것 같다면 온라인 마케팅 전반에 대해 제대로 이해하고 효율적인 전략을 구사하고 있는지 살펴봐야 합니다.

온라인 마케팅은 크게 검색 마케팅과 노출 마케팅으로 양분할 수 있습니다. 검색 마케팅은 검색엔진을 이용하는 마케팅으로 여러분이 평소 사용하는 네이버, 인스타그램, 유튜브가 검색엔진의 특징을 갖고 있습니다. 네이버와 유튜브는 키워드로 검색해서 정보를 얻는 검색엔진이고, 인스타그램은 본질은 SNS입니다만, 해시태그를 이용해서 다른 사람들의 생각을 엿볼 수 있다는 점에서 검색엔진의 측면도 어느 정도 갖고 있다고 할 수 있죠.

이해를 돕기 위해 오프라인 마트에 비유해보겠습니다. 저는 90년대에 대형 할인점에다가 컴퓨터 부품을 납품하는 일을 한 적이 있습니다. 마트에 손님이 오면 직원들이 입구에서 전단을 나눠줬는데요. 그 전단에 어떤 가게가 빈 CD(일명 공 CD) 100-200장 세일한다는 내용이 들어가면 그 가게 하루 매출이 눈에 띄게 증가했습니다. 빈 CD를 사러 온 김에 다른 것도 구경하다가 더 사 가는 것입니다.

이때 검색 마케팅은 매장 안에 있는 가게와 같고, 노출 마케팅은 전단과 같습니다. 보통 사람들이 전자제품 매장에 가는 이유는 사고 싶은 물건이 있어서입니다. 키보드, 마우스, 노트북, 그래픽카드 등 자기가 사고 싶은 물건을 취급하는 층으로 직행해서 여러 가게에서 가격을 물어본 다음 저렴하게 구매합니다.

이걸 온라인으로 치환해서 생각하면 니즈가 있는 사람들이 키보드, 마우스, 노트북, 그래픽카드 등, 사려고 하는 제품과 관련된 키워드를 검색하고 여러 스토어의 상세페이지를 읽은 다음 최저가를 찾아 구매하는 것과 같습니다.

여기에서 한 소비자가 노트북을 사려고 매장에 왔는데 입구에서 전단을 받아서 빈 CD를 할인한다는 정보를 입수했습니다. 이것은 처음에 사려고 계획한 제품도 아니고, 당장 필요하지도 않지만 저렴할 때 사두면 유용한 건 사실입니다. 그래서 노트북도 사고 전단에 나온 매장에 가서 빈 CD도 겸사겸사 샀습니다.

이걸 다시 온라인으로 치환해서 생각하면 전단을 받아서 예정에 없던 가게에 들르는 것은 노출마케팅을 통해 새로운 제품을 알게 되어서 그 제품에 대해 검색해보는 행위입니다. 이때 가게를 찾아갔더니 문이 닫혀있으면 매출이 나지 않겠죠? 검색 마케팅부터 준비를 끝낸 다음에 노출마케팅을 해야 하는 이유입니다.

실제 노출마케팅은 오프라인 전단과 유사한 점이 많습니다. 전단은 도달률이 높습니다. 대개 2,000장 3,000장을 대량 인쇄해서 방문하는 손님에게 1장씩 나눠주니까요. 전단을 받은 손님들 중 일부는 바로 버리는 사람도 있을 것이고, 내용을 읽고 매장까지 가서 빈 CD를 사가는 사람도 있을 것이며, 빈 CD를 구경만 하고 사지는 않는 사람도 있을 것입니다.

노출마케팅도 똑같습니다. SNS 광고, 구글 디스플레이 배너 광고, 유튜브 광고처럼 많은 사람에게 광고 소재가 노출되면 누구는 클릭조차 하지 않고, 누구는 클릭해서 상세페이지를 읽고 바로 제품을 구매하며, 누구는 검색엔진이나 커뮤니티에 재차 검색해서 구매 여부를 결정할 것이고, 누구는 상세페이지를 조금 읽다가 꺼버릴 것입니다.

실제 돈이 만들어지는 곳은 검색 마케팅이기 때문에 노출 마케팅은 검색 마케팅을 보조하는 수단으로 이해해야 합니다. 동네에서 식당을 영업하더라도 일단 상가를 임대해 인테리어를 마치고 재료를 들여와 장사준비가 끝난 다음에 전단을 뿌려야 하는 것처럼, 온라인도 광고를 뿌리기 전에 충분한 준비를 해둬야 합니다.

자사몰과 오픈마켓을 개설하고, 최적화된 키워드와 설득력 있는 상세페이지로 상품등록을 하고, 먼저 제품을 경험해본 고객의 진솔한 상품평과 후기를 갖추며, 내 제품과 관계된 키워드에 상위노출을 시켜서 손님들이 찾아올 길을 뚫어둬야 합니다.

돈 잘 벌기로 소문난 e커머스 회사의 전략을 분석하면 역시나 검색 마케팅과 노출 마케팅의 융합으로 매출을 만들어낸다는 점을 알 수 있습니다. 일단 파는 물건부터가 보통 다른 데에서 볼 수 없는 오리지널 기획 제품입니다. 가격은 대개 29,800원으로 높아도 50,000원을 초과하지 않습니다.

임팩트 있는 광고 소재로 노출 마케팅을 진행하여 자사몰로 고객들을 유인하는데, 결국 그들이 최종적으로 결제하는 이유는 자사몰의 상세페이지, 무수히 많은 상품평, 블로그 및 유튜브 후기 때문입니다. 특히 천

단위가 넘는 상품평 중에서 내 현재 상황과 비슷한 후기가 있어서 공감될수록 매출이 더 잘 납니다. 만약에 옷이라면 자기의 키와 체중이 몇인데 XL 사이즈를 사니까 딱 맞았으니 참고하라는 내용이죠. 내 사업체에 기획된 제품과 콘텐츠가 있다면 온라인 마케팅의 양대 산맥을 구현해보세요. 분명히 매출이 나기 시작할 것입니다.

이것만은 알고 시작해야 할 핵심 마케팅 채널

검색엔진의 특징은 제품을 사고 싶거나 정보를 알고 싶은 사람들이 키워드 검색을 해서 검색 결과를 소비한다는 점입니다. SNS처럼 짧은 시간에 많은 사람에게 노출되는 전파력은 없지만, 키워드 검색을 한다는 것은 니즈를 가진 사람들만 하므로 전환율이 높습니다.

SNS는 검색엔진과 달리 전파력이 매우 좋습니다. 피드를 올리면 계정 팔로워들 모두에게 전달되며, 공유의 공유가 맞물리면 높은 도달률을 기대할 수 있습니다. 스폰서 광고도 적은 비용으로 많은 사람에게 광고 소재를 보여줄 수 있고요. 대신 SNS는 니즈를 가진 사람이 검색하는 것이 아니라, 근본적으로 친구들하고 수다를 떨고 놀려고 애플리케이션을 켠 사람들이 중간중간 광고를 보는 방식입니다.

즉, SNS는 근본적으로 충동구매 시장이기에 큰 망설임 없이 쓸 수 있는 5만 원대 이하의 제품이 적합합니다. 특히 누구나 일상적, 보편적으로 사용하면서도 사람들의 시선을 확 사로잡는 키 비주얼이 있는 제품을 팔기 좋은 채널입니다. 이처럼 채널 자체의 특성과 채널마다 어떤 사람들이 모여있는지를 알아야 해당 채널에 가장 적합한 아이템을 선정할 수 있고, 내 아이템이 어울리지도 않는 채널에 광고비를 낭비하는 일을 피할 수 있습니다. 지금부터 간단히 특징을 살펴보겠습니다.

① 네이버 블로그

네이버는 명실상부 대한민국을 대표하는 검색엔진입니다. 검색시장 점유율 1위에 대한민국 사람 10명 중 8명은 네이버를 이용한다고 하죠. 네이버 마케팅을 잘 하려면 니즈를 가진 사람들이 키워드를 검색했을 때 노출될 콘텐츠를 배포해야 합니다. 네이버에는 블로그, 카페, 지식인 이 있는데요. 일단 블로그는 기본적으로 정보를 찾는 사람들이 많이 봅니다. 그래서 제품을 소비자가 사용하는 상황을 묘사해서 공감을 얻고, 제품으로 인해 기능적 필요 혹은 심리적 욕망이 충족되는 포스팅이 반응이 뜨겁습니다. 특히 제 3자의 긍정적인 리뷰, 후기가 검색량 많은 키워드에 상위노출 되면 매출에 큰 도움이 됩니다.

② 네이버 카페

카페는 특정 관심사가 모인 커뮤니티이기에 타깃팅된 마케팅을 하기가 매우 좋습니다. 예를 들어 유아를 위한 제품을 판다면 맘카페, 자동차용품을 판다면 자동차 커뮤니티 카페에 마케팅할 수 있겠죠. 회원이 많은 카페를 직접 소유하는 것이 가장 좋지만, 그만큼 관리와 성장에 시간이 들고 어려워서 이미 형성된 대형 커뮤니티를 이용한 마케팅이 가장 효율이 높습니다. 여기에는 카페장과 직접 제휴를 맺어서 진행하는 마케팅, 그리고 카페에 내 제품과 관련된 콘텐츠를 배포하는 카페 침투 마케팅이 있습니다.

제휴를 맺는 방법도 대문 배너 임대, 게시판 임대, 전체 쪽지 등 여러 가지가 있는데요. 제품의 경우 카페 체험단이 일반적입니다. 비용을 지급해야 하지만 어차피 어떤 제품이든 초반에는 콘텐츠를 확보해야 하므로 마중물을 넣는다고 생각하면 나쁘지 않습니다.

또 사람들은 대개 1~2개 카페에서만 활동하지 않고 여러 카페에서 활동합니다. 예를 들어 지역 맘카페에서 활동하는 주부들은 〈레몬테라스〉와 같은 대규모 카페에서도 활동할 가능성이 큽니다. 품질이 뛰어난 제품은 써보고 자기가 활동하는 카페 여러 곳에 자발적으로 후기를 올리는 사람들이 있어서 자연스러운 바이럴 효과를 노릴 수 있습니다.

카페 침투는 사람이 많이 활동하는 게시판에 광고 아닌 광고글을 올리는 방식입니다. 블로그 포스팅처럼 길게 작성할 수 없기에 간단하게 사진과 결과를 보여주는 글을 조합해서 올립니다. 광고성 게시글로 의심받으면 카페에서 쫓겨나기 때문에 비교적 규제가 덜한 카페에서는 직접 홍보하고, 규제가 강한 일부 카페는 전문 대행사에 의뢰하는 것이 좋습니다.

③ 네이버 지식인

지식인은 비교하는 유형의 글이 잘 먹힙니다. 그리고 블로그는 알아보려고 온다면 지식인은 확신을 얻으려고 오기에 객관적으로 사실(팩트)을 증명할수록 신뢰가 쌓입니다. 예를 들어 제품을 사려는데 'A 모델과 B 모델 중 뭐가 더 좋을까요?'라는 질문에는 'A 제품이 소재도 더 좋고, 브랜드 대상도 받아서 더 좋습니다'라고 증거를 제시하는 것입니다.

④ 페이스북

현재 검색 마케팅을 위한 대표 검색엔진이 네이버와 유튜브라면, 노출마케팅을 위한 대표 SNS는 페이스북과 인스타그램입니다. 광고비를 쓰면 많은 타깃 고객의 뉴스피드에 내 제품을 노출할 수 있습니다. 광고를 본 누군가는 링크를 타고 넘어가 제품을 구매하지만, 대부분 광고로 알게 된 제품을 검색엔진에 검색하기에 먼저 검색 마케팅을 끝내고 노출 마케팅을 해야 합니다.

검색 마케팅은 사람들이 원하는 제품의 카테고리 키워드를 검색해서 들어오기에 그 한 카테고리 안에서만 경쟁우위를 보여주면 되는데요. 노출 마케팅은 타깃에게 제품을 보여주면 결국 내 제품과 관계된 모든 카테고리가 경쟁상대가 됩니다. 모든 카테고리의 경쟁에서 이기려면 광고 소재를 만들 때 내 제품의 전부를 이해시켜야 하는데 주어진 시간이 워낙 짧아 현실적으로 불가능합니다. 그래서 내 제품의 셀링포인트 중 가장 임팩트 있는 하나를 콘셉트로 잡아 광고 소재를 만들어 일관성 있게 송출해야 합니다.

예를 들어 제품의 셀링포인트가 10개 있다고 한다면 이 10개 가운데 타깃 고객이 가장 반응할 셀링포인트가 뭔지 모르니까 광고 소재 10개를 만들고, 소액의 광고비를 투입해 A/B테스트(디지털 마케팅에서 2가지 이상의 시안 중 최적안을 선정하기 위해 시험하는 방법)를 해보는 겁니다. 1~10번 중 7번 콘텐츠가 가장 전환율이 높았다면 나머지 광고 소재는 전부 중지하고 7번에 예산을 몰아주는 식이죠.

우선 페이스북부터 알아보겠습니다. 페이스북에는 10~20대 학생이나 40~50대 중·장년층 유저가 많습니다. 인스타그램과 달리 꼭 사진을 올릴 필요도 없고, 글을 2,500자나 쓸 수 있어서 그런지 남성 사용자 비율이 높습니다. 페이스북 광고를 한다면 10~20대는 구매력이 없으므로 40~50 중·장년층 남성들이 좋아할 제품이 적합합니다.

⑤ 인스타그램

인스타그램은 사진에 예쁜 필터를 입혀서 업로드하는 특성상 20~40대 여성이 많이 모인 채널입니다. 여성들이 좋아하는 맛집, 다이어트, 뷰티, 의류, 반려동물용품이 잘 나갑니다. 사진으로 어필할 수 있는 직관적이고 원초적인 제품, 생각을 많이 할 필요 없는 제품이 좋습니다.

노출 마케팅의 특성상 사람들은 페이스북과 인스타그램을 보고 제품을 바로 구매하지는 않습니다. 물론 바로 구매하는 사람도 있습니다만, 대부분 이런 제품도 있다는 사실을 처음 접하면 블로그와 유튜브에 가서 구체적인 정보를 얻는 편입니다.

그렇기에 긴 설명이 필요 없으면서 가격도 저렴한 제품은 SNS에서도 충동구매로 팔릴 수 있지만, 기본적으로는 매출은 검색 마케팅과 노출 마케팅의 융합으로부터 발생하기에 검색엔진에 내 제품이나 브랜드 콘텐츠부터 작업을 끝내고 SNS는 '이런 제품이 있다' 정도로 알려주는 용도로 접근하시면 됩니다.

⑥ 유튜브

유튜브는 검색엔진이라는 점에서는 네이버와 비슷합니다. 다른 점은 네이버는 사진과 글이 중심이지만 유튜브는 동영상 중심의 채널이라서 언박싱 영상 콘텐츠가 장점입니다. 가장 생생하게 제품에 대한 설명을 많이 할 수 있는 것이죠. 또한 인플루언서에 대한 구독자들의 신뢰가 커서 이들과 제휴를 맺어 콘텐츠를 제작하면 제품이 많이 팔리는 편입니다.

하우투How To 유형의 콘텐츠 수요가 많아서 방법을 알려주면서 제품을 파는 경우가 많습니다. 예를 들어서 화장품을 판다면 인스타그램처럼 화장품 자체를 이야기하면 잘 팔리지 않지만, 화장법을 알려주면서 이 메이크업을 따라 하는데 필요한 화장품을 소개해주면 팔립니다. 동영상을 통해 정보를 전하며 제품을 팔아야 한다는 말입니다.

유튜브의 단점은 동영상이라서 내가 원하는 정보가 언제 나올지 모른다는 점입니다. 동영상을 처음부터 봐야 하는데 재생 시간도 길어서 내가 보고 싶은 그 부분만 딱 보기가 힘듭니다. 그렇기에 글과 사진으로 되어있어서 빠르게 스크롤을 내리며 내가 원하는 부분을 집중적으로 읽을 수 있는 블로그가 여전히 수요가 있는 것이죠. 유튜브의 시대임을 부정할 순 없지만, 채널마다 장·단점이 있으며 제품의 특징에 맞게 가장 적합한 채널을 활용하면 될 뿐입니다.

⑦ 오픈마켓

오픈마켓에는 네이버 스마트스토어, G마켓, 11번가, 인터파크, 옥션 등이 있습니다. 오픈마켓은 제품을 살 사람과 팔 사람이 모인 플랫폼이기에 구매 니즈를 가진 고객들이 모인다는 점에서 유입 수 대비 전환율이 높습니다. 종류가 다양한데 채널마다 나름의 특징이 있습니다. 예를 들어 스마트스토어는 네이버에서 만든 오픈마켓이기에 제품을 구매할 사람과 정보를 알아보려는 사람이 혼합되어 있습니다. G마켓에는 저가형 여성 의류가 많고, 옥션에는 남성용품이 많이 나갑니다. 11번가에는 여성 고객들이 많은 편입니다.

사려는 사람들이 많이 들어오는 만큼 내 제품이 다른 제품에 비해 경쟁우위가 있고, 가격이 저렴하면 좋은 판매 채널이 됩니다. 다만 수수료

오픈마켓 ROAS

가 높고 노출이 잘 되려면 키워드 광고를 해야 해서 광고비 부담이 제법 됩니다.

그러나 독점 판매 제품을 갖고 설득력 있는 상세페이지로 상품등록을 해놓고, 세부 키워드를 잘 잡아서 키워드 광고를 잘 걸어놓으면 보시다시피 광고수익률ROAS 3000~8000%를 만들 수도 있습니다.

저 같은 경우 스마트스토어를 제외한 나머지 오픈마켓은 제품을 입점하고 세부 키워드를 이용해서 키워드 광고만 걸어놓습니다. 그 이상의 시간과 돈을 투입하지 않습니다. 스마트스토어를 주력으로 이용하는데요. 네이버 검색으로 인한 자연 유입도 있으면서 소비자들이 네이버 페이 포인트를 받기 위해 상품평도 많이 써주어서 가장 마케팅 효과가 좋기 때문입니다.

⑧ 소셜 커머스

소셜 커머스는 쿠팡, 티몬, 위메프 3개 업체가 대표적입니다. 원래는 몇 가지 상품을 단기간에 사람을 모집해 완판하는 구조였는데 지금은 소셜 커머스만의 특색이 다 사라지고 오픈마켓과 똑같이 되어버렸습니다. 대신 소셜 커머스는 오픈마켓에 비해 노출 이벤트를 많이 연다는 장점도 있습니다. 3개의 채널 가운데 가장 추천하는 것은 쿠팡입니다. 티몬과 위메프는 둘을 합쳐야 쿠팡을 따라갈 정도로 현재 소셜 3사 중에서는 쿠팡이 압도적인데요. 사람들이 로켓배송을 정말 좋아합니다. 내 제품을 로켓배송에 입고할 수 있다면 꼭 하시길 바랍니다.

온라인 시장에서 절대로 변하지 않는 것과 늘 변하는 것

대개 판매자는 자사 제품에 나름의 자부심이 있기에 노출만 되면 판매가 잘 될 것이라고 믿습니다. 노출되어야 제품이 팔린다는 건 논리적으로 따져봐도 틀린 말이 아니고, 마케팅 대행사에서도 수치화해서 측정하기 힘든 기획보다는 보고서를 쓰기 쉬운 노출을 중심으로 일 처리를 하기에 많은 사장님이 노출과 유입률을 중시하는 모습을 볼 수 있습니다.

저 역시 온라인 제품 판매를 처음 시작했을 무렵 마케팅은 노출이 전부라고 생각했습니다. 검색량이 많은 키워드에 내 제품이 상위노출 되고, SNS에서 백만 뷰를 달성하면 일확천금이 굴러온다고 생각했었죠. 실제 온라인 마케팅 초창기에는 노출만 해도 제품이 잘 팔리던 시절이 있었습니다.

그러나 여기까지 셀링마케팅의 전체 그림을 배우신 여러분은 잘 아실 겁니다. 노출은 매출을 구성하는 세 요소 중 한 축에 불과하다는 것을요. 전환과 객단가를 무시하고 마케팅 채널에만 매출을 의존하는 것은 위험한 선택입니다.

마케팅 채널의 트렌드는 항상 변하기 때문입니다. 지금 가장 유망한 마케팅 채널은 '네이버, 인스타그램, 유튜브'입니다. 그런데 아시다시피 온라인 마케팅은 변화가 매우 빠른 분야입니다. 각 채널의 상위노출 알고리즘도 계속해서 변하고 있으며, 지금의 3대장도 언제 교체될지 모릅니다.

초창기만 하더라도 사람들은 야후와 다음을 썼지만, 지금은 모두 네이버를 사용합니다. 다들 기억하실지 모르겠지만 오버추어라고 키워드 광고 시장의 선구자가 있었습니다. 2003년 야후에 인수된 이후 구글 에드워즈가 성장해서 지금은 기억하는 사람도 적은데요.

SNS도 처음에는 카카오스토리가 대세였는데 페이스북이 유행하더니 지금은 인스타그램이 왕좌를 차지했습니다. 지금 가장 앞날이 창창한 채널은 유튜브지만, 어떤 새로운 웹사이트나 애플리케이션이 생겨서 1등을 뺏을지는 아무도 모르는 일입니다.

스마트폰이 보급되면서 매스미디어가 밀려나고 온라인 시장이 대세가 된 것처럼, 지금보다 기술이 더 발전하면 인터넷을 밀어낼 새로운 마케팅 채널이 등장할지도 모릅니다. VR이나 가상현실이 그 일을 해낼지도 모르고요. 프롤로그에서도 말씀드린 것과 같이 마케팅에는 변하는 것도 있지만, 동시에 변하지 않는 것도 있습니다. 마케팅 채널은 항상 변하지만, 기획은 불변합니다. 시장조사를 통해 타깃 고객의 니즈와 원츠를 읽어내고, 차별화된 상품을 기획하며, 콘셉트와 콘텐츠를 기획하는 일은 트렌드가 바뀌어서 지금 우리에게 익숙한 마케팅 채널이 전부 물갈이가 되더라도 여전히 유효합니다. 이와 관련해서 블랭크 코퍼레이션 남대광 대표가 한 말이 있습니다.

"소셜 미디어에 종속됐다고 생각하지는 않습니다. 페이스북이 잘 안 되더라도 사람들이 몰리는 곳은 분명 존재하고, 우리는 그 길목에 서서 사람들을 가장 효과적으로 설득할 수 있는 영상을 보여줄 겁니다."

마케팅 채널이 변하더라도 내 제품의 타깃 고객에게 기획된 콘텐츠를 보여준다는 판매의 본질은 변하지 않습니다. 그렇기에 불변하는 영역인 시장조사, 상품기획, 콘텐츠 기획을 마스터하면 마케팅 노출은 때에 따라 응용만 하면 됩니다. 제가 베트남 해외 마케팅을 성공시킬 수 있었던 이유가 여기에 있습니다. 환경이 바뀌어도 판매의 본질은 변하지 않기에 저는 우리나라에서 하던 대로 시장과 소비자를 조사하고, 상품과 콘텐츠를 기획했습니다. 다만 소비자가 모이는 마케팅 채널이 우리나라와는 달랐기에 이 부분만 변용했을 뿐입니다.

당시 사장님은 이미 베트남 시장에 진출해서 사업 하나를 성공시킨 상태였습니다. 사업 확장을 계획하던 도중 한류열풍이 불어 베트남에도 K-뷰티의 인기가 치솟자 화장품을 팔아보기로 한 것이죠. 베트남에서 자사 브랜드의 시장점유율을 높이고 싶다고 저에게 연락이 온 것입니다.

어떻게 하면 더 화장품을 잘 팔 수 있을지 전반적인 상황조사부터 들어갔습니다. 그동안 어떤 제품을 갖고 어떤 식으로 콘텐츠를 만들고 마케팅을 해왔는지, 또 베트남의 시장은 우리나라와 어떤 점에서 다른지 하나하나 정보를 취합했습니다. 다행히 사장님이 통역을 지원해주셨기 때문에 시장조사는 어렵지 않았습니다.

베트남의 마케팅 채널은 우리나라와 확연하게 달랐습니다. 일단 네이버 같은 베트남의 토종 검색엔진이 없었습니다. 나중에 알게 된 사실입니다만, 대부분 국가가 구글을 사용하기에 우리나라처럼 자국 검색엔진을 쓰는 나라가 오히려 특이한 사례더군요. 궁금한 것이 있으면 블로그와 지식인을 주로 보는 우리나라와 달리, 베트남 사람들은 정보를 알아볼 때 구글이나 페이스북에 검색했습니다.

또 한 가지 오픈마켓이 있긴 했지만 우리나라의 스마트스토어, 지마켓, 옥션, 11번가처럼 규모가 크지 않았습니다. 그래서 대부분 제품이 회사 공식 홈페이지나 자사몰에서 판매가 되고 있었습니다.

마케팅의 전체적인 프로세스는 자사몰에 상품등록을 하고, 페이스북 광고로 제품을 알리고, 링크를 타고 넘어온 고객에게 판매하는 2단계였습니다. 광고 소재는 주로 '핫걸'이라고 중국의 왕홍과 같은 베트남 뷰티

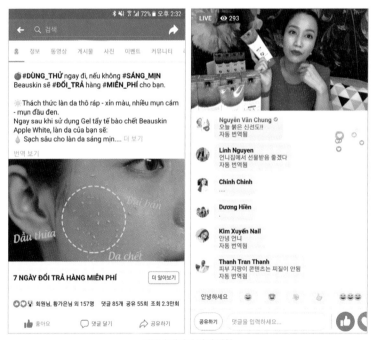

베트남 마케팅 진행 현황

인플루언서를 섭외해 영상을 촬영했고요.

할 수 있는 모든 마케팅을 총동원하고 있는데도 광고비만 나가고 정작 매출은 잘 나지 않았습니다. 시장 상황을 보니까 확실히 불리한 면이 있었습니다. 한류열풍으로 우리나라 화장품 자체는 반기는 분위기였지만, 그 수요를 노려서 이미 비슷한 한국산 화장품이 여러 개 진출해있었거든요.

개중에는 가격이 저렴한 브랜드도 있고, 정식유통망 바깥에서 보따리상이 우리나라에서 대량으로 제품을 가져와서 파는 등 유통환경이 정상적이지 않았습니다. 경쟁사는 많은데 타깃 고객인 베트남 회사원들 평균 연봉은 우리나라 최저임금의 6분의 1 정도였죠. 주머니 사정이 있다보니 소비자들이 우리나라 화장품 중에서도 웬만해서는 싼 것을 찾았습니다.

심지어 베트남제 화장품은 한국 화장품 가격의 10분의 1 수준이었습니다. 시장 자체가 이러니 대부분 회사가 저가 공세로 승부를 보더군요. 그렇다고 우리까지 가격을 내리자니 이윤을 따져봤을 때 수익성이 적었습니다. 결국 가격은 건드리지 않은 채 저가 화장품들 사이에서 시장을 개척해야 했는데요. 큰 방향이 정해지고 나니 해야 할 일은 분명했습니다.

노출하는데도 불구하고 광고비만 나가고 매출이 일어나지 않는 이유는 기획의 부재였습니다. 인식이 좋은 우리나라 화장품이기는 하지만 다른 저가의 우리나라 화장품에 비해 어떤 점이 다른지 자사몰 콘텐츠에 경쟁우위가 표현되지 않았습니다. 광고 소재로 송출하는 페이스북 영상에도 이 화장품만의 고유한 콘셉트나 차별화 포인트가 하나도 설명되지 않았고요.

예를 들어 뷰스킨의 대표 제품 중 하나로 립스틱이 있었습니다. 이 제품은 시장의 많고 많은 립스틱 가운데 찔레나무 추출물로 만들었다는 차별화 점이 있었습니다. 그래서 상품기획을 하면서 '찔레나무 추출물로 만들었다'는 콘셉트를 잡았습니다.

사람들이 립스틱을 사려는 이유는 당연히 아름다움을 위해서입니다. 그런데 당시 베트남에서 파는 립스틱 대부분이 납 성분이 포함된 화학물질 화장품이 많았습니다. 이런 립스틱은 단기적으로는 예쁘게 꾸밀 수 있어도, 장기적으로 피부가 손상되기에 이 점을 깊이 파고들었습니다.

'피부를 망치지 않는 천연 화장품'이라는 콘셉트가 잡혔으니, 나머지는 이 콘셉트를 소비자들에게 핵심메시지가 잘 전해지도록 전달하는 것이 관건이었습니다. 광고 소재 동영상을 만들 때 립스틱과 함께 '싱싱하고 푸르른 찔레나무 숲'을 보여줘 자연의 느낌을 강조했습니다.

사람이 찔레나무 립스틱을 입술에 바르고 쌀국수를 먹는 장면을 넣었습니다. 립스틱을 칠한 다음 쌀국수를 먹고, 물로 씻고 양치질을 해도 번지지 않는 장면을 넣어 기능성을 과시했습니다. 심지어 립스틱을 깨물어 먹는 키 비주얼을 넣어 천연성분이라 먹어도 될 정도로 안전하다고 어필했습니다.

페이스북 영상을 보고 난 다음 링크를 타고 도착할 홈페이지에도 대대적인 수정을 가했습니다. 기존의 상세페이지는 제품의 장점만 나열했는데 소비자 편익과 더불어 5W1H를 적극적으로 반영했습니다. 신뢰를 주기 위해 정식으로 관세를 내고 들어온 '메이드 인 코리아 제품'임을 강조했습니다.

유통환경이 무너져 개중에는 메이드 인 차이나 짝퉁이 우리나라 화장품으로 둔갑해 들어오는 제품도 많았습니다. 베트남이 역사적으로 중국에 대해 안 좋은 감정도 있고, 중국산 싸구려는 품질이 나쁘다는 인식이 있었기에 우리나라 제품을 정식 수입한다는 발언이 반응이 좋았습니다.

더 신뢰를 얻으려면 제 3자의 진솔한 후기를 확보해야 하는데 우리나라에서는 체험단 마케팅을 하지만 토종 검색엔진이 없는 베트남에서는 인플루언서 마케팅으로 대체했습니다. 팔로워가 많은 메가 인플루언서, 팔로워가 적은 마이크로 인플루언서, 일반인 3개의 그룹을 만들어 최대한 많은 고객 후기와 리뷰를 확보했습니다. 광고를 송출한 다음에는 페이스북 광고 분석과 홈페이지에 심어놓은 구글 애널리틱스 분석으로 계속 수정 보완을 반복했습니다. 어떤 키워드로 홈페이지에 들어오는지 조사하고 내 제품과 관련된 키워드로 콘텐츠를 만들어 구글 검색 유입을 늘렸습니다.

화룡점정으로 '써보고 마음에 안 들면 7일 이내 환불을 해주겠다'라는 공약을 걸자 판매량이 급증하기 시작했습니다. 제품은 하나도 달라지지 않았습니다. 단지 시장환경과 경쟁사를 살펴서 주력 제품을 선정하고, 상품기획으로 콘셉트를 정하고, 콘텐츠 기획을 통해 상세페이지와 광고 소재를 바꿨을 뿐입니다. 마케팅 노출은 이전과 동일하게 진행했지만, 결과는 확연하게 달랐습니다.

우리나라는 네이버·오픈마켓·SNS·TV 광고 등을 활용해 검색 마케팅과 노출 마케팅을 융합했다면, 베트남은 자사몰·구글·페이스북을 활용해 검색 마케팅과 노출 마케팅을 융합하여 매출을 만들었습니다. 마케팅 채널의 차이가 있을 뿐으로 유입, 전환, 객단가를 높이기 위해 시장조사, 제품 & 콘텐츠 기획, 마케팅 노출이라는 도미노를 배열하고 쓰러뜨리는 과정은 똑같았습니다.

많은 사장님들이 마케팅을 잘하는 건 최대한 많이 노출하는 것이라고 착각하는데 국내 마케팅과 베트남 해외 마케팅 사례를 보면 알 수 있다시피 변하지 않는 본질에 해당하는 상품기획, 콘텐츠 기획이 가장 중요하고 노출은 그때그때 환경에 맞게끔 하면 됩니다. 노출 채널은 계속해서 변하는 것이니까 핫한 채널 뒤꽁무니를 계속 쫓아다니는 사장님들이 많은데요. 매출이 안 나는 건 채널의 문제가 아니라 기획의 문제일 확률이 크다는 것입니다. 기획을 빼먹고 노출만 잘 해봐야 제품은 하나도 안 팔리고 광고비만 낭비하게 되고, 반면에 기획만 잘 세워놓았다면 내 잠재고객이 많이 모인 곳은 우리나라든 베트남이든 항상 있을 것이기 때문에 그것을 알아내고 이용하면 됩니다. 우리나라의 경우 네이버, 오픈마켓, SNS, 유튜브, 배너광고 등이 될 것이고 베트남은 네이버, 오픈마켓이 없고 자사몰, 구글, 페이스북이라는 채널의 차이가 있었을 뿐 결국 상품기획과 콘텐츠 기획을 잘하면 절반은 성공합니다.

어떻게 내 제품을 사게 된 걸까?
소비자 구매경로의 법칙

이것만은 늘 머릿속에 저장하자, 소비자 구매경로 AISCAS

마케팅 노출과 유입률을 공부하면서 가장 먼저 검색 마케팅과 노출 마케팅이라는 큰 그림을 그려봤습니다. 다음으로 알아야 할 중요한 개념이 바로 온라인 소비자 구매경로 AISCAS입니다. 소비자 행동학에 나오는 개념을 제가 온라인 제품 판매에 맞춰 가다듬은 이론인데요.

지피지기 백전불태知彼知己百戰不殆라는 말도 있듯이 온라인에서 제품을 잘 팔기 위해서는 온라인에서 고객들이 어떻게 움직이는지를 알아야 합니다. 사람들은 언제 제품을 구매할까요? 간단히 말해 플러스(+)나 마이너스(-)를 느낄 때 온라인으로 제품을 찾아보기 시작합니다.

지금 내 현재 위치를 0으로 가정하겠습니다. 갑자기 문제가 발생해서 내 상태가 0에서 -로 내려갔습니다. 다시 0으로 되돌려야만 하는 결핍이 생겨난 것이죠. 이때 사람은 마이너스를 충족시켜서 제로로 되돌리기 위해 제품을 구매합니다. 혹은 딱히 문제가 생긴 건 아니지만 지금 상태보다 더 좋아 보이는 +를 발견할 때 사람은 현재 위치에서 더 높은 곳으로 가고 싶어 합니다. 실제 우리는 신분 상승이나 재산증식을 계획하고, 웰빙라이프를 위해 건강관리를 하는 등 지금보다 더 높은 삶의 질을 추구하는 경향이 있습니다.

그래서 마케터는 항상 타깃 고객들에게 이상향(+)을 보여주고 여기로 올라와야 한다고 충동을 일으키거나, 혹은 이 제품이 있으면 지금 겪고 있는 고통(-)을 근절할 수 있다고 가려운 부분을 긁어줘서 구매로 향하는 첫 관문을 열어줘야 합니다.

이처럼 플러스와 마이너스는 제품을 구매하려는 동기이고, 이 동기가 발생하는 원인은 2가지입니다. 내적 자극 아니면 외적 자극이죠. 예를 들어 사람은 시간이 지나면 배가 고파집니다. 회사에서 프린트를 계속하면 A4 용지가 바닥이 나죠. 집에서 생활하면 크리넥스, 화장품이 다 떨어집니다. 이처럼 외부의 개입 없이 스스로 필요함을 느끼게 되는 걸 내적 자극이라 부릅니다.

반대로 외적 자극은 웹서핑하다가 눈에 띄는 배너광고를 클릭한다거나, 대중교통에서 스마트폰으로 유튜브를 보다가 광고를 시청하거나, TV를 보는데 국외 여행 프로그램을 시청하고 관심이 생기거나, 홈쇼핑을 보면서 구매 충동이 드는 경우를 말합니다. 누군가가 만들어낸 마케팅 콘텐츠에 자극받아 구매동기가 생기는 것이죠.

이때 구매하려는 제품이 가격도 저렴하고 쇼핑 실패 시의 리스크도 적은 저관여 제품이라면 금방 구매 결정을 내립니다. 예전에 쓰던 걸 또 사서 쓰거나, 충동구매를 하거나, 간단한 조사만 하고 바로 결제합니다. 그러나 가격대가 비싸고 리스크도 큰 고관여 제품이라면 주변 지인들에게 물어보고, 블로그와 유튜브 후기를 꼼꼼하게 읽어보며 오픈마켓 상품평도 참고하면서 여러 회사의 모델을 비교한 끝에 마일리지와 쿠폰을 써서 최저가로 구매합니다. 이 과정을 다시 한번 정리해볼까요?

Attention 주의 ➡ 내적 자극, 외적 자극을 통해 0에서 -가 되거나 0에서 +를 알게 되는 단계

Interest 흥미 ➡ -를 0으로 돌리거나, 0에서 +로 나아가기 위해 제품에 흥미를 느끼는 단계

Search 검색 ➡ 어떤 제품이 가장 적합한지 탐색하는 단계

Comparison 비교 ➡ 검색을 통해 추려낸 후보 제품들을 비교하는 단계

Action 구매 ➡ 여러 모델 가운데 최종적으로 하나를 구매하는 단계

Share 공유 ➡ 사용 결과 만족했거나 불만족한 경험을 상품평 및 지인들에게 공유하는 단계

어러분이 온라인으로 물건을 샀을 때를 잘 상기해보면 대개 AISCAS 단계를 거쳤을 것입니다. 하지만 이렇게만 말하면 조금 추상적이라서 직관적으로 이해되지는 않으시죠? 실제 사례를 통해 좀 더 구체적으로

설명해 드리겠습니다.

주의 Attention

여러분은 사무실에서 일하다가 문득 달력을 봤습니다. 현재 날짜는 4월 29일. 곧 있으면 5월이 됩니다. 5월의 공휴일을 체크하던 당신은 5월 8일 어버이날이 다가오고 있음을 인지했습니다. 자식 된 도리로 마땅히 부모님에게 효도해야겠죠? 0에서 효자나 효녀 노릇을 해야겠다는 플러스가 생기는 순간입니다.

흥미 Interest

기념일을 안 챙기는 분들도 있겠으나 이야기의 원활한 진행을 위해 여기서는 어버이날을 챙긴다고 가정하겠습니다. 여러분과 직접 관계된 일이기 때문에 '올해는 어떤 선물을 해드려야 부모님이 기뻐하실까' 흥미가 동하기 시작합니다. 그래서 부모님이 평소에 뭘 좋아하시나, 최근 뭐 필요하신 건 없나 곰곰이 생각해봅니다.

검색 Search

몇 가지 선물 후보가 떠오릅니다. 그러나 더 멋진 선물이 있을 가능성도 있기에 여러분은 컴퓨터나 모바일로 검색을 시작했습니다. 네이버, SNS, 유튜브 등에 '어버이날 선물', '어버이날 선물 추천' 등의 키워드로 검색해 콘텐츠를 읽기 시작합니다. 그러자 다양한 추천 제품이 나왔습니다. 부모님의 건강을 생각해서 정관장 홍삼을 사드려라, 요즘 대세인 효도 성형이라고 들어는 보았는가, 국외 여행을 한 번 보내드려라, 피로를 쫙 푸시라고 안마의자를 사드려라, 뭐니 뭐니해도 금일봉이 최고다. 그런데 그냥 돈으로 주면 성의가 없어 보이니 멋들어진 용돈 박스에 넣어서 드려라……

비교 Comparison

홍삼, 효도 성형, 국외 여행, 안마의자, 용돈 박스… 이것도 저것도 부모님이 좋아하실 거 같아 여러분은 고민에 빠집니다. 만약에 이 선물을 해드렸을 때 부모님의 반응이 어떨까 간접체험을 하려고 각각의 키워드로 검색해서 후기를 읽기 시작합니다. 흠, 어떤 건 좋아하실 것 같은데 어떤 건 우리 부모님은 별로 좋아하실 것 같지 않습니다. 그렇게 부모님의 성향과 예산의 한계를 생각해서 후보를 하나둘 지워나가기 시작합니다.

구매 Action

결국 여러분이 선택한 어버이날 선물은 용돈 박스였습니다. 작년에 한우를 선물했지만 "소고기도 좋지만, 기왕이면 돈으로 주지"라는 부모님의 말씀이 큰 영향을 미쳤죠. 실제 통계를 보아도 부모님들이 원하는 어비이날 신물 부동의 1위는 현금이라고 합니다. 게다가 용돈 박스는 상품평도 좋았습니다. 그냥 봉투에 돈 넣어서 드리는 것보다 부모님들이 훨씬 감동하더라는 내용이 마음을 움직였죠. 후기를 참고해서 용돈 박스에 자필 편지를 같이 넣어서 선물을 드리기로 합니다.

공유Share

5월 8일 여러분은 퇴근 후 바로 집에 들러 부모님에게 용돈 박스를 선물해드렸습니다. 쇼핑백에서 꽃장식으로 예쁘게 꾸며진 용돈 박스를 본 부모님들은 매우 기뻐했습니다. 적어도 작년에 사드렸던 한우보다는 훨씬 기뻐하셨죠. 모처럼 효도를 하고 효자나 효녀가 된 여러분은 기분이 좋아져서 쇼핑몰에 긍정적인 상품평을 남겼습니다. 그리고 또 내년 4월 회사에서 동료들끼리 올해 어버이날 선물로 뭘 해드릴지 모르겠다는 말이 나오면 용돈 박스를 선물해드렸던 이야기를 꺼낼 것입니다.

보이지 않는 고객들도 저절로 제품을 사게 하는 비밀의 통로 만드는 법

어버이날 선물 예시를 통해 소비자들이 온라인 쇼핑을 할 때 AISCAS의 순서대로 행동한다는 것은 이해가 되셨을 겁니다. 이번에는 셀링마케팅의 전체 프로세스에서 AISCAS가 어떻게 작동하는지 보여드리도록 하겠습니다.

사람은 살아가면서 다양한 제품과 서비스가 필요합니다. 그런 고객의 니즈와 원츠의 집합체가 바로 시장입니다. 시장의 수요가 있으면 제품의 공급도 있겠죠. 판매자는 시장의 수요와 제품의 공급 사이에 AISCAS라는 깔때기를 놓아서 이익을 창출합니다. 이 깔때기는 마케팅

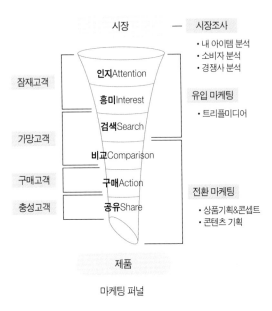

마케팅 퍼널

퍼널Marketing Funnel이라고 부르는데요. 판매자가 제품을 시장에 내놓으면 바로 팔리지는 않습니다. 맨 처음에는 우리 제품이 있다는 것을 모르는 잠재고객밖에 없으니까요. 그러나 우리 제품을 구매해줄 구매고객은 분명히 그 잠재고객 안에 있습니다.

　이 잠재고객들을 대상으로 마케팅을 해서 널리 알리면 많고 많은 사람 중 일부가 우리 제품을 인지Attention할 것입니다. 나는 이런 제품 필요 없다고 바로 관심을 끊는 고객도 있겠지만, 어떤 고객은 '이런 게 다 있네?' 하고 흥미Interest를 느낄 것입니다. 이렇게 흥미를 느낀 고객들은 좀 더 자세한 정보를 알아보기 위해 검색Search하고 비슷한 제품들을 비교Comparison해서 최종적으로 내 제품을 구매Action합니다. 사용해

보고 만족하면 좋은 후기를 지인들과 공유Share할 것입니다. 이처럼 시장의 잠재고객들은 인지Attention ⇨ 흥미Interest ⇨ 검색Search ⇨ 비교Comparison ⇨ 구매Action ⇨ 공유Share라는 총 6단계를 거치면서 잠재고객 중 일부가 가망고객이 되고, 가망고객 중 일부가 구매고객이 되며, 구매고객 중 일부가 내 제품의 충성고객으로 변화합니다.

마치 깔때기에 물을 붓는 것과도 같습니다. 내 제품에 큰 깔때기를 꽂고 비용을 들여서 마케팅하면 시장이라는 거대한 바닷물 일부를 끌어들일 수 있습니다. 그러나 온라인의 깔때기는 현실의 깔때기와 달리 완전하지 않아 곳곳에 미세한 균열이 있죠.

잠재고객 1,000명, 10,000명이 한꺼번에 몰려들어도 균열로부터 누수가 발생해 마케팅 퍼널 6단계를 전부 거치면 대부분이 빠져나가고, 극히 일부만 충성고객이 됩니다. 현실의 깔때기처럼 하나도 새지 않아 100명에게 알려서 100명이 충성고객이 되면 좋겠지만, 그것은 불가능합니다.

매출이 가장 높은 대기업조차도 불완전한 깔때기를 갖고 있습니다. 다만 작은 회사보다 자본, 인력이 많아 우수한 직원들이 열심히 깔때기를 보수 공사해서 더 누수가 없는 깔때기를 만들 뿐입니다. 마케터는 항상 잠재고객의 바다인 시장에서 바닷물을 끌어들일 때 누수 없이 최대한 많은 충성고객을 획득하려고 애씁니다. 우리가 해야 할 일은 무턱대고 바닷물을 끌어들이기 이전에 최대한 새지 않는 마케팅 퍼널을 구축하는 일입니다.

방법은 간단합니다. AISCAS를 거꾸로 뒤집어서 준비하면 됩니다. 어버이날 선물의 사례처럼 고객들은 외적, 내적 자극을 받으면 관련 키워드로 검색하고, 제품 상세페이지와 상품평을 읽으며, 마지막으로 유튜브 언박싱 영상이나 블로그 후기 등을 읽고 구매 여부를 결정합니다.

소비자들이 움직이는 순서와 똑같이 마케팅 하겠다며 SNS 광고부터 해도 될까요? 상품등록도 되어있지 않는데 광고부터 해봐야 아무 소용 없겠죠? 따라서 판매자는 AISCAS의 제일 끝에 있는 공유Share부터 시작해서 구매Action, 비교Comparison, 검색Search, 흥미Interest, 인지Attention의 순서대로 거슬러 올라가 준비해야 합니다.

충성고객을 만들기 위해서는 시장조사와 상품기획을 통해 저렴한 가격에 그들이 원하는 가치를 주는 제품을 개발해야 합니다. 구매고객을 만들기 위해서는 스토어에 상품을 등록하고 설득력 있는 상세페이지를 만들어야 합니다. 검색하고 비교하는 고객들로부터 경쟁사를 제치고 선택받기 위해서는 양질의 상품평과 체험단 콘텐츠를 확보해야 합니다. 내 타깃 고객이 모여서 활동하는 마케팅 채널에서 내 제품에 대해 어떻게 이야기를 하고 있는지 알아야 하고, 긍정적인 리뷰와 후기가 검색량 많은 키워드에 노출되게끔 해야 합니다.

이 단계가 다 끝난 다음에야 내 제품의 존재를 인지시키고 흥미를 품도록 임팩트 있는 광고 소재를 제작해서 채널에 노출해야 합니다. 밑에서부디 차근차근 마케팅 퍼널을 쌓아올린다고 생각해주세요.

깔때기를 위쪽부터 만들고 아래쪽을 완공하지 못한 상태로 물을 부으면 밑 빠진 독에 물 붓기밖에 되지 않습니다. 하지만 밑부터 만들기 시작하면 처음부터 많은 물을 소화하진 못하더라도 적어도 조금이나마 담아서 병 안으로 흘러보낼 수 있죠.

고객이 움직이는 경로마다 노출마케팅 광고 소재, 검색 마케팅 리뷰, 언박싱 영상, 블로그 후기, 제품 상세페이지 등 각 마케팅 채널의 결에 맞으면서 내 제품과 관련된 콘텐츠로 천라지망을 펼쳐놓으면 타깃 고객이 어디서 어떻게 활동을 하더라도 내 제품을 알게 되고, 사게 됩니다. 처음 마케팅 퍼널을 구축하고 콘텐츠의 그물을 깔아두는 작업은 많은 시간과 비용을 요구하지만, 한 번 시스템이 구축되면 나중에는 관리만 해주더라도 지속적으로 상세페이지에 가망고객이 유입되고, 이들이 구매고객으로 전환되기에 매출이 높아집니다. 그러니 일회성 이벤트에 집중하지 말고 조금 힘들더라도 마케팅 퍼널을 구축하기 위한 노력이 필요합니다.

이것만 알고 가면 키워드 고민 끝, 키워드의 법칙

왜 다들 키워드에 목을 매는 가

앞서 마케팅은 크게 검색 마케팅과 노출 마케팅 2가지가 있으며 직접적으로 매출이 나오는 곳은 검색 마케팅이라고 했습니다. 노출은 타깃 집단 중심인데 검색은 키워드 중심이고 키워드를 검색하는 사람들은 그 자체로 니즈를 품고 있기에 전환율이 높습니다.

지금부터는 검색 마케팅을 시작하기 위해 꼭 알아야 하는 키워드를 설명하겠습니다. 검색 마케팅은 채널을 불문하고 키워드를 쓴다는 공통점이 있습니다. 우리는 매일매일 네이버, 구글, 유튜브에 키워드를 검색하고, 인스타그램에서는 해시태그를 검색해서 정보를 소비하고 공유하죠.

하루에도 시도 때도 없이 검색엔진에 키워드를 입력하고, 검색 결과로 뜨는 콘텐츠를 소비하면서 살아갑니다. 당연히 개중에는 제품을 사려고 하는 쇼핑 관련된 키워드도 정말 많죠. 통계적으로 네이버 하나만 따져도 하루 검색 수가 억대가 넘어간다고 하는데, 그중 20~30% 정도가 물건을 사려는 쇼핑 관련 키워드라고 합니다. 따라서 키워드를 모르고서는 온라인 마케팅을 할 수 없는 것입니다.

키워드란 무엇일까요? 그것은 고객의 생각을 글자로 표현한 것입니다. 현재 사람들의 생각을 단어로 표현한 거라고 정의를 내릴 수 있습니다. AISCAS의 사례에서 보았던 것처럼, 사람들은 제품을 살 때 탐색 과정과 구매 과정을 거칩니다.

예를 들어 노트북 한 대를 사더라도 자기 상황에 맞게 '대학생 노트북 추천, 가성비 노트북 추천, ○○만 원대 노트북 추천' 같은 키워드로 정보를 먼저 알아본 다음에 17ZD90N-VX70K 같은 구체적인 모델명을 검색해서 구매하죠. 이때 나에게 맞는 모델을 알아내기 위해 검색한 키워드를 정보성 키워드, 제품을 사려고 검색한 모델명을 구매성 키워드라고 부릅니다.

정보탐색을 위해 키워드를 검색하든, 아니면 구매 목적으로 키워드를 검색하든 키워드 검색을 한 사람은 니즈가 있는 가망고객입니다. 여기서 중요한 것은 '제품은 하나라도 이 한 제품과 관계된 키워드는 많다'는 것입니다. 예를 들어 텀블러를 판다고 했을 때 누구는 텀블러라고 검색을 하지만 누구는 보온병이나 물병 키워드로 검색합니다.

검색하는 사람들이 하도 많아서 이런 동의어 키워드가 반드시 발생합니다. 이는 제품의 시장성을 알아내는 방법이기도 합니다. 큰 시장일수록 한 제품을 검색하는 단어 수가 다양하고, 키워드 검색량 총합이 높습니다. 수요가 큰 시장인 거죠. 보통 수요가 많으면 공급이 많지만, 잘 찾아보면 검색량이 제법 되면서도 공급은 적은 틈새시장도 발견할 수 있습니다.

제품이 다양한 키워드로 표현되더라도 많은 키워드 가운데 내 제품 특징과 고려해서 문맥이 맞지 않는 것, 연결고리로 엮을 수 없는 키워드는 다 걸러내야 합니다. 모든 키워드는 다 나름 검색되는 배경이 있습니다. 누가 무엇을 알고 싶어서 이 키워드를 검색하는지 파악해야 그들이 원하는 정보를 주고, 원하는 제품을 보여주어 구매전환을 만들 수 있습니다.

이런 맥락을 무시하고 하나라도 더 많은 키워드에 노출하겠다고 욕심을 부려봐야 키워드와 제품이 매칭이 안 되면 소비자를 기만하는 것밖에 되지 않기에 전환율도 떨어지고 안 좋은 상품평이 반드시 생깁니다.

예를 들어 내가 거실에 놓는 스탠드형 선풍기를 파는데 외출할 때 들고 다니며 얼굴에 쐬는 핸디 선풍기 키워드에 광고와 콘텐츠를 노출해봐야 무의미합니다. 두 선풍기를 찾는 소비자 맥락이 전혀 다르니까요. 어차피 키워드는 넘쳐나기에 가장 제품과 매치가 잘 되는 키워드 그룹에만 자원을 집중해도 모자랄 판입니다.

추출한 키워드는 상품등록, 콘텐츠 상위노출, 키워드 광고 등에 쓰입니다. 우리가 해야 할 일은 사람들이 많이 검색하는 키워드 중 내 제품과 연결고리를 엮을 수 있는 키워드를 골라서 검색 광고를 걸고, 콘텐츠를 제작해서 상위노출하고, 상품등록에 사용하는 것입니다. 저는 키워드를 쓰임새에 따라 3가지 종류로 분류하는데요. 이에 대해 지금부터 알아보도록 하겠습니다.

이것이 3대 핵심 키워드다

마케터들은 편의상 여러 분류체계로 키워드를 구분합니다. 앞에서 잠깐 언급한 정보성 키워드와 구매성 키워드의 구분도 그중 하나고요. 가장 널리 쓰이는 전통적인 구분법은 대표 키워드와 세부 키워드의 구분입니다. 대표 키워드는 말 그대로 카테고리를 대표하는 키워드를 말합니다. 예를 들어 노트북, 전기히터, 텀블러 같은 키워드는 제품 카테고리 그 자체인 키워드죠. 검색량은 많지만 상위노출도 힘들고 전환율도 떨어집니다. 대표 키워드는 사람들이 구매보다는 구체적인 제품모델을 찾기 위한 정보탐색용으로 검색하는 경우가 많으니까요.

　반면에 세부 키워드는 대표 키워드에서 범위를 한 단계 더 좁힌 키워드를 말합니다. 게이밍 노트북, 사무실 전기히터, 스테인리스 텀블러 같은 키워드는 앞에 단어 하나가 더 붙었을 뿐이지만 타깃 고객이 확 좁아집니다. 많고 많은 노트북 가운데 사무 용도가 아닌 게임을 할 수 있는 고사양 노트북, 많고 많은 전기히터 가운데 사무실에 놓고 쓸 히터, 많고 많은 텀블러 가운데 재질이 스테인리스로 된 텀블러로 보다 디테일해졌습니다. 이처럼 구체적인 세부 키워드는 대표 키워드보다 검색량은 적

연관키워드 ?		월간검색수 ?	
		PC	모바일
게이밍노트북		40,100	98,600
노트북		129,100	495,200
노트북추천		17,500	80,100
게이밍노트북추천		2,130	4,920
17Z90N-VA76K		1,240	1,330

대표 키워드의 세부 키워드

지만 전환율은 높다는 특징이 있습니다. 사람들은 대표 키워드로 노트북, 히터, 텀블러는 어떤 종류가 있는지 공부한 다음 자기 상황에 최적화된 세부 키워드를 검색해서 구매합니다.

한 달에 62만 4,300번 검색되는 노트북은 대표 키워드입니다. 여기서 포괄적인 정보를 알아본 사람은 '게이밍노트북, 게이밍노트북추천' 등 세부 키워드를 검색합니다. 대표 키워드에 비해 검색량이 확 줄어든 모습을 볼 수 있는데요.

세부 키워드를 더더욱 좁히면 17Z90N-VA76K라는 구체적인 제품명, 모델명을 검색하게 됩니다. 먼저 구매해서 써본 사람들의 리뷰와 후기를 읽고 자사몰 혹은 오픈마켓 등에서 주문할 것입니다. 실제로 '17Z90N-VA76K 후기' 같은 키워드는 검색량은 적어도 전환율은 제일 높습니다.

정보성 키워드와 구매성 키워드, 그리고 대표 키워드와 세부 키워드의 구분은 이 정도면 충분히 이해될 것입니다. 이번에는 제가 따로 쓰는

전체추가	연관키워드 ⑦		월간검색수 ⑦	
			PC ⇕	모바일 ⇕
추가	보온보냉텀블러		1,060	7,160
추가	스텐텀블러		2,130	11,300
추가	대용량텀블러		1,810	6,860
추가	아이스텀블러		430	2,160
추가	텀블러		31,500	120,900

노출 키워드

키워드 구분법을 알려드리겠습니다. 저는 상품기획을 마치고 키워드를 조사할 때 노출 키워드, 매출 키워드, 내 키워드 3가지로 분류해서 정리해둡니다.

노출키워드는 내 제품을 노출하는 키워드로 유입률을 높이는 데 사용하는 키워드입니다. 사람들이 네이버, 오픈마켓에 검색했을 때 제품을 띄우기 위한 상품등록 키워드, 그리고 검색 광고 용도로 사용합니다.

내 제품과 연결고리가 있으면서도 검색량이 많은 키워드를 노출 키워드로 선정하는데요. 실제로 제가 예전에 팔았던 텀블러는 저 노출 키워드의 속성을 전부 갖고 있었습니다. 보온 12시간, 보냉 24시간이 되었고, 스테인리스로 만들어졌으며, 900ml 대용량에, 얼음을 넣어서 시원한 음료를 즐길 수 있는 텀블러였습니다. 따라서 보온보냉텀블러(검색을 보통 '보랭'보다는 '보냉'으로 많이 진행합니다), 스텐텀블러, 대용량텀블러, 아이스텀블러, 텀블러 키워드로 상품등록과 검색 광고 모두 가능했습니다.

검색 광고 팁을 드리자면 대표 키워드는 니즈가 복합적이라 구매 전

전체추가	연관키워드 ⑦	⇕	월간검색수 ⑦	
			PC ⇕	모바일 ⇕
추가	에어컨 S		45,100	235,100
추가	에어컨전기세		2,650	20,800
추가	에어컨전기세절약		1,480	24,700
추가	에어컨전기요금		290	1,550
추가	에어컨전기세계산		790	4,670

매출키워드

환율이 떨어지는데 검색량이 많아 입찰가도 비쌉니다. 그래서 대표 키워드에 광고하려면 5~6위 정도를 잡는 것이 적당합니다. 왜냐하면 이미 1~4등을 거르고 온 사람들이 클릭해서 유입률은 좀 떨어져도 전환율에 도움이 될 때가 많았습니다. 그리고 전환율이 높은 세부 키워드는 대표 키워드에 비해 입찰가가 저렴하므로 1~2등을 유지하는 것이 매출에 도움이 됩니다.

매출 키워드는 대개 상품기획에 사용하는 키워드입니다. 시장조사의 실마리가 되는 키워드로 셀링포인트를 찾아내서 제품의 콘셉트를 잡는 데 지대한 공헌을 합니다. 돈 되는 키워드라 해서 매출 키워드라고 부르고 있습니다.

여기에는 소위 정보성 키워드가 포함됩니다. 고객이 정보를 알고 싶어서 검색한 키워드를 파고들면 고객의 니즈와 원츠를 파악하는 주요 실마리가 됩니다. 왜 이런 걸 알아보려 하는지 추적하는 과정에서 내가 미처 몰랐던 소비자의 모습과 필요로 하는 상황을 알게 되는 것이죠. 그렇게 알게 된 팩트를 그저 콘텐츠에 언급만 해도 전환율을 크게 끌어올릴 수 있습니다.

저는 일단 제품이 들어오면 내 제품에 관련된 키워드를 전부 뽑아서 봅니다. 이 작업을 '키워드 리딩'이라고 부르는데요. 키워드에는 고객들의 생각이 담겨있기에 내 제품과 연관된 키워드들만 쭉 읽어봐도 대충 어떤 고객들이 이 제품을 찾고, 전체 시장은 어떤지 큰 그림이 보입니다. 그리고 셀링포인트를 잡는데 가장 핵심이 되는 매출 키워드를 발견하면 "심봤다!"를 외치게 되죠. 매출 키워드를 발견하면 누구를 타깃 고객으로 삼아서 어떤 문제를 해결해주고 부족한 니즈를 충족시켜주면 되는지 보입니다. 거기에서 아이디어를 얻어 콘셉트를 정하게 되는 경우도 많은데요.

앞서 예로 든 카본히터, 솜털 제거기 모두 키워드 리딩을 통해 매출 키워드를 발견해서 콘셉트 리포지셔닝을 할 수 있었습니다. 카본히터의 경우 '전기히터, 전기세'라는 키워드를 발견하면서 발견의 차별화를 할 수 있었고, 솜털 제거기의 경우 '얼굴 솜털 제거'라는 키워드를 발견했기에 여성용 면도기 카테고리에서 탈출해 솜털 제거기라는 새로운 카테고리를 개척할 수 있었습니다.

매출 키워드는 기본적으로 상품기획과 전환율에 영향을 주는 키워드지만 제품에 따라서는 상품등록이나 노출마케팅에도 쓸 수 있기에 어떤 제품은 노출 키워드와 매출 키워드가 같은 경우도 있으니 이 둘을 무작정 단절해서 생각하지는 마시고 유연하게 활용하시길 바랍니다.

전체추가	연관키워드 ⑦		월간검색수 ⑦	
			PC ⟺	모바일 ⟺
추가	필모아텀블러		960	11,300
추가	꾸미펫		440	9,530
추가	테라섹트		90	1,140
추가	카멜로우		40	100
추가	바툼		320	1,100

내 키워드

내 키워드는 제품명, 모델명, 브랜드명 키워드입니다. 내 키워드를 풀어서 설명하자면 오직 나만이 소유한 키워드를 말하는데요. 필모아 텀블러, 꾸미펫, 테라섹트, 카멜로우는 세상에 하나밖에 없는 내 제품을 가리키는 고유명사입니다. 바툼은 세상에 하나밖에 없는 내 브랜드를 가리키는 고유명사고요. 바로 이 점이 중요합니다. 예를 들어 고객이 텀블러를 검색하면 필모아 텀블러를 포함해 다양한 회사의 텀블러가 나올 것입니다. 하지만 필모아 텀블러라고 검색하면 오로지 내 제품 콘텐츠만 나옵니다. 고객이 내 제품명, 모델명, 브랜드명을 검색했을 때 어떤 콘텐츠가 뜨냐가 판매의 관건인데요. 잠깐 이와 관련된 일화 하나를 소개해드릴까 합니다.

저에게는 딸이 2명 있습니다. 어린 둘째를 토이저러스에 데려가면 정말 좋아합니다. 3만 원 이하의 장난감을 딱 하나 사줄 테니 집어오라고 하면 매장 전체를 돌아다니면서 장난감을 몇 시간 동안 고릅니다. 제일 마음에 드는 걸 찾아내려고요.

저도 아이스 아메리카노 한 잔 마시면서 의자에 앉아서 휴식 시간을 가집니다. 그런데 한 아주머니가 장난감 앞에서 스마트폰을 잡고 열심히 뭔가를 하는 모습을 발견했습니다.

자세히 관찰해보니 제품명을 네이버에 그대로 검색해서 블로그 후기를 읽고 있었던 것입니다. 자녀는 집에 있고, 혼자 토이저러스에 와서 애들에게 장난감을 사주려는데 써보지를 않아서 잘 모르겠고, 그 자리에서 포장을 뜯어서 확인할 수도 없으니 제품이 어떤지 알아보려고 패키지 박스에 적힌 내 키워드를 검색하고 있던 것이죠.

만약 이분이 제품명을 네이버에 검색했는데 검색 결과가 아무것도 없으면 어떨까요? 아마 다른 후보군 장난감을 검색해서 리뷰와 후기가 뜨는 걸 샀을 것입니다. 내 키워드 콘텐츠가 중요한 이유가 이 때문입니다. 고객들이 내 제품명을 검색했는데 아무것도 뜨지 않거나, 심한 경우 경쟁사 제품 콘텐츠가 뜨면 전환율에 치명적인 타격을 입습니다.

검색했을 때 내 제품에 대한 이미지, 동영상이 떠서 키 비주얼을 보며 시각적 자극을 받고, 뉴스란에는 출시 기사 등이 보여야 사람들은 신뢰합니다. 특히 요즘은 블로그와 유튜브에 양질의 내 키워드 콘텐츠를 확보하면 전환율이 급상승합니다.

검색을 통해 내 제품에 흥미를 느낀 소비자들이 최종적으로 블로그에서 후기를 읽어보고, 유튜브에서 언박싱 영상을 시청한 다음 상세페이지로 넘어가서 결제하기 때문입니다. 이 양질의 내 키워드 콘텐츠를 만드는 방법에 대해서는 앞으로 설명하도록 하겠습니다.

마지막으로 내 키워드를 만드는 방법을 말씀드리겠습니다. 네이밍을 잘해야 하는데요. 일단 내 키워드가 다른 제품의 네이밍과 겹쳐서는 안 됩니다. 검색할 때 오로지 내 제품만이 나와야 하니까요. 따라서 네이밍 후보 키워드를 네이버와 유튜브에 전부 검색해서 결과를 점검해야 합니다.

　네이밍에 왕도는 없습니다만 제가 네이밍을 하는 정석은 제품 카테고리에 브랜드명을 혼합해서 짓는 것입니다. 바툼 카본히터, 필모아 텀블러처럼 말이죠. '카본히터'와 '어린이 드론'이라는 카테고리에 바툼과 아파치라는 브랜드명을 결합한 내 키워드입니다.

　카테고리명 앞뒤에 회사명이나 브랜드명을 얹는 작명법이 좋은 이유는 소비자들이 직관적으로 이해하기가 편합니다. 그냥 이름만 딱 봐도 어린이들이 쓰기 좋은 드론, 카본 재질이 들어간 히터라고 생각하니까요. 그리고 상품명 자체가 노출 키워드가 되기에 카본히터나 어린이 드론을 오픈마켓에서 검색하는 사람들의 유입을 잡기가 편합니다. 그렇게 마케팅 예산을 아낄 수가 있죠.

　만약에 마케팅 예산이 풍부하다면 브랜드명에 기억에 남을 만한 독특한 이름을 붙이거나 혹은 악어밴드 핵트겔, 어린이 드론 아파치처럼 새로운 카테고리를 만드는 것도 괜찮은 방법입니다. 악어밴드가 유명해지면 자연스레 악어밴느 카테고리에서 점유율 1등인 핵트겔이 잘 팔릴 수밖에 없습니다.

　그런데 내가 맘대로 제품명을 못 바꿀 때도 있습니다. 이미 제품명이 정해져서 박스에 인쇄된 상태에서 제품을 떼다가 유통하는 경우에는 이미 패키지 박스나 매뉴얼에 제품명이 그대로 들어가서 어떻게 할 수가 없죠. 이미 제조사가 그렇게 만들었으니까요. 이럴 땐 닉네임을 활용하는 방법이 있습니다.

예를 들어 바툼 카본히터의 원래 제조명은 컴포트 타워히터이며, 닉네임을 바툼 카본히터로 붙인 것입니다. 본래 제품명과 다른 닉네임을 지어서 팔면 문제가 되지 않냐는 질문이 많은데요. 일단 저 같은 경우 총판의 입장에서 온라인 매출을 늘리기 위해 제품명을 다소 수정해서 판매해도 괜찮다는 본사의 허락을 제대로 받았습니다. 또 오픈마켓 상세페이지와 후기에 나오는 사진과 똑같은 제품이 도착하니까 소비자들도 딱히 문제 삼지는 않았습니다. 경험상 외형과 기능만 상세페이지와 후기, 리뷰, 상품평에서 본 그대로 배송되고 제품에 하자도 없다면 소비자들도 납득하고 넘어가는 편이었습니다.

내 제품에 딱 맞는 키워드를 찾는 3가지 방법

오픈마켓에 상품등록을 하려면 키워드 조합을 알아야 합니다. 제가 판매하는 필모아 텀블러인데 네이버 쇼핑 검색 광고를 하는 사진을 가져왔습니다. 단어들의 나열로 되어있는데 그냥 대충 써놓은 것처럼 보이지만 사실은 다 의미가 있습니다. 일단 단어들을 쭉 나열해보면 다음과 같습니다.

필모아, 텀블러, 아이스 보틀 탱커, 대용량 보온 보냉 스텐 빨대, 록키

필모아 텀블러 아이스 보틀 탱커 대용량 보온 보냉 스텐 빨대 록키 새지않는

ⓘ광고 **27,800원**

생활/건강 › 주방용품 › 잔/컵 › 텀블러

찜 소식받기 3000원 중복 가능합니다!

리뷰 2,446 · 구매건수 170 · 등록일 2020.07. · ♡찜하기 251 · ⚠신고하기

필모아 대용량 텀블러 스텐 솔리드 900ML

ⓘ광고 **29,800원**

생활/건강 › 주방용품 › 잔/컵 › 텀블러

용량 : 900ml | **기능** : 보냉, 보온 | **재질** : 스테인리스스틸 | **특징** : 빨대뚜껑, 진공구조, 24시간 보온냉 완벽 밀폐력, 인체공학적 그립감!

리뷰 97 · 구매건수 337 · 등록일 2020.06. · ♡찜하기 92 · ⚠신고하기

필모아 텀블러 키워드 벤치마킹

새지 않는 필모아 대용량 텀블러 스텐 솔리드 900ML인데요. 이것들을 읽는 방법이 있습니다. 대부분 키워드 구성은 '수식어 + 명사형'의 구조로 되어있습니다. 이 구조를 파악하면 키워드 조합을 쉽게 추론할 수 있습니다. 위의 단어에서 명사형을 먼저 골라볼까요?

텀블러, 보틀, 탱커, 필모아

이렇게 4가지가 있네요. 필모아는 브랜드명으로 내 키워드 노출을 위해 추가한 키워드니까 제외하고요. 중요한 건 텀블러, 보틀, 탱커입니다. 그렇다면 나머지 키워드들은 다 수식어가 되겠죠?

아이스, 대용량, 보온, 보냉, 스텐, 빨대, 새지않는, 900ML

그다음에 수식어와 명사형을 조합해서 키워드를 만들어보면 다음과 같은 키워드 조합을 발견할 수 있습니다.

아이스텀블러, 대용량텀블러, 보온텀블러, 보냉텀블러, 보온보냉 텀블러, 스텐텀블러, 빨대텀블러, 새지않는 텀블러, 900ML텀블러

아이스보틀, 대용량보틀, 보온보틀, 보냉보틀, 보온보냉보틀, 스텐보틀, 빨대보틀, 새지않는보틀, 900ML보틀

아이스탱커, 대용량탱커, 보온탱커, 보냉탱커, 보온보냉탱커, 스텐탱커, 빨대탱커, 새지않는탱커, 900ML탱커

이렇게 알아낸 조합 키워드들을 네이버 검색광고에서 확인해보면 전부 검색량이 받쳐주는 노출 키워드임을 알 수 있습니다. 처음부터 텀블러에 관한 9개 키워드를 잡을 생각으로 상품등록을 한 것입니다.

이 9가지 키워드는 전부 필모아 텀블러가 가진 기능과 맞아떨어지는 키워드인데요. 실제 얼음을 넣어서 마시기 좋으니 아이스텀블러가 되고, 용량이 크기에 대용량 텀블러와 900ML 텀블러도 되며, 보온 12시간 보냉 24시간이 되기에 보온텀블러, 보냉텀블러, 보온보냉텀블러의 조건도 만족합니다. 스테인리스 재질로 만들어졌으니 스텐 텀블러도 되며, 빨대를 꽂아서 마실 수 있으니 빨대텀블러도 되고, 음료를 넣고 거꾸로

보온보냉텀블러	1,030	7,130
보온텀블러	260	1,170
대용량텀블러	1,770	6,860
보냉텀블러	890	5,950
아이스텀블러	410	2,140
스텐텀블러	2,070	11,300
빨대텀블러	1,070	8,470
900ML텀블러	80	550
새지않는텀블러	20	250

키워드 조합

뒤흔들어도 한 방울도 새지 않아 새지 않는 텀블러이기도 합니다.

물론 이 말고도 텀블러 관련된 키워드는 엄청나게 많습니다. 그 중 제품의 특징과 매칭이 되면서도 검색량이 어느 정도 되는 것들만 9개 추려서 이 9개 키워드 가운데 소비자가 뭘로 검색하더라도 필모아 텀블러가 검색 결과에 나오게끔 상품등록을 한 것입니다.

이 제품의 경우 노출 키워드와 매출 키워드는 동일했습니다. 본래 텀블러는 남들에게 착한 소비자로 보이고 싶다는 자기과시와 스타벅스 텀블러로 대표되는 패션 악세사리로 소비되는 시장이었습니다. 그런데 키워드 리딩을 하던 저는 그 외에도 실용성과 기능성을 찾는 소비자들도 있음에 주목해서 내용량, 보온보냉, 밀폐성을 콘셉트로 밀어붙였습니다.

기획을 다 끝내고 마케팅을 하면서도 어차피 사람들이 다 스타벅스

텀블러를 쓸텐데 얼마나 팔릴까 반신반의했습니다. 결과는 5장에서도 보셨다시피 누적 40억 원 이상의 매출을 올렸습니다. 대용량텀블러, 900ml텀블러, 보온보냉텀블러, 아이스텀블러가 매출 키워드임과 동시에 노출키워드 역할까지 했다고 할 수 있죠.

계속해서 키워드 찾는 방법에 대해 말씀드리겠습니다. 지금 것은 조합 키워드를 분석해본 것이라서 조합하기 위한 키워드를 직접 찾아내는 방법도 알아야 합니다. 일단 방법 한 가지는 이미 나왔네요? 시중에는 여러분이 팔려는 제품과 분명 비슷한 제품이 있을 것입니다. 그 제품을 찾아내서 남들은 어떻게 키워드를 써서 상품등록을 했는지 벤치마킹을 하면 되겠죠?

즉, 키워드를 찾는 방법은 ① 경쟁사 키워드 벤치마킹 ② 자동완성어 ③ 연관검색어 ④ 검색 광고 4가지가 있습니다. 4가지 모두 네이버와 오

쿠팡 키워드 벤치마킹

통합검색 자동완성어

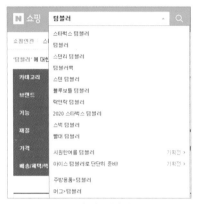

쇼핑 자동완성어

쿠팡 자동완성어

픈마켓을 활용해서 찾으면 됩니다. 일단 벤치마킹부터 살펴보겠습니다.

저는 주로 스마트스토어와 쿠팡에서 경쟁사가 어떻게 상품등록을 했는지 벤치마킹합니다. 내 제품의 카테고리 대표 키워드를 검색한 다음에 판매량이 높은 순으로 봐보면 이렇게 정성을 들여서 상품등록 키워드를 조합해놓은 것을 볼 수 있습니다. 이렇게 오픈마켓을 쭉 둘러보시길 바랍니다.

다음은 자동완성어를 이용해서 키워드를 찾는 방법입니다. 네이버, 네이버 쇼핑, 쿠팡 검색창에 텀블러라고 대표 키워드를 적으면 텀블러에 관련된 여러 가지 키워드를 알려줍니다. 자동완성어의 경우 내가 입력하는 키워드가 들어간 단어 중 사이트를 이용하는 사람들이 자주 검색하는 단어들을 보여줌으로 검색량이 높은 양질의 키워드를 발굴할 가능성이 매우 큽니다.

이미지를 보시면 스텐텀블러, 텀블러탈퇴, 텀블러사이트, 텀블러주소, 보온보냉텀블러, 캐릭터텀블러, 텀블러브랜드, 스타벅스 텀블러, 스탠리 텀블러, 텀블러백, 블루보틀 텀블러, 락앤락 텀블러, 2020 스타벅스 텀블러, 스벅 텀블러, 빨대 텀블러, 대용량 텀블러, 보냉 텀블러, 써모스 텀블러, 모슈 텀블러 450, 킨토 텀블러, 모슈 라떼 텀블러, 모슈 텀블러 등이 나오는데요.

이 중 1차적으로 스타벅스 텀블러처럼 다른 회사의 내 키워드를 제외합니다. 그리고 2차적으로 텀블러 제품과 상관없는 웹사이트 텀블러 관련 키워드를 제외합니다. 결과적으로 스텐텀블러, 보온보냉텀블러, 캐

통합검색 연관검색어

쇼핑 연관검색어

쿠팡 연관검색어

릭터텀블러, 빨대텀블러, 대용량텀블러, 보냉텀블러 6개의 노출 키워드를 발견할 수 있습니다.

자동완성어 다음은 연관검색어를 통해 키워드를 수집합니다. 검색창에 키워드를 넣기만 하면 볼 수 있는 자동완성어와 달리 연관검색어는 대표 키워드를 넣고 실제 검색해서 검색결과를 봐야 합니다. 연관검색어는 사람들이 텀블러와 함께 세트로 자주 검색한 단어들을 보여주는데요. 역시 많은 사람들이 검색한 단어를 보여주기에 좋은 키워드를 발견할 가능성이 큽니다.

텀블러1000번, 원두, 플라스틱프리, 정유미텀블러백, 텀블러베이킹소다, 기저귀가방추천, 설거지옥, 자개텀블러, 카페텀블러, 그녀들의여유만만, 콜드컵, 락앤락텀블러, 보온병, 스탠텀블러, 스타벅스컵, 와플메이커, 네오플램냄비, 써모스보온병, 빨대텀블러, 쓰레기통, 버버리스카프, 스탠리, 티파니앤코목걸이, 디퓨저, 대용량 텀블러 1리터, 써모스 텀블러, 스타벅스 텀블러, 보냉 텀블러, 투썸플레이스 텀블러, 스타벅스 텀블러 보온보냉, 카카오프렌즈 텀블러, 대용량 텀블러, 스타벅스 텀블러 콜드컵 등이 나오는군요.

역시나 남의 회사 브랜드명 키워드를 제외하면 플라스틱프리, 텀블러베이킹소다, 카페텀블러, 콜드컵, 보온병, 스탠텀블러, 빨대텀블러, 대용량 텀블러 1리터, 보냉 텀블러, 대용량 텀블러 정도가 실제 마케팅에 쓰기 좋은 키워드입니다.

이중 플라스틱프리와 대용량 텀블러 1리터, 대용량 텀블러 키워드는 시장과 소비자를 파악하고 상품기획을 하는데 많은 영향을 준 매출키워드입니다. 텀블러 시장이 커진 이유가 일회용 플라스틱 쓰레기를 줄이기 위해서라는 점과 실용적인 목적으로 음료수를 1리터 이상 담을 수 있는 대형 텀블러를 찾는 사람들이 있다는 시장기회를 포착하게 해줬으니까요.

그 외 나머지 키워드들은 자동완성어에서 발견한 키워드와 어느 정도 겹치는 부분도 있습니다만 카페텀블러, 콜드컵, 보온병이라는 새로운 노출 키워드를 발견한 점은 큰 수확이라고 할 수 있겠습니다.

자동완성어와 연관검색어로 발굴한 키워드들은 검색광고센터에 들어가 검색량을 체크해서 최종적으로 상품등록, 키워드 검색광고, 마케팅에 사용여부를 결정합니다. 그 외에 검색광고에 대표 키워드를 입력하면 최대 1,000개의 연관 키워드를 조회할 수 있습니다.

이 최대 1,000개까지 보여주는 연관 키워드는 키워드를 엄청나게 많이 보여주는 만큼 내 제품과 하등 상관 없는 쓸모없는 키워드들도 많지만, 반대로 자동완성어와 연관검색어를 통해서도 발견하지 못하는 생각지도 못한 키워드와 조우할 수 있으므로 일종의 보물산과도 같다고 할 수 있죠. 그런 예상치 못한 키워드를 발견하면 잘 잡아내어 노출 키워드, 매출 키워드에 사용하면 됩니다.

검색광고센터

MARKETING 12

유행에 따를 것인가,
내 것을 가꿀 것인가 고민된다면,
트리플 미디어의 법칙

결국 지향해야할 트리플 미디어란 무엇일까

매출을 만들기 위해서는 소비자들이 이동하는 경로에 콘텐츠의 천라
지망을 펼쳐야 한다고 했습니다. 이때 AISCAS에 배치해야 할 콘텐츠는
총 세 종류입니다. 바로 온드 미디어, 언드 미디어, 페이드 미디어인데
요. 이 3가지의 미디어를 묶어서 트리플 미디어라고 부릅니다. 용어가
생소하겠지만 알고 보면 어렵지 않습니다. 개념부터 알아보도록 하겠
습니다.

┃온드 미디어 Owned Media**┃**

자사가 소유한 미디어를 말합니다. 회사 홈페이지 및 애플리케이션,
자사몰, 공식 블로그, 공식 SNS 계정, 공식 유튜브 채널 등이 포함됩니

다. 온드 미디어가 없으면 온라인에서 제품을 판매할 수가 없으므로 최우선으로 만들어야 합니다. 대부분 마케팅 강사들은 온드 미디어를 잘 생성해서 관리할 것을 강조합니다. 블로그 강사는 블로그를 관리해서 확장할 것을, SNS 강사는 페이스북과 인스타그램을, 유튜브 강사는 유튜브 채널을 강조하죠. 제대로 온드 미디어를 육성하는 데 성공하면 큰 보상을 받을 수 있습니다.

예를 들어 화장품 제조회사를 하는데 내가 일일방문자 1만 명이 들어오는 화장품 전문 블로그 주인장이면 어떨까요? 대형 화장품 커뮤니티 카페라던가 뷰티 방면 팔로워 넘버 원의 페이스북 페이지를 소유하고 있고, 구독자가 10만 명이 넘는 유튜브 채널과 인스타그램 계정을 갖고 있으면 어떨까요?

내 온드 미디어에 방문하는 다수의 잠재고객을 대상으로 계속해서 화장품을 팔 수 있기 때문에 그야말로 끊임없이 돈이 나오는 금맥을 소유한 것과 같습니다. 계정 관리를 잘 못해서 민심을 잃거나, 트렌드가 완전히 바뀌어서 사람들이 마케팅 채널을 옮기는 등 금광이 고갈나기 전까지는 말이죠. 당연히 이 금광을 개척하는 일은 쉬운 일이 아니며 대규모 커뮤니티 다수를 소유하기 위해서는 마케팅 대행사급의 실력이 필요합니다. 이미 각 채널마다 특정 주제의 대형 커뮤니티들이 많아서 이들을 제치고 회원과 팔로워를 모으고 키우는데에는 비용도 들기 때문에 현실적으로 쉬운 일이 아닙니다.

저도 한때 직접 블로그와 카페를 관리해본 적이 있습니다. 2010년도

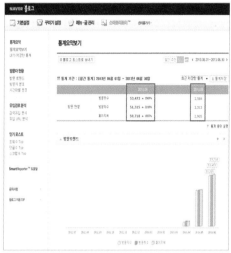

블로그 온드미디어 사례

카페 온드미디어 사례

초반에 아이사랑 카페를 운영하면서 3만 명의 회원을 모았고, 2015년도에 일일방문자 3,000명의 블로그를 만들었습니다. 확실히 내가 발행하는 콘텐츠를 회원이나 방문자들이 읽어주니까 판매에 도움이 되는 건 맞지만, 이를 활성하여 관리하는 게 보통 힘든 일이 아니었습니다.

그래서 요즘은 오픈마켓과 홈페이지 정도만 챙기고 나머지 온드 미디어는 일절 관리하지 않습니다. 이것은 제가 봐온 대부분 제조사나 유통사가 마찬가지였는데 직원들이 주문이 들어오면 택배 포장을 하고 고객 CS 받느라 바빠서 블로그, 카페, SNS, 유튜브를 개설하여 관리할 시간조차 없습니다. 중견기업에서 대기업 정도는 되어야 출근해서 온드 미디어만 육성하는 부서를 따로 만들 여력이 생깁니다.

필요 최저한의 홈페이지, 자사몰, 오픈마켓, 블로그, SNS, 유튜브 개설은 필요하지만 그 이상의 작업은 당장의 수익과 직결되는 언드 미디어, 페이드 미디어에 비해 우선순위가 낮아지는 편입니다. 그래서 일단 매출을 벌어들여서 회사에 자금 여유가 생기면 미래에 대한 투자라고 생각하고 전담 직원을 뽑는 방향으로 가는 것이 효과적입니다.

| 언드 미디어 Earned Media |

제 3자가 우리 회사에 대해 말하는 평판 전반을 뜻합니다. 쇼핑몰 및 오픈마켓에 달리는 상품평, SNS 댓글, 뉴스 기사, 개인이 작성한 검색엔진의 리뷰 및 후기 등이 포함됩니다. 언드미디어에 해당하는 콘텐츠는 9장에서 상세페이지의 공식을 설명드릴 때 잠깐 보여드린 적이 있습니다.

손소독제를 판매하기 위해 뉴스 기사, 방송 화면을 캡처하거나 구매 고객의 리뷰와 인터뷰를 활용하는 방법을 소개해드렸죠. 토이저러스 에피소드에서 언급한 내 키워드 콘텐츠 역시 언드미디어 콘텐츠입니다. 블로그나 유튜브에 내 키워드를 검색했을 때 회사가 자사 제품이 얼마나 좋은지 설명하는 것보다는 일반인 혹은 유명한 리뷰어들이 제품이 좋다고 평가해주는 편이 훨씬 더 사람들에게 신뢰를 줍니다.

이처럼 언드 미디어 콘텐츠는 전환율과 밀접한 관계가 있습니다. 트리플 미디어 가운데 사람들이 제일 신뢰하는 콘텐츠 유형이기 때문입니다. 온드 미디어는 판매자가 생산하는 정보라서 회사에 유리하게 말한다고 생각하고, 페이드 미디어는 광고로 보지만 언드 미디어는 제 3자의 객관적인 리뷰, 후기이기에 신뢰감을 줄 수 있습니다.

또 언드 미디어 콘텐츠는 고객들의 구매 방해 요소를 없애줍니다. 온라인은 오프라인과 달리 제품을 직접 확인할 수 없기에 미리 사본 사람들의 증언을 통해 간접체험을 하는 수밖에 없습니다. 언드 미디어 콘텐츠를 읽으면서 상세페이지 내용을 믿게 되는 것이죠.

온드 미디어와 달리 타인이 생산하는 콘텐츠이기에 내용을 온전히 내 뜻대로 컨트롤할 수 없습니다. 제품이 정말 도움이 되어야 좋은 후기가 나옵니다. 따라서 언드 미디어 콘텐츠를 본격적으로 생산하기 전에 혹시 제품에 내가 예상하지 못했던 하자가 없는지 패널조사를 통해 검증을 거쳐야 합니다. 그리고 언드 미디어를 활성화하기 위해서는 마중물을 넣을 필요가 있습니다. 패널 모집, 이벤트, 체험단 마케팅 등을 통해서 상품평과 리뷰를 만들어놓으면 됩니다. 어느 정도 후기가 쌓이면 많은 사람이 이 제품을 사용하고 있다는 분위기가 조성되어서 굳이 체험단 마케팅을 안 하더라도 사람들이 자발적으로 콘텐츠를 올려주기 시작합니다. '요즘 대세인 ○○을 나도 써봤다!'라는 대중심리가 작용하게 됩니다.

▌페이드 미디어 Paid Media ▌

이는 앞서 설명했듯, 비용을 지불하고 구매한 미디어를 뜻합니다. 잡지, 신문, 라디오, TV 광고, 옥외광고, 버스 광고, 지하철 광고, 온라인 광고 전반이 포함됩니다. 많은 사람이 지나다니는 길목에 돈을 지불하고 지면을 빌려 내 제품, 회사와 관계된 콘텐츠를 송출하는 것입니다. 페이드 미디어의 장점은 단시간에 어마어마한 노출을 할 수 있다는 것입니다. 돈을 지불하고 광고를 하는 것이니 당연합니다. 온드 미디어는 육성에 성공할 경우 효율이 매우 좋지만 채널을 키우고 회원을 모으는데 시간과 노력이 많이 소비됩니다. 그러나 페이드 미디어는 단기간에 최대 노출효과를 볼 수 있습니다.

유일한 단점은 비용이 많이 든다는 것입니다. 들어가는 돈을 생각하면 효율, 가성비가 좋다고 보긴 힘들지만 효과만 따지자면 트리플 미디어 가운데 압도적입니다. 특히 소비자 이동경로에 온드 미디어, 언드 미디어 콘텐츠를 배치해서 마케팅 퍼널이 완비된 상태에서 페이드 미디어 광고를 내보내는 것은 연금술과도 같은 효과를 자랑합니다. 제가 연매출 100억 원을 달성할 수 있었던 이유도 결정적인 타이밍에 페이드 미디어를 활용한 덕이 큽니다.

이상 트리플 미디어의 개념을 알아봤습니다. 매출을 내기 위해서는 3가지의 미디어를 전부 갖춰야 합니다. 온드 미디어가 없으면 소비자들은 온라인에서 내 제품을 구매할 수 없고, 언드 미디어가 없으면 신뢰를 줄 수 없습니다. 페이드 미디어가 없으면 잠재고객이 내 제품의 존재를 모릅니다.

온드 미디어는 홈페이지와 각 마케팅 채널 공식 계정을 만들고, 자사몰 및 오픈마켓에 내 제품에 맞는 키워드와 설득력 있는 상세페이지로 상품등록을 해두면 됩니다. 이에 대해서는 앞장에서 여러 부분 설명했기에 나머지 언드 미디어와 페이드 미디어에 대해 더 자세히 설명하겠습니다.

소리 없이 믿고 사게 만들어내는 법

구매행위는 그 자체로 리스크가 있습니다. 아마 여러분도 회사 점심시간에 맛없는 식당에 가서 밥값이 아까웠던 적이 있을 것입니다. 바가지를 써 보기도, 과장 광고에 속아 고가의 상품을 결제했다가 후회해본 경험이 있을지도 모릅니다. 저 또한 그랬습니다. 모든 소비자들은 쇼핑 실패의 경험이 있기에 돈 쓰는 문제에 대해서는 합리적인 의심을 하게 됩니다.

그래서 제품을 팔기 위해서는 매력적이면서도 신뢰할 수 있는 상세페

효과적인 비말차단, 우수한 통기성
직접 눈으로 확인하세요

우수한 통기성과 비말 차단에 효과적인 도레이항균필터를
사용하였으며, 3중 원단으로 생활방수 효과가 있습니다.

미세먼지 마스크 제품 시연

이지를 만들어야 합니다. 끌리는 것과 믿을 수 있는 건 별개의 문제니까요. 그리고 신뢰는 자타공인에서 만들어집니다. 나 혼자 내 제품이 잘났다고 떠들어봐야 소비자들은 믿지 않습니다. 그 대신 신용등급 1등급처럼 객관적인 증명 자료를 보여주거나, 친구들의 평판처럼 남들도 내 제품을 인정해 자타공인이 이루어질 때 비로소 사람들은 믿어주기 시작합니다.

앞장에서도 언급했다시피 신뢰를 얻을 수 있는 가장 기본적인 방법은 제품이 약속하는 기능을 직관적인 콘텐츠로 보여주는 것입니다. 글보다는 이미지, 이미지보다는 동영상, 동영상보다는 GIF 파일이 효과적입니다.

위의 사진은 제가 코로나 덴탈 마스크를 팔았을 당시 상세페이지에 넣었던 콘텐츠입니다. 마스크 수요가 급증하는 바람에 시중에 질이 낮은 마스크도 유통되어서 '어떻게 신뢰를 얻을 수 있을까?' 고민하다가 객관적인 사실(팩트)을 보여주기로 했습니다. 마스크 위에 커피를 부어서 단 한 방울도 새어나가지 않는 키 비주얼을 보여준 것이죠.

이처럼 공기감염을 원천 차단한다는 내 제품의 공약을 생생한 GIF로 보여주면 소비자들에게 강력한 믿음을 줄 수 있습니다. 그러나 제품에 따라서 키 비주얼을 활용하기 힘든 경우도 있고, 또 포토샵과 애프터 이 펙트만 있으면 사진과 영상을 얼마든지 위조할 수 있는 세상이다 보니 키 비주얼 하나에만 의존해서는 소비자의 의심을 완전히 지우지 못합니다. 그러므로 최대한 다양한 방법을 구사해서 신뢰를 얻어야 합니다.

판매자인 내가 객관적인 증거를 보여주는 것도 필요하지만, 동시에 제품을 먼저 사용해본 사람들의 후기가 뒷받침되어야 자타공인이 이루어집니다. 이 자타공인을 다른 말로는 사회적 증거라고 합니다. 본래 심리학 용어지만 마케팅 분야에도 활발하게 사용되는데요.

대중은 어떤 행동이나 판단을 할 때 대체로 다른 사람들의 행동과 판단을 따르는 경향이 있습니다. 이 사회적 증거를 마케팅에 활용하는 방법으로 ① 전이 효과 ② 편승 효과 ③ 언드미디어가 있습니다. 지금부터 하나씩 살펴보겠습니다.

| 사회적 증거 활용 1. 전이 효과 |

수사학을 연구한 고대 그리스의 철학자 아리스토텔레스는 설득의 중요한 3요소로 로고스(이성), 파토스(감성), 에토스(신뢰) 셋을 들었습니다. 누군가의 마음을 움직이기 위한 연설에는 첫째로 논리적 근거가 탄탄해야 하고, 둘째로 듣는 청자의 감성에 호소해야 하며, 셋째로 말하는 화자가 자격을 갖춰야 한다는 것입니다.

아리스토텔레스는 이 3가지 가운데 의외로 에토스를 가장 중시했다고 하는데요. 아무리 주장이 논리정연하고, 사람의 심금을 울리더라도 기본적으로 말하는 사람의 인성을 신뢰할 수 없으면 전혀 공감과 설득이 되지 않는다는 것이죠.

같은 메시지를 말하더라도 누가 말하느냐에 따라 인상이 달라질 수밖에 없습니다. 한 예시로 담배를 자주 피우는 아버지에게 어머니와 자식이 폐암에 걸릴 수 있으니까 금연을 하라고 몇 번을 말해도 담배를 끊는 아버지는 드뭅니다. 그런데 의사가 이대로 계속 피우다간 폐암이 발병할 거라고 충고하면 뚝 끊는 경우가 많습니다.

사람은 의사, 교수, 변호사, 과학자, 연구원 같은 전문가나 대중적으로 이미지가 좋은 연예인, 유명인사 혹은 권위 있는 정부 기관, 단체, 협회의 말은 쉽게 믿는 경향이 있습니다. 전이효과란 이처럼 공신력 있는 개인이나 집단의 보증 및 추천을 받음으로 내 제품에도 신용할 수 있는 이미지를 전이시키는 것을 말합니다.

가끔 식당을 가면 벽면에 사장님이 연예인과 같이 찍은 인증샷을 걸거나, 연예인의 친필 싸인을 액자에 넣어 걸어놓거나, KBS·MBC·SBS 방송 출연 징면을 걸어놓은 모습을 볼 수 있습니다. 요즘은 유튜브 시장이 커지면서 먹방 크리에이터들이 다녀간 증거를 남기는 식당도 생기는 추세입니다. 이것이 우리 일상에서 전이효과가 사용되는 대표적인 사례로 대중들이 연예인이나 유튜버에게 가지는 호감 및 긍정적인 이미지를 자기 가게에 전이시키는 마케팅 장치라고 할 수 있습니다.

온라인 쇼핑을 하다 보면 상세페이지에서 KC 마크를 종종 볼 수 있습

ⅠPX4 방수 등급 인증서   KC 전자파 적합성 인증서

KC 전기 안전 인증서   벽걸이거치대 인장하중 시험성적

KC 안전마크

칼라마법사 광고이미지

라바 번개카 광고이미지

니다. 국가통합인증마크Korea Certification Mark의 줄임말로 우리나라에 정식으로 출시되는 제품들은 반드시 받아야 합니다. 제품이 소비자들에게 악영향을 끼치는 부분은 없는지 국가에서 점검할 필요가 있기 때문입니다. 즉, KC 인증을 보여주는 것은 국가의 인증을 받았기에 안심하고 쓸 수 있다는 전이효과를 기대할 수 있습니다.

아이들 대상으로 한 마케팅을 할 때는 애니메이션 캐릭터를 전이효과의 매체로 삼은 적도 있습니다. 실리콘으로 만든 클레이 장난감 칼라마법사와 유아용 승용완구 라바 번개카인데요. 이 두 제품이 대박을 터트릴 수 있었던 이유는 인형과 자동차에 대인기 애니메이션 〈라바〉의 주인공 캐릭터 디자인을 입혔기 때문입니다.

맨 처음 라바를 전이효과에 활용한 건 칼라마법사였습니다. 이 제품은 온도에 따라 색이 변하는 실리콘 클레이였는데요. 라바 제작사인 투바앤을 찾아가 라이센스 제휴를 요청했습니다. 소재와 궁합이 잘 맞으니까 꼭 캐릭터를 활용하고 싶다고 제안했죠. 처음에는 이미 라바 클레이를 만드는 업체가 있어서 어렵다고 이야기했습니다. 그래서 설득을 했습니다. '우린 기존에 있는 클레이가 아니라 신소재의 실리콘 클레이라서 카테고리가 겹치지 않는다. 그리고 라바가 화나면 빨개지지 않냐? 우리는 그걸 똑같이 구현할 수 있다'라고 말입니다. 그래서 9월에 라이센스를 취득해 11월에 제품이 나왔고 대대적인 마케팅을 했습니다. 그 결과 12월 말에 대박이 터져서 이 제품 하나로만 1년에 30억 원의 매출을 올렸습니다.

캐릭터를 활용한 전이효과가 생각 이상으로 판매에 큰 효과가 있다는 걸 알게 된 저는 유아 승용완구에도 라바 디자인을 입혀서 팔았습니다. 애니메이션을 보면 라바들이 빨리 달리려는 장면이 많아서 제품과의 연결고리도 충분했습니다. 누적 50억 원을 넘게 판매했고, 나중에는 방송작가분의 연락을 받고 〈슈퍼맨이 돌아왔다〉에 무료로 방송 출연도 했습니다.

이 방법의 최대 장점은 아이들이 캐릭터에 대해 가지는 익숙함, 친근함, 호감이라는 이미지를 제품에 전이할 수 있다는 점입니다. 아이들이 칼라마법사나 번개카는 모르지만, 라바는 너무나 잘 알기에 신제품을 받아들이는 속도가 빨랐습니다.

　중소기업이 만든 온도에 따라 색이 변하는 실리콘 클레이와 핸들을 흔들면 앞으로 나가는 장난감 자동차를 사람들이 얼마나 사주겠어요? 하지만 라바는 아이들과 학부모들 모두에게 인지도가 높기에 인식의 방에 한층 더 쉽게 자리 잡을 수 있었던 것이죠. 또 아이들이 제품을 넘어서 캐릭터를 소유하는 느낌을 줌으로 만족도가 높아지고 결과적으로 가치가 상승해 객단가가 오르며 반품이 적어집니다.

　캐릭터를 전이하기 위해서는 제품과 캐릭터 사이에 연결고리가 있어야 합니다. 제품을 보고 빌려오려는 캐릭터를 연상할 수 있어야 하는데

반짝커 광고

요. 말씀드렸다시피 칼라마법사와 라바 번개카는 각각 라바가 화를 내는 것과 빨리 달리는 것과 연결고리가 있었기에 가능했던 마케팅입니다.

전이효과의 대표적인 활용법은 연예인의 이미지를 빌리는 것입니다. 전통적이지만 오늘날에도 여전히 강력한 마케팅 기법인데요. 대기업이 유재석, 백종원, 김연아, 손흥민, 전지현 같은 유명 인사들을 CF에 출현시키는 이유를 생각해보면 명확하죠. 여러분도 자신이 종사하는 업계에서 어떤 사람과 조직이 사람들의 존경을 받고 평판이 좋은지 이미 알고 계실 겁니다. 이들이 우리 회사의 상품을 추천하도록 설득한다면 이들이 가진 신뢰성을 우리 회사 제품으로 전이시킬 수 있습니다.

일례로 앞에서 언급한 반짝커가 있습니다. 포일아트와 컬러링 스티커에서 신개념 색칠공부로 카테고리를 바꾸면서 히트를 쳤는데요. 무려 5개의 시리즈물을 내서 총 100억 원의 매출을 올리는데 기여한 최대 공로자는 다름 아닌 김영만 선생님이었습니다.

김영만 선생님이 이 제품을 맡아주시기 전까지 저는 솔직히 반짝커를 황금 나무로 키워낼 자신은 없었습니다. 재고나 다 팔면 다행이라고 생각하고 있었죠. 나름 최선의 기획을 다 했지만, 이게 과연 최선일까 고민하던 중이었습니다. 토요일 11시 밤에 평소 같았으면 진즉에 자고 있을 큰딸이 안자고 TV에 앉아있는 것입니다. 안자고 뭐 하냐고 물어보자 〈마리텔〉을 봐야 한다는 겁니다. 〈마이 리틀 텔레비전〉이라고 유명 인사들이 인터넷 방송에 도전하는 프로그램이 있더군요. 평소엔 안 보던 방송을 왜 갑자기 보느냐고 묻자 이번 주는 김영만 선생님이 나오신다는 것입니다. 저는 김영만 선생님에 대해서 전혀 몰랐는데 종이접기를 좋아하는 제 딸은 TV 프로그램에서 김영만 선생님의 종이접기를 보고 좋아했기에 늦은 밤까지 방송을 기다리고 있었던 것입니다.

'종이접기 분야에도 선생님이 있나?' 궁금해진 저는 방송을 보면서 휴대폰으로 검색을 했습니다. 글을 쭉 읽으면서 업계에서 유명하다는 걸 알게 되었습니다. 그날 김영만 선생님은 우승을 여섯 차례 따내면서 독주하던 백종원 씨를 꺾고 1등을 차지했습니다. 방송을 보면서 저는 머릿속의 전구에 번쩍 불이 들어오는 느낌을 받았습니다. 바로 다음 날 회의에서 김영만 선생님을 섭외하자고 말해 모든 스케줄을 중단했습니다.

저와 동년배는 다들 김영만 선생님을 몰랐는데 80년생부터는 김영만 선생님을 모르는 사람이 없더군요. 한 직원이 자기가 개인적으로 김영만 선생님을 잘 안다는 것입니다. 그 후부터는 일이 일사천리로 진행되었습니다. 바로 계시는 곳까지 달려가 섭외했죠. 당시 촬영 예정이었던 대본은 전부 갈아엎고 모든 콘텐츠는 김영만 선생님을 내세워서 촬영했습니다.

똑같은 금연도 아내의 말과 의사 선생님의 말씀은 무게가 다르듯이, 반짝커도 우리나라 제일의 종이접기 장인 김영만 교수님이 추천하자 전환율이 하늘을 찔렀습니다. 아이들과 함께 멋진 작품을 만드는 모습이 TV 광고로 송출되자 유명하지도 않던 포일아트 장난감이 MBC 9시 뉴스에 나왔던 것입니다.

|사회적 증거 활용 2. 편승 효과|

전이효과 다음으로는 편승효과에 대해 알아보겠습니다. 편승효과는 영어로 밴드웨건 효과Bandwagon Effect라고 부르는데요. 밴드웨건은 행렬의 선두에 서는 악대차를 말합니다. 어린 시절 놀이동산 같은 데에서 퍼레이드를 구경한 적이 있으실 겁니다. 요란한 음악과 함께 밴드웨건이 지나가면 자연스럽게 다들 걸음을 멈추고 구경하게 되죠. 그렇게 사람들이 우글우글 몰리기 시작하면 다른 사람들은 무슨 볼거리가 있어서 저렇게 사람들이 몰리나 호기심에 군중이 더욱 불어나게 됩니다.

편승효과는 우리 일상에서도 흔히 발견할 수 있습니다. 회사 점심시간에 밥을 먹으러 나가도 사람이 아무도 없는 식당은 선뜻 들어가기가 망설여집니다. '대체 얼마나 맛이 없길래 점심시간에 사람이 한 명도 없을 수가 있지?' 불안해지는 것이죠. 그에 비해 사람들이 줄을 서 있는 식당이 있으면 '대체 얼마나 맛있길래 저렇게 사람이 줄을 서지?' 하고 궁금해서 한 번쯤 그 식당에서 점심을 주문하게 됩니다.

길거리 노점도 평소 같았으면 그냥 지나가지만, 사람들이 바글바글 모여있으면 호기심이 생겨서 나도 같이 껴서 구경하게 되죠. 어떤 노점상 팀은 이런 심리를 이용해서 서로 역할분담을 한다고 합니다. 한 팀은 바람잡이 역할을 해서 사람을 모으고, 한 팀은 제품을 사는 역할을 맡아서 2~3명이 사면 마치 자석에 쇳가루가 이끌리듯이 구경하던 사람들도 산다고 그러더군요.

가격이 똑같다는 전제하에 사람들은 대체로 가장 구매량과 리뷰가 많

꾸미펫 편승효과

은 스토어에서 구매합니다. 사람은 사람에게 이끌리기 때문이죠. 이처럼 구매 999+ 리뷰 999+를 만드는 것이 편승효과의 대표적인 활용법입니다.

마치 만유인력의 법칙처럼 사람에게는 사람을 끌어당기는 힘이 있습니다. 사람은 사회적 동물이기에 본능적으로 집단, 단체에 소속하려고 합니다. 선사시대의 조상들은 거친 자연에 대항해 살아남기 위해 부족을 이뤘고, 그 흔적은 현대를 살아가는 우리에게도 남아있습니다. 사람은 근본적으로 가정, 학교, 회사, 종교, 동호회, 사교 모임, 팬클럽, 온라인 커뮤니티 등에 소속되어서 구성원들과 관계를 쌓고 공감대를 형성할 때 행복을 느낍니다.

편승효과로 성공한 대표적인 브랜드로 할리 데이비슨을 들 수 있습니

할리 오너스 그룹

다. 전통이 깊은 회사지만 오토바이를 제일 잘 만드는 회사는 아닙니다. 한때 일본산 바이크에 시장을 많이 뺏기기도 했었죠. 다시 점유율을 되찾을 수 있었던 이유는 그들이 오토바이가 아닌 오토바이 문화를 팔아서 그렇습니다.

할리 오너스 그룹H.O.G이라는 바이크 클럽이 있습니다. 이 클럽에서는 정기적으로 입문자를 위한 오토바이 운전자 교육이나 단체 오토바이 여행 등 다양한 행사를 통해 커뮤니티의 욕구를 충족시켜줍니다. 연령도 직업도 다른 다양한 사람들이 단지 할리 데이비슨을 탄다는 이유만으로 친구가 됩니다.

바이크를 타고 전국 랠리 투어를 다녀오면 끈끈한 정으로 맺어지게 되고, 이들은 이런 기회의 장을 마련해준 할리 데이비슨의 자발적인 팬층이자 열광적인 전도사로 변모합니다. 현재 할리 오너스 그룹에는 전

세계 130만 명의 회원이 소속되어 있으며 이는 회사의 든든한 브랜드 자산이 되었습니다.

만약에 지금 파시는 제품이 오토바이처럼 사람들을 그룹으로 묶을 수 있다면 판매에 큰 도움을 받을 수 있습니다. 편승효과로 인해 사람이 사람을 끌어당기기 때문입니다. 최근 신조어 중 'ㅇㅇ족'에 관한 단어가 많이 보이는데요. '요즘 ㅇㅇ족들에게 그렇게 열풍이라는데?', 'ㅇㅇ족이라면 반드시 가져야 할 머스트 해브 아이템' 같은 카피로 제품을 그룹과 엮어서 파는 것도 편승효과를 노린 마케팅의 일환입니다.

특정 그룹이나 집단으로 묶기 힘든 제품이라고 해도 걱정할 필요 없습니다. 편승효과를 모든 제품에 적용할 수 있는 좋은 방법이 있는데요. 제품을 사용해서 문제를 해결하고 니즈 & 원츠를 충족한 집단과 그렇지 못한 집단으로 구분하면 됩니다. 그리고 다량의 고객 후기를 통해서 그것을 입증하면 됩니다.

|사회적 증거 활용 3. 언드 미디어|

마지막으로 언드 미디어는 9장에서 공부한 바와 같습니다. 뉴스, 방송, 언론, 리뷰, 고객 후기, 고객 인터뷰 등이 해당합니다. 특히 중요한 것은 블로그, 인스타그램, 유튜브 등에 내 키워드로 검색했을 때 나오는 콘텐츠가 됩니다. 이와 관련해서 셀링마케팅을 할 때 정말 중요한 마케팅 활동이 있는데요. 바로 이어서 알아보겠습니다.

마케팅 도미노의 첫 조각으로 활용하면 최적인 체험단 마케팅

언드 미디어 콘텐츠를 확보하기 가장 좋은 방법은 '체험단 마케팅'입니다. 매출을 만들기 위해서는 트리플 미디어를 모두 갖춰야 하는데, 저는 최소한의 온드 미디어를 구축한 다음 만사 제쳐놓고 체험단 마케팅으로 언드 미디어를 확보하고, 주머니 사정에 맞게 페이드 미디어 광고를 집행합니다.

제 경험상 페이드 미디어는 실패의 쓴맛을 볼 때도 많았지만, 제품을 충분히 검증한 후 진행하는 체험단 마케팅은 여태까지 저를 배신한 적이 없습니다. 언드 미디어 콘텐츠를 확보함과 동시에 키워드 상위노출까지 노릴 수 있기에 앞단에서 온드 미디어를 잘 구축해놨다면 체험단 마케팅만으로 매출이 발생하기 시작합니다.

일단 체험단은 크게 4종류가 있습니다. 이에 대해 간단히 살펴보겠습니다.

| 블로그 체험단 |

새로운 상위노출 알고리즘이 정착하면서 과거와 달리 오랜 시간 진정성 있게 블로그를 키워온 사람들의 포스팅이 먼저 상위노출 됩니다. 블로그 체험단을 여러 팀 모집하면 내 제품과 관련해서 검색량 많은 노출 키워드를 잡을 때도 있습니다.

많은 사람들이 검색하는 키워드에 상위노출이 되면 효과가 강력합니다. 통계적으로 블로그 포스팅을 읽으면서 동영상을 눌러보는 사람은

변신 아쿠아젯 동영상 재생수

전체의 10분의 1이라고 합니다. 위의 사진을 보면 재생수가 4,804번인데요. 따라서 블로그 포스팅을 읽은 사람은 약 48,000명이 넘는다고 추론할 수 있습니다. 그야말로 상위노출 포스팅 하나가 제품을 엄청나게 팔아준 셈입니다.

제가 그동안 써온 방법들 가운데 가장 상위노출 효과가 좋았던 것은 '잡고 싶은 키워드의 2페이지에 뜨는 블로거들을 섭외해서 체험단 마케팅을 진행하는 것'입니다. 보통 2페이지에 있는 사람들은 원래 1페이지에 있었지만 글 작성 이후 오랜 시간이 지나서 자연스럽게 순위가 밀린 경우가 대부분이기에 해당 키워드로 포스팅하면 다시 1등을 잡는 경우가 많았습니다.

|카페 체험단|

타깃 고객이 모인 카페와 제휴해서 체험단을 할 수 있습니다. 대표적으로 맘카페와 자동차 카페 등이 있는데요. 카페 공지사항을 읽으면 어떻게 제휴를 할 수 있는지 방법이 나와 있습니다. 체험단 이벤트 담당자에게 문의 메일을 보내면 됩니다.

저도 한때 제조사 마케터로 일하면서 웬만큼 규모 있는 카페장들과 알고 지내며 제품 협찬을 많이 했었는데요. 일단 내 타깃 고객이 모인 카페 안에 내 제품에 대한 진정성 있는 리뷰가 많이 올라가니까 네이버나 카페에서 제품을 검색하는 사람들에게도 마케팅이 되고 또 카페 회원들이 리뷰를 보고 따라 사는 경우가 많았습니다. 특히 맘카페가 효과가 좋았는데, 아이들과 관련된 제품이라면 체험단 콘텐츠를 읽으면서 마치 우리 집 아이에게도 저 집 아이가 가진 제품이 있어야 할 것 같은 미묘한 경쟁심리가 발생하는 모양입니다. 자식에게 못 해준 미안함이라던가, '내 자식이 남의 집 자식에게 밀리지 않았으면' 하는 복잡한 소비자 심리가 있거든요. 그래서 만약 판매하는 제품이 엄마들을 대상으로 한다면 맘카페 체험단을 진행하는 것을 추천합니다.

|인스타그램 체험단|

요즘은 제품에 대한 리뷰나 후기를 인스타그램에서도 많이 본다고 합니다. 노출 키워드와 내 키워드처럼 사람들이 많이 검색하는 해시태그에 내 제품이 노출되고, 또 내 제품명을 인스타그램에 검색했을 때 해시태그 안에 콘텐츠가 많으면 사람들이 안심하고 구매한다고 합니다. 인스타그램은 20대에서 40대까지 여성들이 폭넓게 애용하는 마케팅 채널이므로 내 제품이 인스타그램에 적합하다고 판단되면 인스타그램 체험단을 통해 내 해시태그에 일정 수 이상의 콘텐츠를 쌓아놓는 것을 추천합니다.

모집하는 방법은 대행사를 쓰거나 혹은 내 제품 대표 카테고리를 해시태그로 검색해서 뜨는 많은 게시글 가운데 팔로워가 많은 계정으로 들어가 DM을 보내는 것입니다. 물론 개인계정인지 협찬을 받는 계정인지 프로필을 보고 판단하고, 또 가짜 팔로워에 속지 않게끔 글마다 공감과 진정성 있는 댓글이 있는지 확인해야 합니다.

| 유튜브 체험단 |

근래 가장 핫한 채널인 유튜브입니다. 동영상 특성상 가장 생생하게 제품 정보를 알 수 있어서 언박싱 영상의 마케팅 효과가 강력하죠. 요즘은 리뷰 유튜버들이 정말 많아졌고 IT만 전문으로 리뷰하는 유튜버, 식품에 대한 동영상만 올리는 먹방 크리에이터, 패션이나 뷰티만 올리는 유튜비 등 세부 분야별로 전문화가 이루어졌기에 내 제품과 결이 맞는 인플루언서를 찾아 협찬 문의 메일을 보내면 됩니다.

블로그, 카페, 인스타그램, 유튜브 4가지 체험단은 직접 인플루언서를 컨택해서 진행하는 방법이 있고 이들을 연결해주는 대행사를 통해 진행하는 방법이 있습니다. 물론 2개 다 하는 것이 좋습니다. 만약에 상위노출을 중심으로 생각한다면 콘텐츠 기획을 잡아놓고 팔로워가 많고 상위노출을 잘 잡는 크리에이터를 직접 섭외하는 것이 좋습니다. 혹은 내 키워드에 깔아놓을 콘텐츠가 필요한 경우라면 대행사를 통해 모집하는 것이 좋습니다. 체험단은 섭외하는 부분이 가장 힘든데 전문 대행사는 크리에이터 풀을 갖고 있어서 돈만 주면 모집도 잘 이루어지고 소위 '먹튀'에 대한 관리도 확실합니다.

오로지 체험단 마케팅의 힘으로 성공한 사례 한 가지를 말씀드리겠습니다. 바로 잔슨빌 소시지인데요. 이 브랜드는 원래 미국에서 유명한 소시지인데 제가 아는 지인이 한국 총판을 따서 국내에 들여왔습니다. 제품이 진짜 좋은데 자기가 마케팅을 잘 몰라 어렵다며 도움을 요청해 제가 구원투수로 참가했습니다.

원래 소시지는 도축 과정에서 남은 찌꺼기들을 모아 갈아서 가공하고

잔슨빌 소시지 프로모션 활동

자극적인 양념을 친 제품이 대부분입니다. 아이들은 소시지를 정말 좋아하는데 이런 사실을 알고 나면 부모로서는 아무래도 먹이기가 좀 망설여지는 부분이 있는데요. 그에 비해 잔슨빌 소시지는 100% 순살 살코기로 만든 소시지라 반응이 매우 좋았습니다.

이 제품은 체험단 마케팅을 중심으로 승부를 봤습니다. 대부분 자원을 언드 미디어에 쏟은 것이죠. 왜냐하면 소시지는 식품 중에서도 조리법이 무궁무진하기에 그만큼 다양한 소비자 상황을 콘텐츠로 보여줄 필요가 있었습니다. 짜장면, 김치찌개, 피자는 그 자체로 완결된 식품입니다. 완제품이니까 그대로 먹지 추가로 뭔가를 더 하지는 않습니다.

그런데 소시지는 완제품이면서 식자재기도 합니다. 그냥 구워서 먹는 사람도 있겠지만 어떤 사람은 바비큐의 재료로 사용하고, 누구는 달걀을 입혀서 전을 부쳐 먹고, 누구는 김치찌개나 부대찌개에 넣어서 먹고, 누구는 칼집을 내서 소시지 채소볶음을 해 먹고, 누구는 잘게 썰어서 볶음밥에 넣어먹고, 누구는 스파게티에 넣어 먹고, 누구는 라면에 넣어서 먹을 것입니다.

소시지를 어떻게 요리해서 먹을지는 제품을 증정받은 사람들 마음이라 최대한 다양한 경우의 수를 확보하기 위해 쉬지 않고 체험단을 돌렸습니다. 잔슨빌 소시지 온드 미디어를 만든 다음 바로 소시지 관련 키워드로 체험단을 모집해 세품을 상위노출을 잡았습니다. 순살 100% 콘셉트가 제대로 먹혀들어서 이것만으로도 매출이 올라가기 시작했는데요.

나중에는 범위를 더 넓혀서 소시지 관련 키워드뿐만 아니라 김치찌개, 부대찌개 등 소시지를 넣어서 요리하기 좋은 키워드까지 체험단의 범위를 확장했습니다. 요리 레시피 관련 키워드는 종류도 다양한데 검색량도 많았습니다. 블로거들이 정성껏 작성한 포스팅에 순살 100%의 잔슨빌 소시지가 PPL처럼 출현하니 콘셉트에 이끌린 사람들이 자연스럽게 잔슨빌 소시지를 검색해서 매출은 점점 늘어났습니다.

사실 식품은 마케팅이 가장 힘든 제품군 가운데 하나입니다. 사람은 습관이 있어서 평소 먹던 걸 계속 먹습니다. 특정 회사 제품에 한 번 정착하면 바꾸기가 힘들다는 말입니다. 여러분이 꾸준히 먹어온 라면을 쉽게 바꾸지 않는 것처럼 말이죠. 이걸 바꾸려면 먼저 먹어본 사람의 증언을 보여줄 수밖에 없습니다.

그렇기에 모든 자원을 체험단 마케팅에 집중해서 언드 미디어를 키워나간 전략이 맞아떨어진 것입니다. 판매자가 자신의 입으로 순살 100% 소시지라고 외치는 것도 중요하지만, 다른 사람들이 그 소시지를 먹고 역시 순살 100%로 만들어서 시중에 파는 일반 소시지하고는 맛부터 다르다고 증언하는 것이 효과가 더 좋았던 것이죠.

잔슨빌 소시지 관련한 어떤 콘텐츠를 보더라도 제품을 다양한 방식으로 조리해서 아이들이 행복한 표정으로 맛있게 잘 먹었다는 소감이 표현되었습니다. 광고 아닌 광고가 되어서 그걸 본 다른 어머님들도 '우리 애들도 맛있게 잘 먹겠구나!' 하고 안심하고 살 수 있었던 것입니다.

그렇게 2년 동안 꾸준히 온드 미디어와 언드 미디어를 키웠기에 본사에서 페이드 미디어로 진출했습니다. 오픈마켓 거래 행사와 더불어 홈쇼핑까지 진출했습니다. '1봉지에 1만 원 이하'라는, 한 번 사서 먹어보기 부담스럽지 않은 가격과 주부들이 좋아할 제품 콘셉트가 시너지가 잘 맞아서 홈쇼핑 매출도 성공적이었습니다.

그 결과 시작은 온라인 독점 총판으로 시작해서 나중에는 오프라인 판매점과 더불어서 아예 우리나라 정서에 맞게끔 잔슨빌 소시지로 만든 부대찌개 전문 식당까지 개점하게 됩니다. 하도 유명해지니 유사품도 등장했고, 나중에는 체험단을 하지도 않았는데 인스타그램에 잔슨빌 소시지 관련 사진이 모인 해시태그가 많아지는 등 소시지의 대세가 됩니다.

모름지기 큰 도미노를 쓰러뜨리기 위해서는 그 앞에 작은 도미노를 세워야 합니다. 잔슨빌 소시지의 경우 첫 조각은 언드 미디어를 키우는 것이었고 그 도화선에 불을 붙인 것은 바로 체험단 마케팅이었습니다. 일단 첫 조각이 쓰러지자 홈쇼핑 진출, 오프라인 판매점, 식당 개업까지 성공의 연쇄를 거둘 수 있었습니다.

이는 단지 잔슨빌 소시지뿐만 아니라 다른 황금 나무 제품들도 마찬가지입니다. 제가 홈런을 친 제품들은 최소 10만 개 이상 팔아서 제품 하나당 적으면 10~20억 원, 많으면 30~40억 원 정도의 매출을 만듭니다. 1년에 10~20개가량의 제품을 팔아서 황금 나무 4~5그루를 심으면 딱 총 매출 100억 원이 나옵니다.

이 100억 원이라는 큰 도미노를 쓰러뜨리는 결정타는 주로 페이드 미디어가 담당하지만, 페이드 미디어로 그만한 효과를 얻을 수 있는 이유는 충분한 밑 준비와 첫 번째 폭발을 일으킬 도화선에 해당하는 체험단 마케팅 덕분이었습니다. 체험단 마케팅은 사회적 증거를 확보함과 동시에 마케팅 노출까지 잡을 수 있기에 꼭 도미노의 첫 조각으로 세우시길 바랍니다.

3차례의 트래픽 폭탄 만들어 내는 법

트리플 미디어의 마지막으로 페이드 미디어를 알아보도록 하겠습니다. 페이드 미디어의 가장 큰 특징은 시장의 잠재고객을 AISCAS 마케팅 퍼널로 인도한다는 것입니다. 물론 내적 자극 때문에 자발적으로 검색하는 사람들도 있지만, 대부분은 소비자는 언론에서 쟁점이 되거나 혹은 페이드 미디어 광고로 외적 자극을 받아서 검색을 시작합니다.

옆 페이지의 사진은 2020년, 홈쇼핑에 진출한 진공 쌀통의 네이버 검색량 추이입니다. 이 제품은 다른 마케팅은 아무것도 하지 않고 오로지 홈쇼핑 단 한 채널에만 노출시켰습니다. 앞에서 보여드린 자료하고는 모양이 좀 다르죠? 특정 날짜에만 검색량이 송곳처럼 뾰족하게 튀어 오르다가 다시 내려가는 그래프를 하고 있습니다.

산봉우리처럼 솟아오른 때가 바로 홈쇼핑에 이 제품이 출현한 날입니다. 이틀 연달아 출현한 날이 없다 보니 그래프가 올라갔다 내려갔다 올라갔다 내려갔다 하는 것이죠. 참고로 홈쇼핑과 다른 마케팅을 병행하면 저런 산봉우리 모양이 아니라 그래프가 우상향하는 모습을 그리게 됩니다.

홈쇼핑이라는 페이드 미디어를 통해 이 쌀통을 알게 된 잠재고객들은 어떻게 행동할까요? 어떤 사람들은 홈쇼핑을 통해 바로 제품을 구매하겠죠? 이처럼 인지, 흥미 단계에서 바로 구매로 점프하는 사람들도 있지만 대부분 사람은 스마트폰을 꺼내 검색을 시작합니다. 쇼호스트의 말을 100% 신뢰하지 못해서 상품평, 리뷰, 후기를 점검하거나 인터넷 최저가를 알아보기 위함이죠. 이때 검색 단계에 있는 가망고객을 구매고객으로 만들기 위해서는 사전에 자사몰 및 오픈마켓에 좋은 상세페이지로 상품등록을 해놓고, 충분한 언드 미디어(상품평, 내 키워드 콘텐츠)를 확보해둬야 합니다.

저는 팔아야 할 제품이 워낙 많아서 제품 전부에 신경을 다 쓸 수 없다 보니 진공 쌀통은 페이드 미디어로만 판매되었지만, 트리플 미디어를

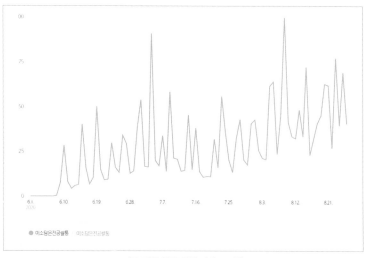

미소 담은 진공 쌀통 키워드 변화

전부 갖춰서 AISCAS의 회로를 만들어뒀다면 더더욱 많이 팔렸을 것입니다.

정리하자면 좋은 제품을 돈으로 교환하기 위해서는 누수 없는 튼튼한 마케팅 퍼널을 만들어놓고 시장의 잠재고객들을 최대한 많이 깔때기로 유입시켜야 합니다. 이때 온드 미디어와 언드 미디어의 역할은 구매고객을 만드는 검색 마케팅이고, 페이드 미디어의 역할은 최대한 많은 사람이 내 제품을 인지하고 흥미를 갖게 해서 내 키워드 콘텐츠를 검색하게 만드는 노출마케팅에 해당합니다.

100억 원 매출은 이처럼 기획된 제품과 콘텐츠가 있다는 전제하에 트리플 미디어를 전부 갖추고, 검색 마케팅과 노출마케팅이 융합되어 AISCAS가 활발하게 작동할 때 가능해집니다. 고객이 물건을 사게 만드는 세일즈와, 물건을 살 고객을 불러 모으는 마케팅을 동시에 할 때 셀링마케팅이 성립되는 것이죠.

셀링마케팅 시스템을 완비한 상태에서 홈쇼핑, TV 광고, 구글 디스플레이 광고, SNS 스폰서 광고 등의 페이드 미디어를 통해 내 키워드를 검색해 들어온 고객들의 구매 전환율은 평균 20%에 육박합니다. 5명 중 1명이 살 정도로 강력한데요. 그래서 저는 항상 온드 미디어와 언드 미디어의 준비가 끝나면 세 차례에 걸친 트래픽 폭탄을 투하합니다.

1차 트래픽 폭탄은 노출 키워드입니다. 네이버, 유튜브 등 소비자들이 많이 이용하는 검색엔진에 체험단이 되었든 상위노출 대행이 되었든 내 제품을 알리는 콘텐츠를 노출 키워드 그룹에 상위노출을 시킵니다.

그렇게 노출 키워드를 통해 내 제품을 알게 된 가망고객들은 이어서 내 키워드를 검색하게 되고, 미리 깔아놓은 언드 미디어를 읽으면서 링크를 타고 온드 미디어(상세페이지)에 도달해서 구매하기 시작합니다.

2차 트래픽 폭탄은 각 오픈마켓 딜 행사입니다. 제품이 차별화가 확실하면서도 고객들의 반응도 좋고, 1차 트래픽 폭탄을 터트려서 판매량도 잘 나온다면 MD들도 관심을 가집니다. 먼저 제안이 오기도 하고, 혹은 잘 팔린다는 데이터를 협상 재료로 우리 측에서 제안을 할 수도 있습니다. 딜 행사에 들어가면 커머스 채널에서 할인된 가격으로 상위노출을 시켜주는데다가 오픈마켓 자체가 애초에 물건을 사기 위해 들어온 손님들이 모인 채널이라서 전환율이 매우 좋습니다.

3차 트래픽 폭탄은 홈쇼핑, TV 인포머셜 광고, SNS 스폰서 광고, 구글 디스플레이 광고 등 타깃 집단을 노려서 대량 배포하는 페이드 미디어 마케팅입니다. 타깃 집단에 대량으로 내 제품을 알리기 때문에 그 자리에서 바로 결제가 나기도 하고, 바로 팔리지 않더라도 내 키워드 검색량이 대폭 증가합니다. 이때 노출 키워드와 내 키워드에 충분한 후기를 확보해두면 편승효과에 의해 높은 전환율로 제품이 팔려나갑니다.

좋은 제품을 돈으로 교환하기 위해서는 누수 없는 튼튼한 마케팅 퍼널을 만들어놓고 시장의 잠재고객들을 최대한 많이 깔때기로 유입시켜야 합니다. 이때 온드 미디어와 언드 미디어의 역할은 구매고객을 만드는 검색 마케팅이고, 페이드 미디어의 역할은 최대한 많은 사람이 내 제품을 인지하고 흥미를 갖게 해서 내 키워드 콘텐츠를 검색하게 만드는 노출마케팅에 해당합니다.

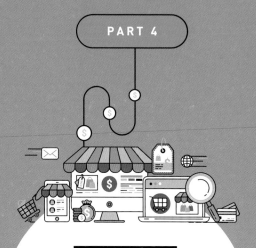

PART 4

성공할 수밖에 없는
기획부터 실전까지 대해부

개방형 실리콘 빨대
오투롤-카멜로우로 살펴보는
마케팅 스텝

스텝 1. 지피지기 백전백승, 아이템 분석

지금까지 상품기획, 콘텐츠 제작, 마케팅 노출까지 셀링마케팅의 전 단계를 알아보았습니다. 이제 어떻게 제품을 팔면 될지 감이 잡히시나요? 아마도 처음에는 배운 개념이 마저 소화되지 않아 바로 도미노를 쓰러뜨릴 수는 없을 것입니다. 그래서 지금부터는 여태까지 배운 개념을 가지고 제가 실무에서 어떤 순서대로 일하는지 과정을 그대로 보여드리겠습니다.

컬러체인징 열감지 개방형 실리콘 빨대 카멜로우 재사용 스트로우 친환경 종이 휴대용 접이식 텀블러

2,900원

생활/건강 > 주방용품 > 주방잡화 > 일회용빨대

리뷰 6 · 구매건수 8 · 등록일 2020.06. · ♡ 찜하기 12 · ⚠ 신고하기   💬 톡톡

제품의 온라인 노출 모습

예제로 들 제품은 '열 감지 개방형 실리콘 빨대 오투롤-카멜로우'입니다. 이 제품은 제가 2020년까지 팔았던 오투롤 개방형 실리콘 빨대의 업그레이드 제품입니다. 처음 이 제품을 팔 때 제 주위 사람들은 모두 만류했습니다. 객단가가 3,000원도 안 되는 빨대를 잘 팔아봐야 돈을 얼마나 벌겠냐고 말이죠. 하지만 업그레이드 제품이 나올 정도로 선방했고, 작년 제가 연 매출 100억 원을 만들기 위해 쳐야 할 4~6개의 홈런 가운데 한 축을 담당했습니다. 모두가 안 된다고 고개를 저은 한낱 빨대에 제가 에너지와 자본을 투입한 이유는 간단합니다. 시장조사, 내 아이템

분석, 경쟁사 분석을 한 결과 이 실리콘 빨대에서 가능성을 보았기 때문입니다. 제가 왜 이렇게 단언하는지, 내 아이템 분석부터 해볼까요?

개방형 열 감지 실리콘 빨대 카멜로우

1. 위생적인 실리콘 소재

⇨ 카멜로우는 100% 백금 실리콘 재질로 만들어졌다. 백금 실리콘은 오염에 강하며 인체 친화적인 소재로 아이들이 입에 무는 젖병, 인체 보형물에 사용한다. 그렇기에 입에 닿는 빨대의 소재로 적격이다. 또한 실리콘이라서 다른 다회용 빨대는 안 되는 열탕 및 전자레인지 소독까지 가능하다. 유해물질을 배출한다는 일회용 플라스틱 빨대보다 안심하고 사용할 수 있다.

2. 돌돌 말고 펼칠 수 있는 개방형

⇨ 자연환경을 생각하면 다회용 빨대를 쓰는 것이 좋은데 대부분 매장에서 일회용 빨대를 쓰는 이유를 아는가? 빨대 하나로 다양한 음료를 마시면 안에 물때, 곰팡이, 세균이 번식해서 건강에 해롭기 때문이다. 그래서 한 번 쓰고 버리는 일회용 빨대가 편하다.

만약에 다회용 빨대를 쓰려면 주기적으로 내부를 세척해야 한다. 그런데 스테인리스 빨대, 유리 빨대, 대나무 빨대는 안을 닦기 위해 따로 빨대 세척솔을 사용해야 한다. 빨대와 더불어 세척용 솔까지 들고 다녀야 해서 매우 번거롭다. 게다가 닦다가 세제가 묻은 솔이 빨대 내벽에 달라붙어 음료를 마실 때 계면활성제를 섭취하는 불상사가 일어날 가능성도 있다. 그런 면에서 개방형 실리콘 빨대인 카멜로우는 직접 빨대를 열어 세척할 수 있어 빨대 세척용 솔도 필요 없고, 항상 맨눈으로 내부를 확인하며 씻을 수 있기에 한결 더 위생적이다.

3. 온도에 따라 색이 변하는 열 감지

⇨ 카멜로우는 칼라 마법사에 사용한 온도에 따라 색이 변하는 재질의 실리콘으로 만들었다. 그래서 차가운 음료수에 빨대를 담그면 진한 색으로 변화한다. 보기

좋은 떡이 먹기도 좋다고 이제는 음료를 맛으로도 즐기고, 눈으로도 즐기자. 아는 지인과 함께 카페에 가서 멋진 케이스에서 카멜로우를 꺼내 음료수에 딱 꽂아 색이 변하는 걸 보여주면 시선이 집중될 것이다.

4. 부드럽고 유연한 재질

⇨ 카멜로우는 실리콘 재질로 만들어져서 스테인리스 빨대, 유리 빨대와 달리 딱딱하지 않고 부드럽다. 그래서 빨대를 우물우물 씹는 걸 좋아하는 아이들에게 적합하다. 또한 가위로 자를 수 있어서 각자 자기에게 맞는 길이로 잘라서 사용할 수 있다.

5. 빨대를 보관하는 자체 케이스

⇨ 실리콘 빨대의 단점은 먼지가 잘 붙어 전용 케이스에 휴대하면 이를 극복할 수 있다. 유리, 스테인리스와 달리 실리콘은 부드럽고 유연해서 2~3번 접어서 케이스에 넣으면 주머니에도 쏙 들어가 휴대성이 뛰어나다.

특장점과 소비자 편익을 같이 보니까 단순히 빨대라고 무시할 수 없죠? 실제 이 제품은 대박 아이템의 4가지 조건(새로운 기능, 기존의 불편함을 개선, 상대적으로 저렴한 가격, 남들에게 자랑할 수 있는 자기과시) 가운데 3가지를 만족합니다. 묘목부터 훌륭한데 이 묘목을 심을 땅(시장)과 뿌리(카테고리)까지 준비되어 있으니 저로서는 안 팔 수가 없었던 것입니다.

스텝 2. 세상이 이 제품을 원하고 있을까, 트렌드 분석

아무리 제품에 독자적인 차별화가 있더라도 충분한 시장이 없다면 반짝커의 사례처럼 콘셉트 리포지셔닝을 하게 될 수 있습니다. 내 아이템 분

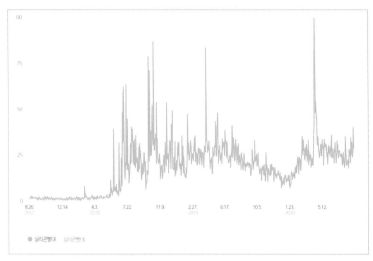

키워드 검색량 추이

석을 마친 저는 바로 시장성은 어떤지 조사에 착수했습니다.

우선 네이버 트렌드에 들어가 키워드 검색량 추이를 살펴봤는데요. 위의 그래프를 보시면 2017년 이전까지는 실리콘 빨대 검색량이 바닥을 기다가 2018년 7월 정도부터 슬금슬금 오르더니 일정 수준 이상 꾸준히 검색되는 걸 볼 수 있습니다.

검색하는 사람들이 꾸준히 있다는 말은 그만큼 실리콘 빨대를 찾는 사람들이 있고, 따라서 시장이 형성되어 있다는 말과 같습니다. 게다가 어떤 때는 송곳처럼 검색량이 뛰는 걸 보면 이 제품 역시 친환경 관련 이슈라는 '힌 방'이 있는 카테고리임을 알 수 있습니다. 마치 특정 이슈가 터지면 주가가 오르는 테마주처럼, 인내하며 때를 기다리면 언젠가는 내실리콘 빨대와 엮인 이슈를 분석하기 위해 네이버와 구글에서 관련

일회용품 규제에 '착한소비' 뜬다...텀블러·장바구니 매출↑

G마켓에 따르면 이 기간, 비닐봉지 판매는 4% 감소했지만 이를 대체할 수 있는 에코백(36%)이나 타포린 소재로 만든 가방(51%) 판매량은 크게 ...

2019. 1. 9.

지금 세계가 플라스틱 빨대를 퇴출하자고 하는 이유 : 국제 일반 : 국제 : 뉴스

이들이 거북의 콧구멍에서 빼낸 것은 길고 가는 일회용 플라스틱 빨대였다. 유튜브에 게재된 8분 가량의 영상에는 빨대를 뽑는 내내 피를 흘리며 ...

2018. 6. 6.

스타벅스 "전국 매장 종이빨대 사용" ... 1회용 플라스틱 퇴출 선언

스타벅스코리아 이외에도 이케아는 2020년까지 전 세계 모든 매장과 레스토랑에서 플라스틱 빨대를 포함한 일회용 플라스틱 제품 사용을 중단할 ...

2018. 11. 27.

언론에 노출된 환경에 대한 이슈들

키워드로 뉴스 기사를 검색했습니다. 그 결과 일회용 플라스틱 쓰레기가 환경오염의 주범으로 지목되어서 지구 환경을 생각하는 '착한 소비', '녹색 소비'가 트렌드라는 것을 파악할 수 있었습니다. 마트나 편의점에서 항상 나오는 일회용 비닐봉지, 배달음식에 많이 쓰이는 일회용 플라스틱 도시락 용기, 프랜차이즈 카페에서 주로 발생하는 일회용 플라스틱 컵과 일회용 플라스틱 빨대가 도마 위에 올랐습니다.

실제 아내의 이야기를 들어보니 요즘 여성은 장을 보러 갈 때 에코백을 챙겨가서 식자재를 담아오고, 카페에 갈 때도 개인 텀블러를 챙겨가서 할인된 가격에 커피를 테이크 아웃한다는 겁니다. 그런데 아직 빨대는 에코백이나 텀블러와 달리 일회용을 이용하더라는 것이죠.

기사를 읽어보니 미국에서만 하루 5억 개의 플라스틱 빨대가 버려진

다고 하는데요. 플라스틱 쓰레기는 땅에 매립해도 썩지 않고, 소각하면 독성물질을 배출하기 때문에 골치가 아프다고 합니다.

일회용 빨대가 버려지는 루트를 추적해보니 스타벅스 같은 글로벌 프랜차이즈 기업이 지목되었고, 현재 우리나라의 스타벅스는 매장 안의 플라스틱 빨대를 전부 없애고 대체품으로 종이 빨대를 도입했습니다. 쉽게 젖지 않도록 콩기름으로 코팅을 했다지만 음료에 오래 노출되면 흐물흐물해져서 불만도 많은 상황이죠.

이 같은 상황을 종합하자면 앞으로도 일회용 빨대 시장은 축소하고

일회용 빨대 자제에 대한 소비자들의 관심

친환경 빨대 시장은 성장할 거라는 거시적인 트렌드, 그리고 스타벅스의 종이 빨대를 대체할 다회용 빨대 수요가 늘 것이라는 미시적 트렌드까지 있어 전망이 밝다는 결론이 나옵니다.

다음으로 실리콘 빨대 관련 키워드로 맘카페 모니터링을 해봤습니다. 사진을 보면 버려지는 플라스틱 빨대를 바다 생물들이 삼켜서 문제가 된다는 뉴스가 방송에 나가고 나서부터 일회용 빨대를 쓰지 말고 다회용 빨대를 사용해야 한다는 여론이 조성된 걸 알 수 있습니다. 여기까지만 보더라도 실리콘 빨대는 트렌드에 완벽하게 부합하는 제품이라는 것을 알 수 있습니다.

스텝 3. 이미 시장은 있는가? 사줄 사람은 있는가, 전체 시장 조사 & 소비자 분석

트렌드 조사를 통해 실리콘 빨대가 친환경 이슈와 관계가 되어있다는 것을 알았는데요. 그렇다면 소비자들은 플라스틱 빨대를 줄이기 위해 일회용이 아닌 다회용 빨대를 찾을 테고, 그 다회용 빨대에는 어떤 종류가 있으며 실리콘 빨대의 포지션은 어떻고 경쟁우위는 있는지 전체 시장을 조사해보기로 했습니다.

사진에 보이는 것처럼 다회용 빨대에는 실리콘 빨대, 곡물 빨대, 대나무 빨대, 스테인리스 빨대, 유리 빨대 등이 있습니다. 사실 이 가운데 가장 친환경적인 빨대는 대나무와 곡물이었습니다. 대나무 빨대는 말 그대로 대나무 재질이라 땅에 묻으면 썩어서 거름이 됩니다. 곡물 빨대는

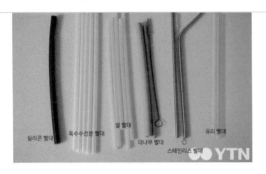

그래서 ▲스테인리스 ▲대나무 ▲유리 ▲실리콘 등 재사용 가능한 빨대와 ▲쌀과 타피오카를 재료로
만든 일회용 빨대 ▲옥수수 전분을 원료로 한 PLA 빨대 6가지를 직접 구매해 일주일간 써봤다. 모두
인터넷에서 쉽게 구매할 수 있다.

아래는 6개 빨대의 가격대, 장·단점, 휴대성, 개인적으로 느낀 사용감 등을 비교한 내용이다. 개인적인
느낌이 담겨있기 때문에 다소 주관적으로 느껴질 수도 있지만, 대안 빨대를 찾는 이들이라면 후기를
공유하는 차원으로 읽어주시기 바란다.

다회용 빨대 제시 예

음료를 다 마신 다음에 아예 빨대를 먹을 수 있고요.

그 대신 조금 사용하면 버리거나 먹어야 해서 한 번 사놓으면 거의 평생 이용할 수 있는 실리콘 빨대, 스테인리스 빨대, 유리 빨대보다 경제성과 편의성은 떨어졌습니다. 따라서 전체 시장에서 실리콘 빨대의 진정한 경쟁자는 유리와 스테인리스였습니다.

다행히 이 둘을 제치고 실리콘 빨대가 소비자의 선택을 받을 수 있는 경쟁우위는 충분했습니다. 내 아이템 분석의 소비자 편익을 보시면 알 수 있다시피 스테인리스와 유리는 딱딱한 재질이라 아이가 쓰기 불편합니다. 실리콘 빨대는 말랑말랑하고 부드러워서 다칠 염려가 없고, 원하는 길이로 사이즈 조절이 되며, 접어서 보관할 수 있어 휴대성도 우수했습니다.

가장 큰 경쟁우위는 제가 맡은 제품이 개방형 실리콘 빨대라서 빨대 세척용 솔 없이 내부를 닦을 수 있다는 점이었습니다. 다회용 빨대는 자주 씻어줘야 하는데 스테인리스와 유리 재질은 안을 닦으려면 전용 솔이 따로 필요했습니다.

그러나 개방형 실리콘 빨대는 펼쳐서 바로 씻을 수 있고, 열탕 소독과 전자레인지 소독까지 할 수 있기에 위생 쪽으로 뛰어난 경쟁력이 있었습니다. 스테인리스나 유리 빨대는 전자레인지를 사용해서 소독할 수가 없습니다.

물론 실리콘 빨대가 스테인리스나 유리 빨대보다 뒤처지는 단점도 있습니다. 마치 고무호스가 연상되는 감촉에 음료를 마실 때도 어딘가 고무 냄새가 나는 것 같다는 점과 먼지가 잘 붙는다는 점이죠.

그런데 감촉과 냄새는 스테인리스와 유리도 차가운 감촉에 쇠맛이 난다는 의견이 있었습니다. 고무 냄새는 대개 뜨거운 물로 한 번 삶아주면 사라지고요. 결국 가장 큰 단점은 먼지였습니다. 그래서 이 점을 보완하고자 추가 구성상품에 전용 케이스를 추가했습니다. 빨대를 케이스 안에 넣고 다니면 외부에서 먼지가 들러붙지 않으며, 세척 후 물기로 가방이 젖는 일도 피할 수 있으니까요.

블로그와 카페에서 실리콘 빨대를 구매한 사람들의 후기를 쭉 읽어봤습니다. 남성보다는 주로 여성들이 많았고요. 직장을 다니면서 텀블러와 함께 사용할 다회용 빨대를 찾거나, 혹은 아이들과 함께 카페에 갈 때 쓸 빨대를 찾는 상황이 많았습니다.

전체 시장에서 실리콘 빨대의 경쟁우위를 확인했지만, 만약에 똑같은 실리콘 빨대 카테고리에 압도적인 경쟁자가 있으면 내 실리콘 빨대가 선택받을 수 없습니다. 그래서 오픈마켓에 실리콘 빨대를 검색해서 어떤 제품들이 있는지 쭉 훑어봤습니다.

그 결과 제가 마케팅하는 빨대와 포지션이 완벽하게 겹치는 경쟁사의 개방형 실리콘 빨대들을 발견했습니다. 비슷한 제품이 거의 없다는 건

★★★☆☆ 3
상품선택: 버블티·핑크 신고

우선 실리콘이구 개방형이라서 좋아요
하지만 제가 생각못했던 단점이 있었어요
구매하시는데 참고하시고 사용하시는데 도움되시라고 올리는거니 오해는 하지 않으시길!!

우선 환경보호 때문에 스테인레스 빨대를 사용중에 입에 무는 느낌이 별로고, 아이들두 사용하기엔 위험하다는 점, 그리구 신축성이 없어서 리드의 구멍이 버블티빨대보다 약간 착아서 안들어가서 이번에 실리콘빨대를 구매하기로 마음먹고 알아봤는데 개방형이다보니...
실리콘빨대의 장점이 위에 나열한 부분의 반대인데 그 부분이 저한텐 단점으로 다가와서ㅜㅜ

기존 8mm사이즈의 실리콘 빨대는 가지고 있었는데 버블티빨대 때문에 알아보다 개방형을 샀어요
첫번째, 개방형이다보니 이음새 부분이 넘 두꺼워요ㅜㅜ
버블티 리드에 간신히 들어가구 스텐빨대보다 입에 무는 부분이 두꺼워서 에들입엔 좀 두꺼운 편이에요
두번째, 아이들이다보니 이로 무는 경우가 있는데 막내가 로로 먹다가 제품에서 입에 닿는 부분의 이음새가 터져서 못 다버렸다는ㅜㅜ
세번째, 첫번째 부분이랑 겹치는데 버블티 리드에 안들어가요ㅜㅜ
네모난 버블티 리드에는 들어가는데 동그란 리드에는 꽉 끼어서 안들어가네요

★★★☆☆ 3
상품선택: 벤티28cm·핑크 신고

한달사용기 처음에나 신기해서 쓰지 나중에는 별로. 빨대 접합부분도 두번 세번씩 꼭꼭 눌러줘야해요. 이따금씩 살짝 틈이 있다 싶으면 빨다가 그쪽으로 음료고 물이 막 새서 옷 몇 벌 망쳤네요.

★★★☆☆ 3
상품선택: 벤티28cm·레드 신고

우선. 환경에 빨대가 매우 나쁘다는 사실을 접하고 나서 다회용 빨대 구입을 몇 번 시도했었지만 완벽한 게 없는 것 같아 구입까지는 못했어요 이번에 아기가 플라스틱 빨대를 최 물어뜯어서어 이 때다하고 이 제품에 선택해보았는데 저는 너무. 별로. ㅠㅠ 다들 칭찬밖에 없던데 난감 ㅠㅠ 일단 제가 느낀 단점은 1) 쉽으면 물린다 - 아기가 없으시면 상관없음 2) 일반 빨대 대비 내경이 좁다 - 빨대를 끼울 수 있는 텀블러에 쓰려고 했는데 내경이 좁아 못으면 물림 3) 일반 빨대보다 두꺼워서 구멍이 나있는 텀블러에 꽂기엔 힘들다 - 이건 힘써서 빡빡하게 끼우면 되기는 됨 컵마다 다르겠지만 4) 먼지가 너무 많이 붙어서 매번 빨로 씻어줘야 쓸만함 제가 생각한 용도가(아기 컵, 빨대가 부속인 텀블러의 빨대 대체)랑 너무 어긋나서 그렇지 세척 간편한 점, 잘 휘어져서 별도의 케이스 없이 들고다닐 수 있는 점은 큰 장점이라 생각합니다.

경쟁 제품인 개방형 실리콘 빨대 상품평

경쟁이 치열하지 않은 블루오션입니다. 바로 경쟁사 빨대의 상품평과 블로그 콘텐츠를 읽으면서 분석에 들어갔습니다.

만약 여기서 경쟁사 빨대와 아무런 차별화 포인트가 없었다면 가격 싸움으로 흘러갈 수밖에 없었을 것입니다. 다행히 같은 개방형 실리콘 빨대 카테고리지만 제품이 완전히 일치하는 건 아니었습니다.

제가 마케팅하는 빨대는 돌돌 말아서 사용하는 타입인데 경쟁사의 빨대들은 결합방식이 달랐습니다. 이 결합방식의 단점은 ① 생각보다 여닫는데 힘이 들어간다 ② 빨대를 깨물면 이음새가 터져서 음료가 질질 샌다 ③ 두꺼워서 잘 안 꽂힌다 3가지가 있습니다.

똑같은 개방형 실리콘 빨대라도 카멜로우는 여닫는 게 편하며, 결정적으로 아이가 아무리 깨물어도 절대 터지지 않는다는 경쟁우위가 있었습니다. 실리콘 빨대는 소재 특성상 어머니들이 아이와 함께 사용하는 경우가 많기에 이는 매우 큰 이점이었습니다.

스텝 5. 고객은 어떤 단어를 통해 내 제품까지 도달하는가, 키워드 분석

다음으로 상품등록과 마케팅에 사용할 키워드를 추출하기 위해 네이버와 오픈마켓으로 향했습니다. 자동완성어, 연관검색어로부터 실리콘 빨대, 실리콘 빨대 컵, 개방형 실리콘 빨대, 아기 실리콘 빨대, 다회용 빨대, 친환경 빨대, 스텐 빨대, 스타벅스 콜드컵 빨대 등의 키워드를 알아냈습니다.

전체 추가	연관키워드 ⑦		월간검색수 ⑦	
			PC ⟂	모바일 ⟂
추가	친환경빨대		820	2,390
추가	다회용빨대		200	790
추가	실리콘빨대		970	5,410
추가	개방형 실리콘빨대		80	530
추가	친환경제품		2,500	3,960
추가	종이빨대		1,250	3,150
추가	옥수수빨대		490	1,680
추가	빨대		3,420	13,100
추가	대나무빨대		1,190	940
추가	강청비누		230	1,560
추가	친환경일회용품		240	830
추가	친환경상품		200	270
추가	스테인레스빨대		410	1,830
추가	친환경용품		110	140

상품과 관련된 연관 검색어

이 가운데 가장 제품과 결이 맞는 실리콘 빨대, 개방형 실리콘 빨대, 다회용 빨대, 친환경 빨대를 네이버 검색광고에 입력해 추가로 키워드를 수집했습니다. 최종적으로 상품등록에 사용한 키워드는 '컬러체인징 열 감지 개방형 실리콘 빨대 카멜로우 재사용 스트로우 친환경 종이 휴대용 접이식 텀블러'인데요. 이를 3가지 키워드로 분류하자면 다음과 같습니다.

|노출 키워드|

실리콘 빨대, 개방형 빨대, 개방형 실리콘 빨대, 친환경 빨대, 종이 빨대,

휴대용 빨대, 접이식 빨대, 재사용 빨대, 텀블러 빨대

실리콘 스트로우, 개방형 스트로우, 개방형 실리콘 스트로우, 친환경 스트로우,

종이 스트로우, 휴대용 스트로우, 접이식 스트로우, 재사용 스트로우, 텀블러 스트

로우

┃매출 키워드┃

개방형 실리콘 빨대, 친환경 빨대, 재사용 빨대

┃내 키워드┃

카멜로우, 열 감지 빨대, 컬러체인징 빨대

스텝 6. 그동안 분석한 걸 종합하면서 정리한다, 마케팅 기획서 종합

다음은 1~5단계의 시장조사 과정을 총정리하는 의미로 마케팅 기획서
를 작성합니다. 기획서를 잘 만들어놓으면 콘텐츠 제작에 활용할 수 있
어서 여러모로 도움이 됩니다. 광고 대행사에서도 비슷하게 크리에이
티브 브리프Creative Brief라고 해서 주로 한 페이지로 기획서를 요약하는
데요. 회사마다 양식은 제각각입니다. 일단 제가 카멜로우를 갖고 어떻
게 기획서를 작성했는지 보여드리겠습니다.

열 감지 개방형 실리콘 빨대 카멜로우 마케팅 기획서

① 제품명

열감지 개방형 실리콘 빨대 카멜로우

② 제품 카테고리

생활/건강〉주방용품〉주방잡화〉일회용빨대

③ 시장조사

1 일회용 플라스틱 쓰레기를 줄여야 한다는 국제여론이 조성되어 향후 일회용 플라스틱 빨대 시장은 축소, 반대로 다회용 빨대 시장 성장이 전망됨. 거시적 트렌드를 충족한다.

2 현재 스타벅스 등 일회용 빨대를 대량 배출하는 글로벌 프랜차이즈 기업들이 매장 안에서 플라스틱 빨대를 없애고 있음. 종이 빨대에 대한 불만이 많아 대체품을 찾는 사람들이 늘어날 것으로 전망됨. 미시적 트렌드를 충족한다.

3 다회용 빨대 시장은 대나무 빨대, 곡물 빨대, 스테인리스 빨대, 유리 빨대, 실리콘 빨대 등이 있음. 이 중 편의성이 좋은 스테인리스와 유리 빨대가 실질적인 경쟁자라 할 수 있음. 그러나 개방형 실리콘 빨대는 세척이 편리하고 아이들에게 안전하다는 점에서 자녀가 있는 주부를 타깃으로 시장 기회가 열려 있다.

④ 내 아이템 분석

1 위생적인 실리콘 소재

⇨ 카멜로우는 100% 백금실리콘 재질로 만들어졌다. 백금실리콘은 오염에 강하며 인체 친화적인 소재로 아이들이 입에 무는 젖병, 인체 보형물에 사용한다. 그렇기에 입에 닿는 빨대의 소재로 적격이다. 또한 실리콘이라서 다른 다회용 빨대는 안 되는 열탕 및 전자레인지 소독까지 가능하다. 유해물질을 배출한다는 일회용 플라스틱 빨대보다 안심하고 사용할 수 있다.

2 돌돌 말고 펼칠 수 있는 개방형

⇨ 자연환경을 생각하면 다회용 빨대를 쓰는 것이 좋은데 대부분 매장에서 일회용 빨대를 쓰는 이유를 아는가? 빨대 하나로 다양한 음료를 마시면 안에 물

때, 곰팡이, 세균이 번식해서 건강에 해롭기 때문이다. 그래서 한 번 쓰고 버리는 일회용 빨대가 편하다.

만약에 다회용 빨대를 쓰려면 주기적으로 내부를 씻어야 한다. 그런데 스테인리스 빨대, 유리 빨대, 대나무 빨대는 안을 닦기 위해 따로 빨대 세척용 솔을 사용해야 한다. 빨대와 더불어 세척용 솔까지 들고 다녀야 해서 매우 번거롭다. 게다가 닦다가 세제가 묻은 솔이 빨대 내벽에 달라붙어 음료를 마실 때 계면활성제를 섭취하는 불상사가 일어날 가능성도 있다. 그런 면에서 개방형 실리콘 빨대인 카멜로우는 직접 빨대를 열어 씻을 수 있어 빨대 세척솔도 필요 없고, 항상 육안으로 내부를 확인하며 씻을 수 있기에 한결 더 위생적이다.

3 온도에 따라 색이 변하는 열 감지

⇨ 카멜로우는 칼라 마법사에 사용한 온도에 따라 색이 변하는 재질의 실리콘으로 만들었다. 그래서 차가운 음료수에 빨대를 담그면 진한 색으로 변화한다. 보기 좋은 떡이 먹기도 좋다고 이제는 음료를 맛으로도 즐기고, 눈으로도 즐기자. 아는 지인과 함께 카페에 가서 멋진 케이스에서 키멜로우를 꺼내 음료수에 딱 꽂아 색이 변하는 걸 보여주면 시선이 집중될 것이다.

4 부드럽고 유연한 재질

⇨ 카멜로우는 실리콘 재질로 만들어져서 스테인리스 빨대, 유리 빨대와 달리 딱딱하지 않고 부드럽다. 그래서 빨대를 우물우물 씹는 걸 좋아하는 아이들에게 적합하다. 또한 가위로 자를 수 있어서 각자 자기에게 맞는 길이로 잘라서 사용할 수 있다.

5 빨대를 보관하는 자체 케이스

⇨ 실리콘 빨대의 단점은 먼지가 잘 붙어 전용 케이스에 휴대하면 이를 극복할 수 있다. 유리, 스테인리스와 달리 실리콘은 부드럽고 유연해서 2~3번 접어서 케이스에 넣으면 주머니에도 쏙 들어가 휴대성이 뛰어나다.

※ 4가지 차별화 중 기존의 신기능(3번), 불편함 해소(2번과 4번), 자기과시(3번) 3가지 충족

⑤ 소비자 분석

1 텀블러를 사용하고 프랜차이즈 카페를 자주 가는 20~30대 여성

2 빨대를 자주 사용하는 아이가 있는 30~40대 주부

⑥ 경쟁사 분석

똑같은 개방형 실리콘 빨대가 이미 시장에 있으나, 자사 제품과 열고 닫는 타입이 다름. 여닫는데 힘이 들고, 아이들이 깨물면 이음새가 터진다는 점에서 충분히 차별화가 가능하다.

⑦ 키워드 분석

1. 노출 키워드

실리콘 빨대, 개방형 빨대, 개방형 실리콘 빨대, 친환경 빨대, 종이 빨대, 휴대용 빨대, 접이식 빨대, 재사용 빨대, 텀블러 빨대

실리콘 스트로우, 개방형 스트로우, 개방형 실리콘 스트로우, 친환경 스트로우, 종이 스트로우, 휴대용 스트로우, 접이식 스트로우, 재사용 스트로우, 텀블러 스트로우

2. 매출 키워드

개방형 실리콘 빨대, 친환경 빨대, 재사용 빨대

3. 내 키워드

카멜로우, 열감지 빨대, 컬러체인징 빨대

⑧ 콘셉트

지구의 건강과 아이의 건강 두 마리 토끼를 잡는 열감지 개방형 실리콘 빨대 카멜로우

⑨ 키 카피

1. 환경도 보호하고 건강도 챙기는 일석이조 개방형 실리콘 빨대
2. 보기 좋은 음료수가 먹기도 좋다! 입으로 마시고 눈으로 즐기는 카멜로우
3. 언제까지 세척용 솔로 안을 닦으며 아이에게 계면활성제를 먹이실 겁니까? 이제는 육안으로 잔류세제가 있는지 직접 확인하면서 세척하세요.

⑩ 키 비주얼

1 빨대를 음료에 담가 색이 변하는 장면

2 개수대에서 빨대를 바로 펼쳐서 편하게 세척하는 장면

3 아이들이 빨대를 우물우물 씹으면서 음료를 마시는 장면

4 세척 끝난 빨대를 2~3번 접고 작은 케이스에 넣어 편하게 휴대하는 장면

5 자유롭게 열탕 소독, 전자레인지 소독을 하는 장면

⑪ 5W1H

- 후(Who) 타깃 분석

  1. 텀블러를 사용하고 프랜차이즈 카페를 자주 가는 20~30대 여성

  2. 아이와 함께 카페를 자주 가는 30~40대 주부층

- 와이(Why) 니즈 분석(기능적 필요)

  1. 세척이 편리하고 보관이 편한 다회용 빨대를 쓰고 싶다.

  2. 아이들에게 음료를 먹일 때 유해물질 없는 안전한 빨대를 입에 물리고 싶다.

  3. 한 번 사면 반영구적으로 써서 돈 굳는 다회용 빨대가 필요하다.

- 왓((What) 원츠 분석(심리적 욕망)

  1. 환경을 생각하는 착한 소비자로 보이고 싶다.

  2. 지인들에게 신기함을 어필하고 싶다.

- 워리(Worry) 구매 방해 요소 해지

  1. 고무 냄새가 난다는데 괜찮을까?

     ⇨ 열탕 소독을 하면 대부분 냄새가 사라지며, 불량 제품은 교환을 받으면 된다.

  2. 먼지가 잘 붙는다는데 괜찮을까?

     ⇨ 같이 지급하는 전용 케이스에 보관하면 외부 공기와 차단되어 먼지가 붙지 않는다.

- 후즈(Whose) 경쟁우위 강조(차별화 전략)

  1. 실리콘 재질이라 인체에 친화적이며 딱딱하지 않아 아이들이 다칠 걱정이 없다. 롤링 방식이기에 아이들이 빨대를 씹어도 괜찮다.

  2. 누구나 간편하게 빨대를 개방하고 닫을 수 있다. 눈으로 내부를 보면서 직접 닦을 수 있으며 세척이 편리하다.

- 하우(How) 제품의 활용방안

1. 카페에서 음료를 마실 때 사용
2. 아이들에게 음료를 먹일 때 사용

여태까지 조사한 내용을 핵심만 요약해 정리하면 되기에 기획서 작성은 어렵지 않습니다. 길게 설명할 부분은 없으니 콘셉트만 짚고 넘어가도록 하겠습니다. 내 아이템 분석, 소비자 분석, 경쟁사 분석의 교집합에서 콘셉트가 탄생한다고 했는데요. 여러모로 고민해서 정한 카멜로우의 최종 콘셉트는 상술한 바와 같습니다.

'지구의 건강과 아이의 건강 두 마리 토끼를 잡는 열 감지 개방형 실리콘 빨대 카멜로우'

시장과 소비자 분석을 거쳐서 판단한 결과, 다회용 빨대 시장의 본질은 자기과시입니다. 소비를 통해 '나는 환경을 생각해서 다소의 개인적 불편함을 감수하고 다회용 빨대를 사용하는 사람이야'를 은연중에 드러내고자 하는 원츠(심리적 욕망)가 구매의 주된 동기라는 말입니다. 이 원츠를 더 자극하려면 어떻게 해야 할까요? '여러 가지 다회용 빨대 가운데 실리콘 빨대를 사용하는 여러분은 지구의 건강뿐만 아니라 아이의 건강까지 챙기는 현명한 사람이에요'라는 마케팅 메시지를 전달하면 됩니다. 실리콘은 젖병에 사용되면서 다른 다회용 빨대와 달리 재질이 부드럽고 말랑말랑해 아이들이 입을 다칠 위험이 없으니까요. 일회용 플라스틱 빨대처럼 유해물질도 없습니다.

음료수 온도에 따라 색이 변한다는 점도 '이런 빨대 본 적 있어?'라는 자기과시를 자극하는 훌륭한 조미료가 됩니다. 거기에 더해서 개방형 이라 별도의 빨대 세척솔 없이 언제 어디서든 편하게 청결을 유지할 수 있다는 점도 니즈(기능적 필요)를 충족시켜줍니다.

따라서 광고소재나 상세페이지 콘텐츠를 제작할 때도 이 콘셉트에 맞춰서 환경보호, 건강, 안전, 위생, 청결, 신기함, 자기과시를 집중 조명해서 제작했습니다. 상품평과 콘텐츠 하단에 달린 댓글들을 읽어본 결과 긍정적인 반응이 대부분이었습니다. 콘셉트가 성공했다고 봐야 겠죠. 실제 매출도 잘 나왔는데 구체적인 액수는 맨 마지막에 보여드리 겠습니다.

스텝 7. 일단 먼저 써보게 하고 반응을 살핀다, 패널조사&상품등록

마케팅 기획서 작성이 끝나면 시장조사를 하면서 추론한 가설이 정확한 지 점검해야 합니다. 제조사에서 샘플을 제조했고 그 샘플을 주변 사람 들에게 나눠주며 1주일의 테스트 기간을 가졌습니다. 다행히 제 예상이 맞아떨어져서 소비자들로부터 반응이 매우 좋았습니다. 단톡방을 통해 계속해서 의견을 들었는데요. 이 제품의 경우 패널조사를 하면서 디자 인에 가장 큰 도움을 받았습니다. 색상을 딱 3가지만 만들기로 했는데 저는 디자이너들처럼 미적 감각이 뛰어나지 않아 뭐가 예쁜 색인지 고르기가 힘들었습니다.

그래서 단톡방에 모인 패널들이 투표를 해서 베스트 3를 정했습니다. 기획서의 5W1H를 참고해 상세페이지를 제작했고, 노출 키워드와 함께 모든 오픈마켓에 상품등록을 했습니다. 그리고 패널들을 통해 상품평을 확보했습니다.

스텝 8. 온라인 미디어 노출은 이렇게 한다, 온드, 언드 미디어 확보

실리콘 빨대 미디어 작업

패널 조사를 거치며 혹시나 예측하지 못한 제품 하자의 리스크까지 검토가 끝났기에 본격적으로 AISCAS를 작동시키기 위한 트리플 미디어 세팅에 들어갔습니다. 온드 미디어를 만들었으니 다음 차례는 언드 미디어죠. 가장 먼저 블로그 체험단 마케팅을 진행했습니다.

사람들이 내 키워드로 검색할 때 긍정적인 리뷰, 후기가 노출되도록 체험단에 지원한 블로거들에게 포스팅 가이드를 배포하고 제품을 증정했습니다. 사전 설명을 통해 이 제품이 단순한 빨대가 아니라 친환경 용품이자 아이의 건강까지 생각한 제품임을 인지시키자 블로거들의 평가가 좋았습니다.

제품관련 동영상 제작 배포 제시 예

요즘은 사고 싶은 제품이 있으면 블로그뿐만 아니라 유튜브에도 후기를 검색하기 때문에 역시나 내 키워드 콘텐츠를 검색할 때 영상이 뜨도록 콘텐츠를 확보했습니다.

그리고 뉴스 마케팅을 진행했습니다. 제품 출시 기사와 더불어 카카

キーワードコンテンツのニュース記事提示例

키워드 콘텐츠의 뉴스 기사 제시 예

오 메이커스 입점 등 긍정적인 이벤트가 생길 때마다 언론보도 기사를 내보냈습니다. 블로그나 유튜브에 구매고객의 리뷰, 후기가 올라가는 것도 중요하지만, 내 키워드 콘텐츠의 목적으로 뉴스 기사가 뜨는 것도 신뢰를 줄 수 있는 훌륭한 방법입니다.

체험단 마케팅을 진행하면서 꾸준히 개방형 실리콘 빨대 키워드로 블로거들의 글이 발행되다 보니까 자연스럽게 키워드 상위노출까지 잡았습니다. 매출과 직결되는 키워드에 포스팅이 상위노출 되자 이 순간부터 이미 AISCAS가 작동하기 시작하여 매출이 나기 시작했습니다.

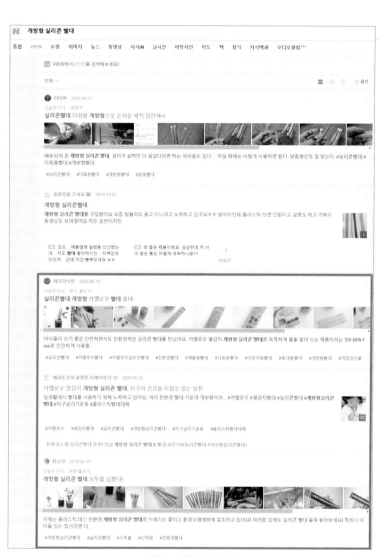

체험단 마케팅 진행 현황

온드 미디어, 언드 미디어를 확보해서 객단가와 전환율을 만들었기에 나머지는 유입량을 최대한 높이는 일만 남았습니다. 그래서 사전에 뽑아놓은 노출 키워드를 가지고 키워드 광고를 진행했습니다. 네이버 파워링크, 네이버 쇼핑 검색 광고, 각 오픈마켓 키워드 광고를 걸어놓았습니다.

그런 다음, 마지막은 페이드 미디어 광고 차례입니다. 타깃 고객인 20~40대 여성들이 모인 채널인 인스타그램에서 스폰서 광고를 진행했습니다. 요즘 광고 트렌드에 맞게 재미있는 B급 광고 콘텐츠로 제작했고 @로 친구소환을 하는 등 반응이 좋았습니다.

인스타그램 B급 광고 제작 배포

이렇게 시장조사, 상품기획, 콘텐츠 제작, 상품등록, 트리플 미디어 마케팅까지 셀링마케팅 프로세스를 한 바퀴 돌자 빨대가 날개 달린 듯 팔려 나갔습니다. 다들 객단가가 낮아 팔아봐야 얼마나 벌겠냐고 무시하던 한낱 빨대의 총매출은 과연 얼마일까요?

 카멜로우 오투톨 개방형 실리콘 빨대 친환경 세척솔 필요없이 간편한 스트로우 재사용 투명 종이
2,400원
우리들 [N pay+]
구매 2,217 리뷰 2,145 찜 1,971

다양한 루트로 판매했던 제품 이미지

사실 판매 루트가 워낙 다양해서 정확한 금액의 총매출을 정산하기는 힘듭니다. 따라서 일단 계산 가능한 매출을 구해보도록 하겠습니다. 위의 사진을 보시면 스마트스토어 한 곳에서 2,217번의 구매가 일어났습니다.

물론 실제로는 그보다 훨씬 더 많이 팔렸습니다. 스마트스토어는 구매량을 6개월 단위로 끊어서 보여주거든요. 그러나 리뷰는 날짜가 지난다고 0으로 갱신되지 않고 그대로 쭉 쌓입니다. 통계적으로 제품을 구매한 사람의 10% 정도가 리뷰를 남깁니다. 그렇다면 리뷰가 2,145개니 리뷰를 안 남긴 90%의 사람까지 합쳐서 계산하면 실질적인 구매는 약 2만 개가 됩니다.

그런데 구매가 2만이라고 빨대가 2만 개가 팔린 건 또 아닙니다. 한창 빨대를 팔 때 주문 들어오는 걸 보면 빨대를 1개만 사는 사람도 있지만, 대개의 경우 한 고객당 3~5개의 빨대를 사갔습니다. 그런데 한 사람이 빨대를 5개를 샀다 하더라도 구매는 1로 잡힙니다. 따라서 고객 한 명이 평균 3개의 빨대를 사갔다고 가정하면 2만에 3을 곱해서 6만 개를 팔았다고 보는 것이 타당합니다.

사진을 보면 객단가가 2,400원으로 되어있는데 그때그때 이벤트에 따라 2,400~3,000원 사이로 판매했습니다. 평균을 2,500원으로 잡으면 2,500에 6만을 곱해서 이 스마트스토어 하나에서만 1억5천만 원 어치의 빨대를 팔아치웠습니다.

그런데 저는 스마트스토어를 여러 개 운용합니다. 거기에 오픈마켓과 소셜커머스에까지 카멜로우를 상품을 등록하고 키워드 광고로 팔았습니다. 모든 채널에서 팔린 것까지 합치면 어림잡아 약 10만 개 정도의 빨대를 팔아 1년 총매출 2억5천만 원을 판매했다는 계산이 나옵니다. 물론 2억5천만 원은 매출이고 파는데 쓴 광고비와 제조사와의 수익 셰어까지 고려해보면 순이익은 좀 더 작습니다.

마지막으로 이렇게 잘 판매했다면 피드백을 해야 하는데요. 사실 이 제품은 이미 피드백을 한 번 거친 제품입니다. 원래 제품은 '오투롤 개방형 실리콘 빨대'고 일부 디자인과 온도에 따라 색이 변하는 기능을 제외하면 카멜로우와 똑같습니다. 카멜로우가 가지는 소비자 편익을 하나 빼고 다 갖고 있어서 오투롤도 많이 팔렸습니다.

이대로 오투롤을 쭉 팔아도 좋았지만 일부러 카멜로우를 만든 이유는 미래를 생각해서입니다. 앞장에서도 차별화는 실시간으로 진화해야 한다고 했었죠? 오투롤이 많이 팔리면서 비슷한 개방형 실리콘 빨대의 카피가 등장하기 시작했고, 심지어 강력한 경쟁사인 스타벅스에서도 실리콘 빨대를 만들기 시작했습니다.

아무리 황금 나무 한 그루를 심어서 과실을 수확했다 하더라도 이후의 사후관리가 미흡하면 카테고리 리더가 될 수 없고, 브랜딩을 할 수 없습니다. 경쟁사가 쫓아오기 시작하면 벌어들인 돈을 연구 개발해 투자해 더 강력한 제품을 만들어서 더 멀리 달아나야 합니다.

마침 제조사가 우수한 실리콘 기술을 갖고 있었기에 한때 칼라마법사에 적용되었던 온도에 따라 색이 변하는 기술을 오투롤에 추가해 카멜로우를 개발할 수 있었습니다. 다회용 빨대 시장의 본질은 자기과시의 원츠이기에 비주얼의 차별화를 더하는 것은 매우 훌륭한 선택이었습니다.

여러분도 9단계 프로세스를 거쳐 제품을 팔고, 10단계에서 꼭 피드백하시길 바랍니다. 실패했다면 실패한 이유를 끝까지 추적해서 다음에는 동일한 실수를 피하면 됩니다. 성공했다면 성공한 이유를 복기해 다음에도 활용하고, 더 나아가 변화하고 있는 시장의 흐름을 읽어내 제품을 업그레이드해서 수성전을 펼쳐야 합니다.

앞으로도 중소기업을 돕는
마케팅계의 제갈량을 꿈꾸며

어린 시절, 저는 소심하고 내성적인 책벌레였습니다. 아버지께서 독서를 좋아하셔서 집에는 항상 책이 많았고, 많고 많은 책 가운데 저는 《삼국지》를 가장 좋아했습니다. 삼국지에는 유비나 조조처럼 모두를 이끄는 리더가 나오고, 여포나 관우처럼 일기당천의 무장 등 다양한 인간 군상이 등장하는데요.

하지만 《삼국지》를 읽으면서 유독 제 마음을 사로잡은 등장인물은 제갈량이나 사마의처럼 왕의 최측근으로 국정과 전쟁 전반을 기획하는 군사였습니다. 특히 적벽대전처럼 누가 봐도 불리한 싸움에서 약자가 전략을 통해 강자를 꺾고 역전 승리를 거둘 때는 카타르시스마저 느껴졌습니다.

어른이 되어서도 이런 유년기의 영향이 있었는지 중소기업 전략 기획실로 커리어를 시작했고, 그 후로도 여러 회사를 전전했지만 하는 일은 항상 같았습니다. 제품을 마케팅하고 세일즈해서 판매하는 일이었죠.

제 삶의 궤적을 관통하는 키워드는 셀링마케팅이었습니다.

세일즈와 마케팅을 17년 넘게 해오면서 어느덧 저도 40대 후반의 나이가 되었습니다. 공자님은 십오 세에 학문에 뜻을 둬서 마흔이 되자 세상의 어떤 유혹에도 흔들리지 않았고, 오십이 되자 천명을 알았다고 하는데요. 역시 한가지 일에 오랜기간 집중하여 셀링마케팅을 하다보니 이제는 바로 매출이 오르는 판매 마케팅 법칙이 손에 잡히는 것 같습니다. 저는 항상 저에게 주어진 시간과 에너지를 중소기업의 제품을 팔아 그들의 매출을 증진하는데 사용했습니다. 대기업은 판매망이 좋아 제품을 잘 팔고 있지만, 많은 스타트업 혹은 중소기업 사장님은 제조는 잘하는데 파는 법을 몰라 고생하고 계십니다.

저의 지혜를 최대한 활용해 그분들을 돕다 보니 많은 성공 사례를 배출했고, 본의 아니게 페이스북에서 '판매의 신'이라는 별명으로 불리기도 했습니다. 하지만 저는 명예를 생각하며 이 일을 한 것도 아니고, 그저 예전부터 갖고 있던 신념 때문에 오랜 세월 중소기업의 편에서 싸워왔을 뿐입니다.

어떤 사회든 중소기업의 역할은 매우 중요합니다. 본문에서도 말했다시피 사람들은 항상 1등, 즉 대기업만 기억하는 특성이 있습니다. 웬만하면 대기업 제품을 구매하고, 자녀들이 열심히 공부해 명문대를 졸업하고 대기업에 취직하는 걸 하나의 이상으로 여깁니다. 물론 저도 제 딸이 대기업에 취업하면 안심과 더불어 자랑스러울 것이긴 합니다.

그런데 통계를 보면 대한민국에 설립된 법인 가운데 80~90%는 중소기업, 소상공인이며 개인사업자까지 따져보면 대기업은 전체 중 극소수에 불과합니다. 이들이 일자리를 많이 창출하더라도 사실 전체를 따져보면 대부분의 사람은 중소기업에서 일할 확률이 높습니다.

뉴스와 SNS를 보다 보면 세상 살기가 점점 각박해지는 느낌이 듭니다. 작금의 현실을 조금이라도 개선하려면 중소기업이 살아야 합니다. 소비자들은 제품 하나의 매출이익이 30%라고 한다면 가격이 비싸다고 말할 것입니다. 그러나 여러 중소기업 현장을 경험하고, 오너와 실무자들의 이야기를 들어본 결과, 단순히 폭리를 취한다고 단정할 정도로 문제는 단순하지 않습니다.

훌륭한 제품을 개발해도 판매할 방법을 몰라 객단가를 낮추면 어떻게 될까요? 매출이익이 적으니 자금순환이 원활하지 않고, 결과적으로 중소기업은 경영이 어려워지게 됩니다. 월급도 올라가지 않고 연구개발에 쓸 비용이 부족해 히트 아이템을 제조할 수 없으니까 회사가 더욱 어려워지는 악순환에 빠집니다.

무조건 비싸게 팔아야 한다는 것이 아니라 제품이 가치에 걸맞게 제값을 받고 팔려야 한다는 이야기입니다. 실제 제가 컨설팅을 하면서 셀링마케팅 시스템을 정착시킨 기업들은 황금 나무를 심으면서 회사에 여유 자금이 생기기 시작합니다. 이를 밑천으로 연구 개발에 투자해 또 다른 히트 아이템을 탄생시키는 선순환이 만들어지면서 회사의 분위기가 달라지는 것을 봐왔습니다.

회사에 희망이 생기기 시작하면 많은 것이 바뀝니다. 우선 전체적으로 활력이 돌기 시작해 사내 문화가 좋아집니다. 직원들의 월급이 올라가고 근무환경과 복지가 개선됩니다. 히트 아이템이 많아서 팔리는 제품이 많은 만큼 이를 감당하기 위해 조직을 확장합니다. 새로운 직원을 채용하면서 일자리가 창출되기 시작합니다. 그리고 중소기업이 만드는 히트 아이템은 대기업이 미처 신경 못 쓰는 시장의 니즈와 원츠를 채워주는 상품이 많습니다. 모두가 겪는 불편함은 아니지만, 누군가는 겪는 불편함도 해결이 되면서 소비자들의 삶도 윤택해집니다.

다들 아시다시피 돈 버는 일치고 쉬운 일은 없습니다. 그것은 제품을 온라인으로 파는 일 역시 마찬가지입니다. 그런데도 이 길을 포기하지 않고 오늘도 마케팅을 배우는 여러분은 돈도 돈이지만 적성과 사명 때문에 계속 판매를 하고 계실 것입니다.

저 역시 제가 쓰러뜨린 아주 작은 도미노 한 조각이 중소기업의 한 제품을 성공시키고, 그로 인해 회사가 살아나며, 회사에서 일하는 근로자들에게 도움이 되고, 소비자들에게 도움이 되어 이윽고 시장이 변화하고 세상이 바뀌는 즐거움 때문에 오늘도 중소기업의, 중소기업을 위한, 중소기업에 의한 컨설턴트로 일하고 있습니다.

프롤로그에도 밝혔지만 첫 책인 만큼 하고 싶은 말이 참 많았는데 다 하다 보면 페이지가 끝날 것 같지가 않아 상당히 절제해서 원고를 썼습니다. 앞으로도 들려드리고 싶은 이야기가 정말 많습니다. 기회가 되면 또 책으로 만나 뵙겠습니다.

마지막으로 이 책이 세상에 나오기까지 도움을 준 많은 분에게 감사의 말씀을 전합니다. 항상 저를 이해하고 지지해주는 아내 홍미숙, 두 딸 전다온, 전시온. 언제나 좋은 제품을 공급해주는 정서영 대표님, 최락구 대표, 양성원 대표. 든든한 마케팅 파트너인 김상은 대표, 김상희 대표. 김미선 대표. 언제나 회사 일에 최선을 다해주는 신미영 팀장, 오유리 대리. 부족한 저를 항상 후원해주시는 조현재 회장님, 기도의 후원자 장석만 목사님, 함영민 목사님. 그리고 출간을 위해 끝까지 도와준 최종훈. 모두에게 감사드립니다.